La numerología del Ser

Los 9 caminos de retorno a la Unidad

JOSEP SOLER SALA

gaia
ediciones

Primera edición: abril de 2016
Primera reimpresión: noviembre de 2016
Segunda reimpresión: junio de 2018

Título original: *La numerología del Ser: Los 9 caminos de retorno a la Unidad*

Diseño de cubierta: Rafael Soria

© Delia Govantes, por las ilustraciones

© 2016, Josep Soler Sala

De la presente edición en castellano:

© Gaia Ediciones, 2016
    Alquimia, 6 - 28933 Móstoles (Madrid) - España
    Tels.: 91 614 53 46 - 91 614 58 49
    www.alfaomega.es - E-mail: alfaomega@alfaomega.es

Depósito legal: M. 9.168-2016
I.S.B.N.: 978-84-8445-630-8

Impreso en España por: Artes Gráficas COFÁS, S.A. - Móstoles (Madrid)

Iniciamos un viaje por las nueve dimensiones
para regresar a la Unidad.
Es una ascensión en espiral del 1 al 9,
el viaje del Todo hacia la Nada.

Tríada de la Inspiración

1. El yo
2. El tú
3. La multiplicidad

Tríada de la Creación

4. El nacimiento
5. El movimiento
6. El enamoramiento

Tríada de la Exhalación

7. La claridad
8. La magia
9. La despedida

Índice

Prólogo del autor

EL PASADO AÑO SE PUBLICÓ EL LIBRO *El Lenguaje del Alma*, donde se desveló el regalo que está detrás de las situaciones que se perciben inicialmente como desfavorables. Los contratiempos o dificultades que se presentan en nuestro día a día y, más aún, los síntomas físicos o enfermedades que se manifiestan en nuestro cuerpo contienen poderosos mensajes que nos muestran cómo alinearnos con nuestro camino de vida.

De esta manera, la luz de nuestra conciencia se eleva por encima de lo que inicialmente se percibe como dificultades, y los regalos que están detrás de esas situaciones se hacen visibles. Es como tener la experiencia de avanzar con el sol alumbrando nuestro camino e impulsados por el viento, transformando los desafíos que puedan presentarse en el camino en preciosos regalos.

Estas situaciones aparentemente adversas son descritas como llamadas intensas del alma y nos conducen a despertar de la pesadilla en la que nos podría parecer que se ha convertido nuestra vida. Naturalmente no es necesario atravesar una llamada intensa en el proceso de evolución, aunque para algunas personas sí lo es. A veces se requiere la intensidad de la llamada para despertar.

Cuando desarrollamos nuestra capacidad innata de escuchar las llamadas sutiles del alma, es obvio que ya no necesitamos su intensidad o dureza. Así, como sabios navegantes de la vida, estaremos atentos para seguir las llamadas más suaves en cuanto se presenten, como si fueran cambios en el viento, para quedar inmediatamente alineados con nuestro camino, con el Ser [1] o el alma, la dimensión más amplia de nosotros.

Con la intención de que nuestro viaje hacia el despertar sea lo más suave y amable posible, se ofrece aún una vía más directa para estar conectado con el Ser interior: contribuir con nuestros dones a las situaciones que atraemos a nuestra aventura de vida.

La intención de este libro es acompañarte para que descubras tus dones genuinos y aportar luz a tus mayores desafíos, para que estos finalmente queden transformados también en dones. El propósito del libro es comprender los aspectos que más nos llaman la atención y nos atraen, para seguirlos hasta agotarlos, disolverlos y experimentar el gozo del Ser.

© Josep Soler Sala
Playas de Cádiz. Luna llena de febrero de 2016

---

[1] El Ser es nuestra parte espiritual. Es divina, perfecta y expresa la verdad en todo momento. Lo escribo con la inicial en mayúscula para distinguirlo del verbo *ser*.

Introducción

EL SER Y EL CAMINO DE VIDA

El Ser es nuestra innata naturaleza espiritual. Está presente en cada uno de nosotros y a nuestro alcance, aunque no siempre somos conscientes de ello. El Ser crea por intención el *camino de vida* que recorrerá el personaje para despertar de su ilusión mortal a su dimensión espiritual.

Este libro descubre las cualidades esenciales que cada ser humano ha venido a explorar en su experiencia de vida. Estas cualidades o aspectos son diferentes para cada uno, ya que somos atraídos particularmente a experimentar determinadas situaciones. Además tenemos la capacidad de responder de forma distinta al encontrarnos ante esas situaciones, creando nuevos resultados y haciendo evolucionar a la especie humana hacia nuevas dimensiones. Por un lado esto es natural y por otro es extraordinario, dado que cada Ser crea un camino que es una expresión única de la conciencia. Cada persona viene a expresar ciertos dones y desafíos que impulsan sus pasos para explorar distintos aspectos de la experiencia humana atrayendo diferentes situaciones.

El camino, sucesión o encadenamiento de acontecimientos que nos conduce inevitablemente a despertar en el eterno ahora es diferente para cada persona. Desde el punto de vista espi-

ritual, es lo que llamamos camino de vida, aunque tiene el sabor
de una aventura por la cantidad de sorpresas, desenlaces ines-
perados, desafíos y regalos que nos aguardan en este viaje. Llamarlo aventura nos libera también de una seriedad innecesaria
que a veces parece ligada al camino espiritual. La magia de la
numerología nos aporta un preciso y precioso mapa del camino.

Este camino no está sostenido por la parte física o material de
los acontecimientos que se presentan, sino por la percepción y finalmente la conciencia que tenemos de ellos. Nuestra atención suele distraerse en lo que ocurre en el escenario de nuestra vida, sin
detenerse en el proceso creativo que lo manifiesta. Es como estar
mirando el títere, distraído en la obra que se desarrolla en el escenario, sin atender a los hilos que lo mueven. Los acontecimientos que se presentan en nuestro escenario tenderán a repetirse hasta
que su propósito se realice. Ignorar el propósito de estos acontecimientos puede convertir el sueño plácido o adormilamiento del
personaje en una pesadilla como paso previo al despertar.

El primer paso para vivir este camino de forma consciente es
poner la atención en las sensaciones que nos despiertan las cosas que ocurren en nuestra vida, para poderlas vivir en plenitud.
Esto puede permitir que la sensación o la emoción se exprese
en su totalidad y se diluya en el mismo espacio en el que se ori-
ginó. Aunque venimos a explorar las cualidades a través de circunstancias físicas, el sentido de esta manifestación no es el hecho físico en sí ni la parte material de la experiencia, sino su
dimensión espiritual. El propósito de lo que ocurre es sentirlo
plenamente, para así poder liberar espontáneamente el patrón
de pensamiento que le dio forma a esa experiencia.

El último paso es darnos cuenta de que lo que percibimos
como «realidad externa» es un reflejo de lo que estamos viviendo internamente. Las cosas que ocurren en el escenario donde
transcurre nuestra vida no tienen un sentido real hasta que nosotros las nombramos y les damos un significado. Este significado
no es arbitrario, normalmente está basado en elecciones inconscientes hechas en el pasado.

El significado que damos a lo que ocurre en nuestra vida puede haber sido aprendido de nuestros padres, cuidadores o transmitido por el inconsciente familiar; está construido sobre las experiencias vividas tanto por nosotros mismos como también por otros miembros del alma familiar a la que pertenecemos. De esta manera atribuimos el mismo significado a distintas experiencias que se presentan, dando la sensación subjetiva de que estas tienden a repetirse. Esto ocurre hasta que nos liberamos y las liberamos.

Así, a veces nos encontramos de pronto experimentando ciertas situaciones o cualidades que nos llaman la atención, sin que aparentemente nuestra voluntad haya intervenido en esa elección. Es extraordinario que atraigamos a nuestras vidas precisamente lo que necesitamos en forma de personas, acontecimientos o situaciones para que se desarrolle el proceso de despertar.

No hay nadie ahí afuera que «nombre» las cosas que suceden en nuestra vida; lo hacemos nosotros automática e inconscientemente. En esto está basada la repetición de estos sucesos. Por tanto, la clave es hacerse consciente del proceso de nombrar y crear realidad, comprendiendo cómo se engendra la manifestación. En este punto, establecidos en el presente, al dejar de nombrar lo que ocurre regresamos al silencio y experimentamos lo Uno.

Usando la numerología como una vía directa en el viaje hacia lo Uno, la fecha de nacimiento nos permitirá comprender el proceso por el que nos sentirnos atraídos a vivir determinadas situaciones, que configuran los aspectos más importantes de nuestro camino de vida.

ATRAER UNO DE LOS NUEVE CAMINOS O PROPÓSITOS

Se ha hablado y escrito mucho sobre el propósito o camino de vida, y hay pocas sabidurías como la numerología que, conjugando arte y ciencia, enfocan con claridad esas claves esenciales para cada persona. También se ha vertido suficiente tinta sobre la relación entre el personaje que encarnamos y el Ser o alma que lo sostiene. De nuevo, la exploración de la fecha de nacimiento nos indica con precisión cómo estos conceptos abstractos se conjugan y toman cuerpo en la vida de cada persona.

Se considera a Pitágoras el padre de la numerología moderna, ya que la introdujo en Occidente desde el antiguo Egipto y Babilonia. Él decía: «El universo está regido por leyes de las que el número es su expresión». La numerología es una vía de acceso a la arquitectura del universo. En España está reconocida como «un conjunto de creencias o tradiciones que pretende establecer una relación mística entre los números, los seres vivos y las fuerzas físicas o espirituales».

En la numerología del Ser hay nueve energías, caminos o aventuras principales que incluyen distintos matices; cada persona ha venido a explorar en profundidad uno de ellos, atrayendo, en mayor o menor medida, las cualidades que definen ese camino. Exploraremos y disolveremos los nueve caminos a través de las cualidades que se exponen en cada capítulo: Impulso, Dar, Inspiración, Intención, Libertad, Amor, Mente, Transmutación y Celebración.

Somos artistas, los creadores de nuestra vida y nuestro cuerpo; en parte inconscientes ya que nadie crearía conscientemente una situación desagradable en su vida o un dolor en su cuerpo. Cuando nos alineamos con las cualidades que hemos venido a vivir, nos convertimos en creadores conscientes de nuestra realidad. Atraemos como un imán unas cualidades determinadas, que se presentan como una puerta que se abre y nos invita a entrar.

Haremos un viaje por treinta cualidades que nos llaman la atención a veces suavemente y en ocasiones presentándose como desafíos ineludibles. Cada persona tiene la libre elección de atender conscientemente las situaciones o los desafíos que se presentan o tratar de esquivarlos, aunque no podrá evitar sumergirse en ellos en algún momento. La ilusión del tiempo que pueda crear cada persona para demorar ese encuentro que ya se ha dado, solo le generará más sufrimiento.

Finalmente cada desafío se presenta para ser convertido en un don. Cuando el desafío se transforma en un don, puede ser usado y gozado por uno mismo y también para guiar a otras personas en su aventura. Hemos venido a entregar nuestros dones en este camino fascinante de evolución y transformación que llamamos vida.

Seguir la llamada de la Vida[2]

Hablamos de la llamada de la Vida, pero, en realidad, no existe «la Vida» como algo ajeno o separado de ti. Si te ubicas dentro del personaje percibirás el origen de esta llamada como algo externo a ti, y si te ubicas en el Ser serás uno con Todo sin distinción.

Si percibes esa fuente de sabiduría como externa a ti, podrás llamarla Conciencia Divina —en cualquiera de sus manifestaciones—, Dios, lo Uno o quizá Inteligencia Creadora del universo en una única o múltiples formas. Si percibes que el origen de esta llamada es interno, sentirás esta fuente de sabiduría dentro de ti mismo y podrás llamarla tu Ser, sabiduría interna, corazón o voz interior.

En cualquier caso estamos frente a un singular fenómeno que depende de las creencias de cada persona. Ambas visiones, tanto la del origen externo como la del origen interno de la sabiduría, coinciden en que hay una Conciencia que está más allá de la percepción racional del mundo y de la que todos formamos parte, aun sin saberlo. En el paradigma de la numerología del Ser, esta Conciencia Divina que habita tanto dentro de ti como en todo lo demás se expresa a través de los números, señalando las cualidades que hemos venido a explorar en nuestro camino de vida.

---

[2] Cuando escribo *Vida*, con la inicial en mayúscula, lo hago como sinónimo de lo Uno, Dios o Conciencia Divina en cualquiera de sus manifestaciones.

Sentimos una llamada

El mecanismo que nos lleva a explorar una cualidad o aspecto de nuestra vida es muy sencillo: exploramos algo porque nos llama la atención. Son aspectos como la libertad, el amor, el éxito, el reconocimiento, la comodidad, el sexo, la abundancia o la estabilidad material o emocional. Lo interesante es observar el proceso de quedarse enganchado o atascado en alguno de ellos. Es decir, darnos cuenta de qué ocurre cuando la persona se hace dependiente de uno de esos aspectos o cualidades.

Cabría esperar que uno explorara una cualidad hasta que se saciara de ella, integrándola e incorporándola de tal modo que dejase de ser algo ajeno y se convirtiese en parte de uno. Sin embargo, cuando hay una falta o un vacío interno, la satisfacción externa es solo temporal. Aunque uno se harte o se dé un atracón y luego tenga una indigestión, pasado un tiempo se sentirá de nuevo hambriento y probablemente volverá a indigestarse, repitiendo el patrón una y otra vez a lo largo de su camino. Por tanto, debe ocurrir otra cosa, algo diferente: uno explora una cualidad o aspecto hasta que lo trasciende, hasta que este se agota en sí mismo. En ese momento ha pasado de la sensación de carencia de esa cualidad o aspecto de su vida, a la de presencia o abundancia. Ha dejado de buscarlo fuera porque se ha hecho consciente de que lo tiene dentro: está integrado.

La invitación de este libro es explorar conscientemente las cualidades que nos atraen hasta que los extremos del péndulo se hagan uno, hasta que esta dualidad se disuelva y quede integrada. Desde el lado más práctico, cuando aparece algo en nuestra vida que nos llama la atención, es una invitación para explorarlo y descubrir qué hay detrás de la llamada. Cada persona se siente atraída por unas cualidades más que por otras. Es fascinante que para cada persona las llamadas sean distintas, es decir, que nos llamen la atención o nos sintamos atraídos por diferentes aspectos de las experiencias que vivimos.

Como una evidencia de la peculiaridad de esta llamada, que es diferente para cada persona, expongo el ejemplo de las llamadas que se expresan a través de síntomas físicos. En algunos de los cursos que realizo, pregunto si a alguien le duele algo. Unas personas dicen que una rodilla o quizá un hombro, otras que la mano; algunos tienen una determinada enfermedad, otros tienen dificultades en la vista, o dificultades para escuchar. A uno le molesta el estómago y al otro le duelen los dientes. Si el cuerpo humano tuviera algún defecto mecánico de serie o algún déficit orgánico, todos se estropearían por el mismo lugar. Más tarde descubrimos juntos qué hay detrás de esa llamada corporal. La Vida se expresa de forma individual en cada uno de nosotros, y cuantas más personas hay en el curso, más claro queda reflejado este aspecto.

Es emocionante comprobar que cada persona tiene un camino que pasa por explorar algunas de estas cualidades; y también lo es observar cómo estas se presentan de distintas maneras en la vida de cada uno. Esto no es una casualidad, sino una expresión individual del proceso creativo de la Vida. A unos les llama la cualidad de la libertad, a otros el amor, el poder, la novedad, la celebración o diversión… También es extraordinario darnos cuenta de que cada una de esas llamadas va acompañada de su opuesto.

En nuestras experiencias de vida vamos a encontrar una o más de estas llamadas o cualidades que captan nuestra atención. Entre todas las llamadas he elegido explorar las treinta que están presentes en la mayoría de nuestras experiencias. Estas llamadas son un reflejo de los dones y desafíos que se presentan en cada uno de los nueve caminos. Por tanto, representan las cualidades más relevantes del camino de cada persona, y probablemente una o quizá dos de ellas sean auténticos desafíos en su aventura personal.

Si algo te llama poderosamente la atención, con independencia de tu opinión sobre ello, tómalo como una llamada de la Vida y explóralo hasta descubrir qué te atrae o mantiene sujeto a ello. La propuesta es que cuando la Vida te llama, la sigas hasta que deje de llamarte en esa dirección. Si la sigues hasta el final, sin duda encontrarás el regalo que te liberará de la llamada. Si no sigues la llamada, probablemente te volverá a llamar. Lo hará de mil maneras, incluyendo lo que denominamos casualidad, suerte, coincidencia, accidente, enfermedad o cualquier dificultad. En este sentido, son especialmente interesantes las situaciones que se repiten una y otra vez.

Imagina que alguien quiere darte una caja que contiene un regalo y tú, sin saber qué es, no quieres abrirlo. Aunque la persona insiste en que es para ti, tú rehúsas abrirlo una y otra vez. Esa resistencia a recoger tu regalo está basada en tu percepción de las experiencias de tu pasado. Sin embargo, la Vida es nueva a cada instante, y el regalo sigue aquí, esperando ser abierto.

Este libro es una invitación para seguir la llamada, para seguir tu intuición y para ir donde la Vida te lleve. Dado que a cada persona le llaman la atención distintas cosas, resulta fascinante darte cuenta de cuáles son las cosas que a ti te llaman la atención y, más aún, descubrir cuál es el sentido o propósito de esa llamada.

SENTIR LA EMOCIÓN DE UN EXTREMO A OTRO

Estamos aquí para vivir y sentir. Los acontecimientos que nos mueven, los que tienen la capacidad de dar giros a nuestra vida, son los que más nos hacen sentir. El ser humano llama la atención por la extraordinaria capacidad que tiene para sentir. Venimos a sentir el amor, la soledad, la alegría, el abandono, la tristeza, la ira, el deseo, el poder, la libertad... Y también venimos a vivir cada una de esas emociones en sus dos caras: amar y ser amado, y del otro lado el desamor; crear y destruir, ser rico y no tener nada, sentirse poderoso y vivir la impotencia... Además, no se trata solo de sentir esas emociones, sino de poder integrarlas en nuestro ser para evolucionar a través del apasionante proceso de comprensión y transformación.

Acostumbrados a hacer de jueces, opinamos superficialmente sobre lo que es bueno o malo. Cuando actuamos así, estamos juzgando desde un solo lado, olvidando que la Vida es para vivirla en su totalidad y que las opiniones que tengamos sobre ella no tienen ninguna importancia. La vida no trata de opiniones sino de vivencias.

A través de este continuo devenir nos podemos dar cuenta de que cuando tenemos un conflicto con alguien es porque nos hemos posicionado en nuestra particular esfera de ver la realidad. Así, clavados en nuestra postura, con la dificultad de ponernos en el lugar del otro, negamos que las visiones de los demás, aun siendo diferentes a las nuestras, puedan ser igualmente válidas. Al profundizar en este conflicto, nos daremos cuenta que la otra persona simplemente está reflejando algún aspecto de nuestra vida que tenemos pendiente de integrar. A través de comprendernos a nosotros mismos comprendemos al otro. Cuando hay comprensión total el conflicto se desvanece puesto que ya no puede sostenerse.

Para alcanzar la comprensión de una experiencia o de un acontecimiento, no podemos, por tanto, quedarnos anclados en uno de los extremos. Debemos vivirlo en todos sus aspectos. Resulta fascinante darse cuenta de cómo el curso de la vida, tarde o temprano, acaba llevando a las personas a vivir ambos extremos de la misma cualidad o situación. Cuando somos arrastrados por las circunstancias hacia el extremo que habíamos estado evitando, a veces resulta difícil integrar lo que en ese punto somos llamados a experimentar. Si este aprendizaje no se integra, es muy probable que la situación se vuelva a presentar de nuevo en otro escenario y con diferentes actores. La persona puede sentir que está tropezando una y otra vez con la misma piedra, sin comprender a qué se debe esa insistencia divina o infernal por llevarla a vivir las mismas situaciones.

Llegados a este punto, no sirve lamentarse de la cadencia o intensidad con la que se repiten patrones desagradables en nuestras relaciones, en nuestro trabajo o en nuestra salud. Cuanta más resistencia ejerzamos para evitar vivir ese otro extremo de la situación, con más fuerza y frecuencia atraeremos nuevas situaciones hasta que se integren como un aspecto clave de nuestro camino.

El camino de vida se configura como un viaje entre los extremos de las cualidades que más nos llaman la atención. En este libro vamos a explorar cada una de ellas, viajando por la dualidad que sostiene la cualidad y su opuesto, para que ambos extremos sean disueltos y nos establezcamos en la Unidad.

RETORNANDO A LA UNIDAD

Después de explorar los extremos de cada cualidad, proponemos un paso más. Haremos un viaje de un extremo al otro con la intención de integrarlos para, una vez liberados de esos dos extremos, regresar a la Unidad en cada oportunidad que la Vida nos presenta.

Ya hemos visto que cuando venimos a explorar una cualidad, terminamos haciéndolo completamente, recorriendo el espacio que media entre un extremo y otro. Si, por ejemplo, uno ha venido a explorar la libertad, también ha venido a explorar la dependencia, pues ambas van juntas y no se puede experimentar plenamente una sin la otra. Es como si estuviéramos montados en un péndulo que nos llevase a recorrer cada cualidad de un extremo a otro, es decir, desde su percepción como desafío a su percepción como don.

En un primer momento parece que el objetivo es hacer el viaje de un lado al otro con la idea de dejar atrás lo que sentimos negativo y limitante, para instalarnos en el lado que percibimos como positivo y posibilitador. Sin embargo, no nos damos cuenta de que mientras estemos dando importancia o generando apego hacia alguno de los dos extremos, estaremos encerrados entre los barrotes duales del pensamiento, queriendo ser libres mientras nos sentimos prisioneros. Aun en el supuesto de que actuáramos libremente en nuestras acciones y relaciones —algo que sería un lujo para la mayoría—, podríamos seguir encerrados en la ilusión de que hay algo a lo que llamamos «dependencia» opuesto a otra cosa a la que llamamos «independencia». Estaríamos de igual modo atrapados en la ilusión de la libertad dentro de nuestra cárcel dual.

Vivimos encerrados en el plano mental —nuestros patrones de pensamiento conscientes e inconscientes— hasta que despertamos a la comprensión. En ese mismo momento desaparecen las barreras o los barrotes de la cárcel que nosotros mismos habíamos creado y que daban la apariencia del sueño o pesadilla en que se podría haber convertido nuestra vida. Entonces descubrimos que somos libres y que siempre lo hemos sido.

El último tramo del viaje que proponemos con este libro es ir más allá, pues mientras busquemos el equilibrio entre los dos extremos estaremos sujetos al mundo dual del péndulo. *Retornando a la Unidad* es precisamente como hemos llamado al apartado que disuelve cada cualidad. En ese espacio, reconociendo el logro de haber pasado de un lado al otro, finalmente ambos extremos se desvelan como espejos atrapados bajo una apariencia de realidad. Nos damos cuenta de que el péndulo no es real, que es solo una manifestación del juego de la mente que la Vida usa para realizar su propósito en nosotros: despertar.

Cada persona puede gozar de su camino de vida o puede sufrirlo. Cuando comprendemos lo que hemos venido a crear y completar, en lugar de sufrir una situación que se repite una y otra vez, se presenta la oportunidad de usar la fuerza contenida en esa situación para liberarla. Por ejemplo, cuando una persona teme la soledad, está creando en ese mismo instante soledad en su vida, de forma que o bien ya se siente solo, o bien va a sentirse solo próximamente. Cuando se empuja hacia un extremo, el otro extremo tira con más fuerza.

El sentimiento de soledad está enlazado con la cualidad del Impulso del capítulo 1. Cuando comprendemos que la soledad es una ilusión del ego y que nunca estuvimos separados de nada, el sentimiento desaparece. En ese mismo y preciso instante dejamos de crear las situaciones en las que nos sentíamos solos. El Ser deja de moverse en la dualidad de estar solo o acompañado, se hace uno con todo: ha salido del péndulo.

Es esta comprensión la que nos lleva a liberarnos del apego a cualquiera de los dos extremos, permitiéndonos asistir al fabuloso espectáculo de ver cómo tanto la cualidad como el péndulo oscilante se disuelven más allá de sí mismos. Podemos entonces celebrar que esa disolución de los extremos nos está conduciendo de retorno a lo real, en donde, una vez trascendida la dualidad, nos establecemos en el espacio de lo Absoluto. Desde ese Vacío, desde esa Plenitud, disuelta por fin la separación entre nosotros y el universo, se postra el último y más preciado regalo: nos liberamos no solo de las ataduras, sino que también se desmorona el concepto de que estábamos atados.

Es como el que sueña estar encerrado en una habitación sin saber que nunca estuvo dentro. En su pesadilla sigue buscando desesperadamente una salida, hasta que despierta y se da cuenta de que finalmente no hay ni habitación, ni puerta, ni un «quién» que pueda ser encerrado en ningún lugar.

PROPÓSITO DE LOS DISTINTOS CUERPOS

Nuestro maravilloso cuerpo humano incluye una serie de cuerpos. Podemos imaginarlos como si fueran una serie de cinco muñecas rusas, representando el primero el cuerpo físico —el que está en el interior— y los demás situándose concéntricamente alrededor. Cada uno de estos cuerpos tiene un propósito específico. Enumeramos los cinco y sus propósitos a continuación.

1.º *Cuerpo físico*. Es el cuerpo más denso, el que se sitúa en el interior y con el que nos identificamos en primer lugar, el límite visible del yo; representa la acción. El propósito de este cuerpo es *Crecer - Vivir*.

2.º *Cuerpo energético*. Siendo invisible para la mayoría de personas, se percibe en general entre cuarenta centímetros y un metro alrededor del cuerpo físico. En él están ubicados siete centros o ruedas energéticas que se denominan, en contextos orientales, *chakras*. El propósito del cuerpo energético es *Circular - Crear*.

3.º *Cuerpo emocional*. Tampoco podemos ver nuestras emociones aunque sí sentirlas intensamente, ya que en ocasiones hacen que nos encojamos o doblemos de dolor, quizá sintamos un vacío en el estómago o un peso en el pecho que no nos permite respirar o un nudo en la garganta que nos dificulta tragar. Representa el sentir, y el propósito de este cuerpo es *Expresar - Amar*.

4.º *Cuerpo mental*. Podemos identificarlo como el conjunto de nuestras ideas y pensamientos. La mayoría de cosas a nuestro alrededor son percibidas como un pensamiento; representa el pensar, y el propósito de este cuerpo es *Despertar*.

5.º *Cuerpo espiritual o Ser*. Aunque hay más cuerpos, nos detenemos en el quinto, el que está en el exterior y contiene a los demás; representa el propósito y da sentido a los cuerpos anteriores. El Ser es una expresión individual del espíritu en el cuerpo humano y el propósito de este cuerpo es *Evolucionar*.

En su aplicación en el área de la salud, la estructura de los cinco cuerpos nos ayuda a comprender cómo y dónde actúan las distintas medicinas y terapias. Un trabajo en el cuerpo exterior tiene efecto en todos los que contiene. Veamos cómo sucede.

La medicina institucional actúa principalmente sanando el primer cuerpo, el físico. Un trabajo con terapias que usan la energía tendrá efecto en el cuerpo energético, que es el que las recibe en primer lugar, y también en el cuerpo físico, aun sin tocarlo. Cuando hacemos un trabajo en el cuerpo emocional, este tiene efecto también en los cuerpos interiores, el energético y el físico. Ahora bien, observemos que antes de sentirnos emocionalmente mal hemos tenido que percibir lo que está ocurriendo en nuestra vida de una manera determinada. Es decir, si percibo lo que está ocurriendo como una desgracia, es lógico que me sienta emocionalmente mal. Es el cuerpo mental quien dirige la percepción, el que nombra y crea la realidad. Observa que no hay nadie ahí afuera que determina que si lo que ha ocurrido es una desgracia o bien, es una oportunidad, como por ejemplo, la finalización de un trabajo o la aparición de una molestia en tu cuerpo. Eres tú, quizá de forma automática, sin darte cuenta, quién creas tu realidad nombrando las cosas que suceden en tu vida. Por tanto, un trabajo en este cuerpo tendrá efecto en nuestros cuerpos emocional, energético y físico, por estar contenidos en aquel. Finalmente, un trabajo en el cuerpo espiritual de alineación con el propósito o sentido de vida tendrá efecto en todos los cuerpos, que quedarán inmediatamente alineados.

La comprensión del sistema de los cinco cuerpos repercutirá en una verdadera medicina holística o integrativa, donde los distintos sistemas de salud trabajarán conjuntamente para el bienestar de la persona. La salud está ligada a la alineación o equilibrio entre los distintos cuerpos. Uno está alineado cuando piensa, siente, dice y hace en la misma dirección, conectado con un propósito elevado. Este libro nos da las claves para conectar con nuestro propósito más elevado, usar nuestros dones para el bien común y para convertir nuestros mayores desafíos en regalos de vida.

PROPÓSITOS COLECTIVOS Y FAMILIARES

Como seres humanos tenemos un propósito colectivo, que es la evolución de la especie humana hacia nuevos niveles de conciencia. Ese propósito incluye el cuidado del macro y microcosmos que nos rodea, el planeta y el respeto por las distintas especies. Además de este propósito como seres humanos, tenemos un propósito individual que se despliega a su vez en el marco de un propósito familiar. Este último tiene que ver con la integración, liberación o transformación de los desafíos y dones que tomamos de nuestro entorno de origen. Las circunstancias del hogar que nos recibe, en forma de dones y desafíos, dan dirección inicial a nuestro camino de vida, que evolucionará influido por ese contexto. Esta evolución será impulsada por los dones innatos del Ser, que transformarán dones en desafíos hasta que todos queden trascendidos.

Si imaginamos la familia como un equipo de relevos cuya meta es la evolución de la especie humana, cada uno toma el testigo donde se lo dan —al inicio de su camino de vida— y tiene el potencial de llevarlo hasta la trascendencia. Cada miembro va a realizar su propósito de la mejor manera posible, es decir, lo mejor que sepa y pueda y hasta donde le sea posible. Va a llevar ese testigo, personal, familiar y humano, lo más lejos que pueda, siendo su máxima expresión la iluminación de su camino, el de sus antepasados y el de sus descendientes. En cualquier caso, aun sin llegar a su máxima expresión, incluso las aportaciones aparentemente oscuras contribuyen al propósito familiar de trascendencia.

Sea como fuere, en el momento de la culminación de la vida, el propósito personal del que se despide queda realizado, aunque puede dejar pendiente algún asunto del que podrán ocuparse otros miembros del alma familiar. Esto podrá entregarse en forma de testigo a uno o varios de sus familiares, para que el propósito familiar continúe realizándose.

Hay una atracción perfecta entre los seres que componen el alma familiar, en un ámbito que está más allá del espacio y el tiempo. La cualidad que usamos para definir esa atracción perfecta y no racional hacia los seres que serán nuestros padres y familiares cercanos es Amor. Cuando el Ser entra en un alma familiar es porque siente atracción para vivir los dones y desafíos que contiene. Su propósito personal es una pieza que engrana perfectamente con el puzle familiar. El nuevo miembro tiene la potencialidad de transformar los desafíos en dones para liberarse a sí mismo y también tiene la capacidad de liberar a todo el sistema. Sea cual sea la situación que se manifieste, tiene un sentido, y su propósito es conducir a todos los miembros a un crecimiento personal y espiritual.

Hay propósitos que deben realizarse en el plano físico. Si quedan pendientes pueden traspasarse a otros miembros del alma familiar. Es un legado para las siguientes generaciones como parte de una herencia que no siempre se puede apreciar como algo de valor. Es decir, mientras el valor de la herencia —o el regalo, como nos gusta llamarlo— no se descubre, puede llevarse como una carga y algún descendiente podría recibirlo en alguna forma: a veces se heredará como una manera de ver la vida o como una creencia aprendida de los padres o del sistema familiar, otras como un patrón de comportamiento o una situación que se repite una y otra vez, y algunas veces puede tomar forma de dolor emocional, físico o incluso de enfermedad.

El alma familiar camina hacia el equilibrio y la evolución. Un síntoma es un intento de equilibrar el sistema que lo manifiesta —ya sea este un cuerpo físico, una familia, una corporación o una comunidad—. Muchas veces lo que es percibido como enfermedad es precisamente lo que necesita el sistema para sanar. Podemos entender que el síntoma que manifiesta el niño es la medicina que el alma familiar requiere para su evolución. Cuando aparece una enfermedad en uno de los miembros del alma familiar, especialmente en seres recién llegados, está apuntando a un nuevo equilibrio que se logrará a través de explorar ese síntoma concreto. No hay que olvidar que se produce una atracción perfecta entre el ser que llega y los miembros del alma familiar, de forma que el síntoma que se presenta les impulsa o empuja a todos en su evolución.

He tenido el honor de acompañar a personas que recogían un regalo que había llegado a ellas transmitido desde varias generaciones atrás. He observado que los efectos de recoger este regalo eran palpables también en los demás miembros del alma familiar, incluso a pesar de que estos no estaban al corriente conscientemente del trabajo realizado. Cuando un desafío familiar se transforma en un don, lo hace de forma multidimensional[3]. Esto es lo que llamamos recoger el regalo, dado que nos libera de un asunto pendiente o de una circunstancia que nos hacía sufrir. Este regalo no solo tiene la capacidad de sanarnos a nosotros mismos, sino también aspectos que se hayan reflejado en nuestras parejas, en nuestros ascendientes y en nuestros descendientes.

La fecha de nacimiento tiene una importancia clave para comprender cómo se producen las resonancias de los asuntos pendientes entre los miembros del alma familiar. Las coincidencias entre las fechas de nacimiento, muerte y concepción y también el nombre que se le da al recién llegado nos sugieren los vínculos conscientes o inconscientes entre los miembros del sistema. El alma familiar contiene asuntos pendientes y propósitos de las generaciones anteriores que impulsan la evolución global de las generaciones actuales. Los dones y desafíos de los padres, las historias familiares de sus predecesores y sus asuntos pendientes, junto con otras características del escenario inicial, componen la música del hogar que recibe al recién nacido. En algún momento, siguiendo los pasos de esa misma música, el nuevo miembro empezará a bailarla, y parte de las cualidades y retos que vivían sus padres, abuelos y quizá otros familiares o antepasados incluso ya en el otro plano pueden convertirse en los propios del recién llegado.

Además de considerar la energía del número que representa la fecha en sí —que veremos en los capítulos del 1 al 9—, las coincidencias en las fechas del nacimiento, muerte o concepción son claves para comprender los principios que regulan las transmisiones, tanto de dones y desafíos como de asuntos pendientes entre los miembros del alma familiar.

---

[3] En el apartado «Somos Uno: se sana uno, se sanan todos», del capítulo 6 del libro *El Lenguaje del Alma*, damos varios ejemplos de cómo sucede esta sanación en las distintas líneas genealógicas, ascendientes, descendientes, laterales e incluso a nuestras parejas.

A pesar de que hay corrientes que dan un margen de diez días o más, antes o después de la fecha señalada, para considerar que hay un vínculo entre los familiares, en mi experiencia el inconsciente procede con precisión. Una fecha importante en el alma familiar puede tener también efecto en el día anterior y en el día siguiente del aniversario e influencia en un periodo de tiempo más amplio. De momento, consideramos que puede haber un vínculo directo cuando se produce una coincidencia exacta, o con un día de diferencia, entre la fecha de nacimiento, despedida o fecha significativa entre los miembros del alma familiar.

Pueden darse tres tipos de resonancias: la consciente, la inconsciente y la que está entre las dos, que trata de la repetición del mismo nombre de pila —o un nombre equivalente— entre distintos familiares. La resonancia consciente se produce cuando durante el proceso de despedida o en el lecho de muerte la persona que se despide le hace un encargo o petición a alguien de su familia. La inconsciente se produce por coincidencia en las fechas de nacimiento, despedida u otras significativas, dando cierto margen a la fecha de concepción por la dificultad que hay en ocasiones para determinarla con exactitud.

Las transmisiones que tienen mayor efecto son las inconscientes. Hasta que no se descubren, el descendiente receptor podría estar bajo el efecto de una dinámica que desconoce, quizá viviendo repeticiones de acontecimientos, encontrándose en situaciones que le hacen sentir cosas que le desbordan, o actuando con determinados patrones que es incapaz de evitar. A esto se le añade, en ocasiones, la desesperación de no ser capaz de comprender conscientemente lo que está ocurriendo.

Son coincidencias en fechas significativas, por ejemplo:

- Fecha de nacimiento equivalente a la fecha de nacimiento de un antecesor.
- Fecha de nacimiento equivalente a la fecha de muerte de un antecesor.

- Fecha de concepción equivalente a la fecha de muerte de un antecesor.
- Fecha de concepción equivalente a la fecha de nacimiento de un antecesor.

Esta información está ampliada en el anexo junto con un cálculo numerológico a partir de la fecha de despedida, que indica cuál es la energía que la persona deja, con sus dones y desafíos. También indica qué miembro del sistema familiar recibe su regalo o se ocupa de esta energía.

EL ÚLTIMO PROPÓSITO

El último propósito como ser humano es despertar de la ilusión de la separación; despertar del sueño o la pesadilla de que estamos separados de la vida, de las otras personas o de las otras cosas que percibimos en el mundo; despertar a la realidad de que somos uno con toda la vida. Esta realidad está disponible en cada instante.

Tarde o temprano todos vamos a realizar el último propósito en nuestra particular aventura, y, si no es antes, en el momento de lo que llamamos muerte se disolverá la ilusión de esa separación. Finalmente lo que llamamos muerte no existe, no en el sentido de desaparición o extinción del Ser. La muerte es una transición a través de la que el Ser o el alma deja de identificarse con el cuerpo; es una puerta hacia lo Uno. El Ser espiritual continúa su viaje y el cuerpo material que lo contenía se deshace. Finaliza el propósito para el cuerpo, que será absorbido por la tierra y desaparecerá. El Ser se funde de nuevo con el espacio de donde viene y al que pertenece. Somos seres espirituales en una aventura humana.

El que esté alineado con su camino realizará el propósito de forma consciente, aunque de todas maneras el propósito se va a realizar, lo hace la Vida a través de nosotros. El camino para que se realice este propósito de forma consciente nos lo dan nuestros números. El número del Ser y el del camino de vida que veremos a continuación, y el del año emocional y otros números relevantes que se expondrán en el anexo, nos dan la ruta del viaje o el mapa del tesoro que cada uno ha venido a disfrutar y compartir en su aventura personal.

LA FECHA DE NACIMIENTO

Cada Ser atrae a las personas y las circunstancias que se presentan en su vida. El escenario del nacimiento, el hogar que nos recibe, las personas que lo integran y las circunstancias familiares son los componentes de la atracción o reflejo mutuo que se produce entre seres. Sucede lo mismo con la fecha de nacimiento, sus correspondencias o coincidencias con otros miembros del alma familiar, y también con las implicaciones que tiene el nombre que se le da al recién nacido. Nada de esto sucede por casualidad; es un reflejo perfecto de la atracción entre seres, que se produce para integrar asuntos pendientes y realizar un determinado propósito.

Los asuntos pendientes y el propósito tienen que ver con el hogar que te recibe y, en un sentido más amplio, con la evolución de la conciencia en la especie humana. Como hemos mencionado con anterioridad, a esta atracción perfecta entre almas o seres la llamamos amor incondicional. El alma del recién llegado siente atracción por el alma de los seres que lo reciben y particularmente por los progenitores, aunque nunca volviera a encontrase con ellos en la dimensión física, como sucede en algún caso. Esta atracción perfecta incluye la fecha de nacimiento como un reflejo del camino de vida. Esto es así en todos los casos, incluso en el de los modernos nacimientos programados, donde este hecho planificado es otra pieza que encaja perfectamente con lo que viven los progenitores y lo que ocurre en el escenario que recibe al recién llegado. Cada Ser refleja y atrae la fecha de nacimiento perfecta para vivir una particular aventura —la suya—, que incluye varios números, todos ellos significativos.

Baste recordar que no hay números mejores que otros, ni números más evolucionados que otros. Algunas personas sienten que su vida tiene sentido y están naturalmente conectadas a su propósito en la vida; saben que tienen dones, talentos y habilidades y que los usan al servicio de los demás. Hay otras personas que no creen que haya un sentido ni un propósito para sus vidas, más bien creen que su vida es un despropósito, y en absoluto creen que tengan dones y talentos. Para estas personas es especialmente útil el enfoque de los dones y desafíos que se derivan de la fecha de nacimiento. Sí que podremos encontrar almas más jóvenes y otras más viejas; estas últimas se reconocen porque suelen elegir desafíos más intensos. A veces son situaciones inicialmente imposibles de aceptar desde la perspectiva racional, hasta que llega un momento en el que se establece una luz o conciencia que lo ilumina y comprende todo.

La numerología es un arte y cada camino de vida conjuga la energía de varios números. En este sentido, imagina que cocinamos una olla de verduras o una menestra con todos los números significativos en tu camino de vida. Supón que la base de ese cocido es la zanahoria, aunque también hay bastantes espinacas; en menor cantidad hay cebolla, puerros y patatas. Todo ello está cocinado en el mismo recipiente, y aunque está mezclado, no lo está tanto como para no reconocer el sabor que contiene cada cucharada. Así, si metes la cuchara en la olla y pruebas el sabor, siempre va a saber a zanahoria y a espinacas. Dependiendo del momento tendrá también sabor a cebolla y alguna cucharada sabrá a puerros y patatas. He dejado los cálculos de cebolla, puerros y patatas para el anexo, para que en la lectura del libro podamos enfocarnos en la zanahoria y las espinacas como sabores principales.

De todos los números que se pueden extraer de tu fecha de nacimiento pondremos atención en dos de ellos. Los veremos a continuación.

DESCUBRE TUS NÚMEROS

Si quieres empezar a disfrutar de la sabiduría que te ofrece este libro te propongo que empieces con tus dos números principales:

- Camino de vida o propósito
- Número del Ser

Esta es una numerología enfocada al propósito de vida, por tanto lo más importante es para qué viniste, cuál es tu misión y el sentido de que estés aquí. Eso nos lo indica tu número de camino de vida. El número del Ser nos muestra tu naturaleza esencial, tu dimensión espiritual, lo que te es dado o con lo que vienes para realizar tu misión o propósito.

Damos preferencia al número del propósito porque indica las características de tu servicio a los demás, lo que estás haciendo aquí y qué has venido a realizar. Quién eres, tu naturaleza esencial, lo puedes guardar para ti. Los demás serán inspirados por ti en la realización de tu propósito. Las energías del camino de vida y el Ser que lo sostiene se conjugan para dar forma a la experiencia de vida de cada persona. Los dones de tu naturaleza esencial se entregan para realizar tu propósito de vida.

Descubrir tu camino de vida

La forma de calcular el número del camino de vida o propósito de vida es la siguiente. Hay que sumar uno a uno todos los números de la fecha de nacimiento. Así, una persona nacida el día 18 del noveno mes del año 2009, debe sumar:

$$1 + 8 + 9 + 2 + 0 + 0 + 9 = \mathbf{29}$$

Si el resultado tiene más de dos cifras (29), hay que sumarlas entre sí hasta conseguir un resultado de una cifra:

$2 + 9 = 11$

Y sumando de nuevo el resultado:

$1 + 1 = 2$

En este caso, ha sido necesario sumar las cifras del resultado (11) de nuevo entre sí ($1 + 1 = 2$) para conseguir un resultado de una sola cifra, entre 1 y 9. Es decir, si el nuevo resultado sigue teniendo dos cifras, hay que sumarlas de nuevo hasta conseguir un número de una cifra.

Esta persona tiene un camino de vida 2.

Como información adicional, cuando aparece un número doble, como por ejemplo el 11(2), indica que a la energía del número sencillo (2) se le añade la energía del número doble. El número doble siempre conlleva dones espirituales que indican el servicio ineludible a la comunidad, en el matiz que corresponde a la energía de su número. En este caso tenemos un camino de vida 2, que representa un camino de *apoyo*. Cuando aparece el doble número, indica que este apoyo será *incondicional* y de *servicio al bien común*. Como en este caso el doble número es 11, todo esto será expresado y matizado por la energía del doble uno, es decir, desde la *creatividad 1* y el *impulso 1*.

Lo mismo sucede con los números 22(4), 33(6) y 44(8), que contienen en su camino de vida la energía del número sencillo y también la del número doble, incorporando a su propósito el compromiso hacia el bien común, con el matiz que representa el doble número.

Descubrir tu Ser, tu esencia espiritual

Para hallar el número del Ser, solo utilizamos el día de naci-miento. Siguiendo el ejemplo, esta persona nació el día 18. Así, 1 + 8 = **9**, y por tanto el número del Ser o alma es 9.

Una vez que conoces tus números, el siguiente paso es saber la energía que mueven, para moverte con ella. Cada uno de tus números contiene tres o cuatro cualidades esenciales. Te corres-ponde ser impecable con cada una de las cualidades que se in-tegran en tu propósito de vida. En la medida en que no lo seas, se presentarán desafíos para recordártelo.

Compatibilidad entre parejas

Todos los números son compatibles entre ellos. Lo interesante es ampliar tu conocimiento del otro a través de sus nú-meros, dones y desafíos, para así comprenderlo mejor y cono-certe mejor a ti mismo para ayudar al otro a comprenderte mejor. Eso hará que tu compatibilidad se multiplique geométri-camente y que consigas hacerte uno con tu pareja.

Cuando hablamos de propósito la pregunta interesante no es si eres compatible con tu pareja, sino cuál es el propósito de estar juntos, es decir, para qué están juntos. Lo mismo se aplica a cualquier persona con la que te relaciones o al vínculo con tus familiares.

Para saberlo, hay que sumar los números de camino de vida de la pareja —o del grupo de personas— para hallar un solo nú-mero. Por ejemplo, la pareja formada por una persona con ca-mino de vida 5 y una persona con camino de vida 8 tiene un propósito común que responde a las características del 4.

Y lo mismo para saber la energía en que se une el Ser de cada uno o sus almas. Así, la pareja formada por una persona con nú-mero del Ser 6 y una persona con número del Ser 9 se une en la energía 6.

Resumiendo: juntos tienen un propósito común 4 (con las características del capítulo 4) y su Ser se encuentra en la energía 6 (con las características del capítulo 6).

Tendemos a suplir o compensar en nuestra relación de pareja aspectos de carencia o de exceso que tuvimos en la relación con nuestros padres. Esto se puede repetir de forma aparentemente inevitable hasta que estos aspectos no se hacen conscientes y quedan integrados. En este sentido es muy útil comparar los números del Ser y del camino de vida de tu pareja con los de tus padres. Esto puede revelar y llevar a la luz esos aspectos inconscientes que pueden ser origen de dificultades en las relaciones de pareja.

Forma de aprender

Cada capítulo se corresponde con la energía de un número, del 1 al 9. Tanto si se trata del número de tu camino de vida como el del Ser, las cualidades que les corresponden estarán presentes en tu vida. Cada una de estas cualidades incluye una parte de don y otra de desafío. Si te sientes también identificado con cualidades que no están ubicadas en los dos números principales, hay otros números que también tienen su sabor, y para que puedas comprobarlo los incluyo en el anexo.

Para empezar distingamos claramente entre camino y Ser. El camino es lo que has venido a realizar, y las cualidades esenciales de tu Ser son las que te acompañan para realizarlo. Evolucionas en tu camino cuando transformas los desafíos en dones. Las cualidades del Ser te van a apoyar para realizar tu camino.

Siguiendo el ejemplo de un camino de vida 7 y un número del Ser 9, te apoyarás en las cualidades esenciales del 9 para realizar tu propósito de vida 7. Cada uno de los capítulos explora las tres o cuatro cualidades clave de cada camino. Te será útil aprender inicialmente los nombres de esas cualidades asociándolos con cada número.

El siguiente paso es darte cuenta de que esas cualidades asociadas a cada número no están separadas entre ellas, sino que están vinculadas en un mismo significado. Estas cualidades se complementan unas a las otras dando sentido completo al número que representan.

La clave está en comprender la energía de cada uno de los números y las cualidades que la componen. Cuando comprendes la energía del número, no importa dónde aparezca —como camino, como Ser y también como personaje o energía del año, que veremos en el anexo—, vas a saber qué indica. Por tanto, el cuerpo de cada capítulo está destinado a que comprendas la energía del número, más allá del lugar en el que aparezca. De esta manera se va desarrollando el arte de los números en ti y, al empezar a usarlo, de pronto descubres que te has convertido en un artista.

El último paso es darse cuenta de que cada número está vinculado al anterior y al siguiente, de forma que todos juntos forman la Unidad. Podrás apreciarlo si lees unidos los párrafos en cursiva del inicio de cada capítulo, que son los que definen cada número.

Disfruta de este mundo apasionante donde la ciencia de la geometría se convierte en el arte de la numerología.

EL LIBRO: CONTENIDO Y ESTRUCTURA

Dividido en nueve capítulos, analizamos en cada uno de ellos tres o cuatro cualidades diferentes. De todas las cualidades a experimentar, que también se pueden percibir como llamadas de la Vida, exploraremos un total de treinta. Veremos cómo a través de estas llamadas o cualidades la Vida nos invita a transformar nuestros desafíos personales en dones espirituales.

Cuando estoy dando un curso, trato de acompañar a los participantes con la intención de que puedan mirar las experiencias más relevantes de su camino de una forma nueva y reveladora que, además, los ayude a alinearse con sus dones. Y puesto que esta forma de acompañar contiene la capacidad de transformar acontecimientos difíciles en preciados regalos, a menudo les recuerdo que están en el lugar donde se encuentran los regalos. Estos regalos que los participantes llegan a descubrir en los cursos no siempre se presentan ante ellos bajo la forma de obstáculos o dificultades en su camino. Algunos se manifiestan inicialmente como síntomas físicos que, bien explorados, conducen a quien los padece a descubrir cuál es el sentido de su vida y en qué medida vive ajeno a él. La intención del síntoma suele estar relacionada con la necesidad de explorar alguna de las cualidades que tratamos en este libro.

Dicho esto, y siguiendo el mismo mapa que nos llevará a encontrar regalos o tesoros, la intención al escribir este libro es explorar los distintos aspectos o cualidades de la experiencia humana que a veces se presentan como dificultades, obstáculos o desafíos. A lo largo de esta exploración, recorreremos el camino que nos llevará desde considerar los desafíos como algo que se interpone en nuestro camino, a experimentarlos como situaciones que nos llevan a dar lo mejor de nosotros mismos en lugares donde no lo estábamos dando. Finalmente, cada desafío esconde un regalo para ser recogido. En este sentido podemos decir que este es un libro de regalos.

Doy la bienvenida a todos aquellos que se sienten llamados a recoger los regalos que la Vida nos trae a cada instante. Regalos que a menudo hemos dejado atrás en el camino creyendo que solo eran aspectos desagradables de nuestras vidas. Por tanto, este libro nos brinda la oportunidad no solo de recoger todos los regalos pendientes, sino de abrirnos al que, al fin y al cabo, constituye el último y más preciado regalo: la liberación que aguarda cuando se disuelve la ilusión de que estamos separados de lo Uno [4]. Acercarnos a cualquiera de estas treinta puertas puede

---

[4] Lo Uno es lo Absoluto no-diferenciado o no-dual. Para referirme a ello uso en este caso el artículo indeterminado *lo* en lugar de referirme al Uno —como masculino—, o a la Unidad —como femenino—, pues lo Uno comprende a ambos de manera no diferenciada.

ayudarnos a rasgar el velo de esa ilusión de separación, y atrevernos a cruzarlas nos brindará el goce instantáneo de regresar a la Unidad; regresar allí donde se inició nuestra aventura y que nos aguarda suavemente en la disolución de la dualidad.

Desde el Todo, dando el paso 1 se distinguió el yo; en el paso 2 llegó el tú; el 3 inspiró la fertilidad entre tú y yo. Tras la gestación llegó el 4 a la manifestación; la materia se movió para descubrir su origen y conectó al 5 con la energía; esta se elevó hasta el cielo y el 6 se estableció en el amor. El amor descendió al mundo y la mente del 7 se iluminó; el 8 descubrió la acción interna y el poder se hizo magia; y cerrando el círculo el 9 regresó a la Unidad.

Empezamos el viaje. Espero que disfrutes de esta aventura de autodescubrimiento.

Camino 1

YO

*Seguir la pulsión interior es entregarse
a la creatividad de la Vida, que se expresa a través
de ti en cada latido del corazón universal.*

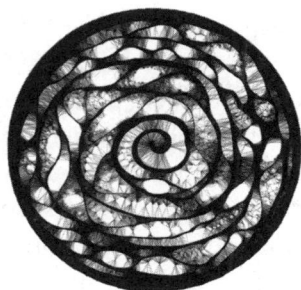

E L 1 INICIA EL VIAJE DESDE LO UNO hacia la individualidad. Es el principio, la Tríada de la Inspiración. En el océano de la consciencia se distingue una gota, que se percibe separada de la Unidad, del lugar de donde viene y del que, en realidad, nunca podría separarse. Es el establecimiento del yo, el paso de lo no-diferenciado a lo diferenciado. El Todo, su origen, como si fuera el padre cielo le da el aliento y el sustento. Sentirse apoyado le permite expresar su individualidad, su genuina pulsión creativa, yendo por su cuenta y construyendo la ilusión de distinguirse de su origen. El 1 representa el principio de todas las cosas y en cada movimiento manifiesta un inicio fresco, donde mantiene la pureza de su ingenuidad. Su pulsión interna está acompasada con el latido de su corazón y cuando lo sigue se manifiesta en el mundo de forma única.

1. LA IDEA DEL YO

Distinguir el personaje del Ser

El ego o el yo vive en la ilusión de la separación y el Ser vive en la Unidad. El camino de vida es el viaje donde el ego se rinde o se entrega al Ser. Entonces se produce la alineación completa: pensar, sentir, decir y hacer alineado con el propósito del Ser. Mientras el ego no se entrega al Ser hay desalineación, confusión y caos, tanto interiormente como en el escenario externo donde transcurre nuestra vida.

Distingamos en primer lugar entre el Ser o el alma y el personaje o el ego. Cuando se presenta un deseo, un objetivo o un propósito la distinción es fácil, porque los deseos del ego parten de su propia necesidad, del sentimiento de carencia, y buscan alimentar un personaje hambriento. Los propósitos del Ser son transpersonales, son íntegros, generosos y altruistas, y parten de la pulsión natural de compartir abundancia, que es fuente de inspiración genuina para alcanzar un mundo mejor para todos en sus múltiples formas. Vamos a ir descubriéndolo.

Hay quienes perciben el ego como una dificultad en su camino, como un personaje hambriento que nunca está satisfecho y siempre quiere más, o una compañía incómoda que les critica cuando hacen algo diciendo que podrían haberlo hecho mejor. Ahí es donde empieza una fantasía que manifiesta a su vez el poder y las limitaciones del ego.

Si te encuentras con la autocrítica de tu ego a menudo, es normal que quieras deshacerte de él. Afortunadamente, eso no es posible. En el intento de reprimirlo, tal vez no te des cuenta de que estás dándole más atención y presencia, así que más que intentar suprimirlo, lo mejor y más fácil es aceptarlo y dejar que se exprese. Observar con atención lo que pide te ayudará a conocerlo mejor. Demanda principalmente atención y también cariño, quiere lo mejor para ti, aunque no sabe muy bien qué es eso, ni tampoco cómo conseguirlo.

Cuando prestas atención a tu ego no tiene que levantar la voz y no se convierte en una compañía insistente y molesta. Cuando lo escuchas, pierde su fuerza y no genera tensión dentro de ti. Aceptar el ego pasa por aprender a escucharlo. En general, preocupado y asustado, nos dicta la instrucción «¡busca lo mejor para ti!». Lo hace bajo distintas formas: protegerte, hacerte sentir bien, enaltecerte, darte el reconocimiento que mereces…, y todo esto desde una perspectiva muy particular, como si su ombligo fuera el centro del universo [5].

Como parte de este proceso de entrega o rendición del ego al Ser, podemos empezar agradeciéndole su aportación, con independencia de la acción que nos induzca a realizar. Escucharlo le hace perder fuerza, tomar conciencia y ganar flexibilidad. Después de escuchar al ego, escucha tu voz interior y elige, según tus valores, lo que hay que hacer; es decir, lo que crees que es lo correcto desde la perspectiva más amplia que tu nivel de conciencia te permita alcanzar.

NECESIDAD DE RECOMPENSA Y RECONOCIMIENTO

Cuando el ego tiene que decidir entre la cantidad y la calidad, suele decantarse por la cantidad, «cuanto más mejor». Así, de natural competidor, si juega a algo querrá ser el primero, si va al teatro querrá la mejor butaca y si tiene delante una tarta querrá el trozo más grande.

Debatiéndose entre el ansia y la gula, el ego actúa movido por una especie de hambruna que difícilmente logra satisfacer, y si lo consigue es solo momentáneamente. A pesar de que el hueco al que nos enfrenta su voracidad nunca va a llenarse de esa manera, sigue queriendo más y más. Busca la recompensa y el re-

---

[5] En realidad lo es —puesto que el centro de un universo infinito es el punto de observación—, aunque no desde la separación de como el ego lo percibe, sino como la unidad con todo.

conocimiento continuo, ensimismado en la fantasía de que «en la próxima oportunidad puede que finalmente lo consiga», aunque eso nunca ocurre. Esa búsqueda permanente del siguiente bocado es lo que le impide disfrutar de lo que está saboreando en este instante. De esa manera, instalado por costumbre en el momento siguiente, el ego nos saca del presente, donde en realidad se encuentra todo lo que buscamos.

Un día, cuando el ego ya haya recorrido varias veces ese mismo tramo del camino, reconocerá que es mayor la recompensa que experimenta al compartir lo que hay con los presentes en ese momento. Y aunque al ego le seguirá pareciendo que tomar el trozo más grande del pastel es una buena opción, el compartirlo es más valioso. Cuando esto ocurra, hay que celebrarlo, a pesar de que aún queda cierto camino por recorrer.

Deseoso de tener éxito en todos los campos, necesita también impresionar o gustar a los demás. Es por eso por lo que, guiados por nuestro ego, nos afecta mucho el «qué dirán» y el «qué pensarán», pues como en realidad no lo sabemos, tendemos a imaginar lo peor. Entonces intentamos lo imposible: no solo adivinar lo que piensa el otro, sino también pretender controlar eso que piensa. Si resulta que ni siquiera podemos controlar lo que pasa por nuestra cabeza, ¿cómo vamos a controlar lo que piensan los demás sobre nosotros? Además con esta actitud estamos intentando hacer otra cosa imposible, que es gustarle a todo el mundo. Y ya sabemos que nunca llueve a gusto de todos.

Hacemos lo que queremos para después complicarnos explicando y justificando nuestras acciones de muchas maneras, con la intención de que al otro le parezca bien lo que hemos hecho. No estamos diciendo que no esté bien compartir con los demás lo que hacemos y escuchar su opinión, sino que resulta una pérdida de tiempo intentar convencer al otro con nuestros motivos para hacer las cosas. Si asumimos que cada cual tiene su vida y que ha venido a vivirla por su cuenta, vemos que ese elegir *por su cuenta* de las personas que están a nuestro alrededor nos empuja a evolucionar. También nos ayuda comprender que, hagamos lo que hagamos, siempre habrá a quien sí y a quien no le guste lo que hacemos. En el momento en que nos permitimos hacer lo que queremos, empezamos a disfrutar de nuestra identidad, que es una expresión creativa única y original del universo a través nosotros.

MOSTRAR NUESTRO EGO DESNUDO

La mejor estrategia para deshacerse del peso de gustar a los demás es mostrarse tal cual uno es. Entonces, actuando desde nuestro propio impulso y haciendo lo que nos sale de dentro, el ego puede sentirse amenazado. En ese arriesgado juego de dejarse ver, tal vez no se crea suficientemente bueno y pretenda hincharse aparentando serlo más.

En lugar de liberarse de su creencia autolimitante, prefiere usar una estrategia superficial basada en su propia necedad, tratando de contrarrestar unas carencias que en realidad nunca tuvo.

Es posible que esto que estás leyendo no sea nuevo para ti, y aun así te verás en situaciones en las que todavía te mueve la necesidad de gustar. Detrás de esa necesidad encontrarás pensamientos y creencias que cuestionan la valía propia. El primer paso es aceptarnos silenciosamente tal cual somos para poder estar a gusto con nosotros mismos, acariciando también nuestras creencias aun sabiendo que no son ciertas. El camino de gustarnos nosotros y celebrarlo con los demás continúa reconociendo nuestro ego con sentido del humor y mostrándolo con toda su contradicción.

El ego se centra en el «yo». El «yo soy...» casi siempre crea complicaciones, pues todo lo relacionado con el «yo» tal como lo usamos lleva la intención de darnos importancia. Cuando uno quiere «ser alguien», lo que busca tal vez sin saberlo es ser importante, y uno quiere ser importante solo cuando siente que no lo es.

¿Te has preguntado alguna vez quién eres o qué eres? Uno puede intentar definirse diciendo «yo soy Juan» o «soy un hombre justo» o «soy comerciante o vendedor», y también hacerlo a través de lo que considera que son sus cualidades o defectos: «soy objetivo, ordenado, inteligente, ecuánime, obstinado o egoísta». Cuando uno trata de definirse como lo que es, se está definiendo también a través de todo lo que no es, es decir, de sus limitaciones, pues la parte que «no es» siempre resulta ser más amplia que la que *es*.

Por tanto, al decidir o elegir algo que somos, decidimos también las cosas que no somos, negándonos así el acceso a muchas posibilidades porque «no somos eso». Por ejemplo, si digo «soy vendedor», estoy dejando de ser el resto de profesiones, limitándome a un círculo muy pequeño. Uno no *es* vendedor, solo trabaja como vendedor. Lo mismo sucede si digo «yo soy un hombre justo», pues soy algo más amplio: «soy un ser humano con muchas otras cualidades…», y no solo eso: «soy más que un cuerpo físico, soy un ser espiritual que es parte del Todo».

El «yo soy…» es el camino del ego, de la acumulación, del ser cada vez más engrandecido. Por ese camino no se puede llegar al Todo, pues el ego, cuanto más juzga y divide, más se aleja de ese Todo. Cuando te abres a percibir que «ser» está preñado de todo el potencial, ya no necesitas de ningún «soy…». El verdadero camino del ser pasa, por tanto, por *dejar de ser*. Cuando te das cuenta de que no te falta nada, ya no hay nada que quieras ser.

A veces, confundidos por nuestros afanes, superponemos unos conceptos sobre otros llegando a resultados que normalmente no nos satisfacen. En este camino que hemos venido a recorrer, no solo nos empeñamos en «ser», sino que también queremos «hacer». Si cuando algo se está cayendo juzgamos que «es malo» que se caiga, intentamos hacer algo, sujetarlo, por ejemplo, para evitar su caída. De igual manera, cuando no nos gusta cómo somos porque juzgamos que no somos suficientemente buenos, intentamos hacer algo, ser otra cosa. Olvidamos que el camino del Todo es el camino no solo del «no ser», sino también del «no hacer».

Dejar de intentar ser alguien o algo y dejar de hacer son acciones muy fuertes, pues para «no hacer» se necesita poder. Cuando hablamos de «no hacer» no queremos decir que no haya acción, sino que la acción sea interior. Lo que ocurre es que lo que nosotros llamamos acciones suelen ser en realidad simples reacciones que nos brotan al dejar que el mundo externo nos condicione. Así por ejemplo, si alguien se enfada con nosotros, reaccionamos enfadándonos con él, creyendo además que estamos ejerciendo nuestra libertad. La libertad no es reaccionar de forma automática, sino poder elegir nuestra acción, en este caso hacernos conscientes del mecanismo que disparó el enfado y dejarlo ir. Entonces nuestra acción, sea la que sea, nace de la libertad interior.

El «no hacer» constituye entonces una verdadera acción en la medida en que nace de dentro y se realiza interiormente. Ya no hay un disparador interno que la cause, como ocurre en el caso de una reacción. Es una acción sin condiciones, una acción realizada sin esfuerzo y sin darse importancia, una acción por amor y desde el amor.

A medida que abandonamos la necesidad de *hacer* y vamos dejando de *ser* esto o aquello, evolucionamos para simplemente *ser*. Tendemos a desaparecer, a convertirnos en Nada. Y, claro, al ego no le gusta ser nada. Nos ha acompañado durante la mayor parte de nuestro camino ayudándonos a crear una imagen falsa de nosotros porque la que tenemos no nos gusta. Nos ha puesto de espaldas a nuestro camino espiritual impidiéndonos ser como realmente somos, desgastándonos con su intento de mantener a toda costa nuestra imagen en lugar de invitarnos a vivir.

Puede que llegue un momento en que nos demos cuenta de que llevamos toda la vida empleando una cantidad enorme de energía intentando demostrar todos los «yo soy…». Entonces, cuando aceptemos el vértigo de «no ser nada», tal vez nos demos cuenta de que en realidad ya no tenemos nada que demostrar. Y eso, cuando lo logramos, genera un gran alivio y la liberación de los pesos que nos hemos ido echando encima.

EL EGO EN REALIDAD NO ES TUYO

Olvidando que provenimos del Todo, nos dejamos llevar por nuestro ego, empeñado en separar lo que llamamos dentro de lo que llamamos fuera. Así, según sea la relación que tengamos con nuestro ego, nos relacionaremos de un modo u otro con esa percepción de separación. Si nos sentimos amenazados por el «fuera», consideramos que tenemos un problema; y si, por el contrario, somos nosotros los que desde «dentro» queremos conquistarlo, también estamos ante un conflicto. En otras palabras y en términos psicoterapéuticos hablaríamos de baja o alta autoestima respectivamente. De modo que no se trata de pretender no tener ego, ni de subir la autoestima o de bajarla si creemos que la tenemos alta. Se trata de darnos cuenta de que esa separación entre dentro y fuera no existe y que somos Uno con Todo.

El ego, asociado normalmente con tu personalidad y con el conjunto de ideas, pensamientos y creencias sobre ti mismo, suele ser visto y tratado por el mundo *New Age* como algo que hay que vencer o someter. El camino de lucha, rechazo o enfrentamiento contra esa parte de nosotros nos aleja de nuestro verdadero ser. Piensa en el ego como si fuera el tallo de un bambú o un junco y en lo que ocurre cuando es demasiado rígido o demasiado flexible. Luego, observa que el bambú o el junco son uno con todo el bosque o la selva y que, aun doblado, rígido o partido, sigue siendo uno con todo el bosque.

Si aun así consideramos al ego como un enemigo, es bueno darnos cuenta de que esa estructura de la que renegamos es la que nos mueve por el mundo. Sin ego o personaje nos quedaríamos sentados donde estamos convertidos en piedras vivientes, cosa que no está mal si es eso lo que queremos.

Cuando pensamos en el ego como si fuera nuestro, «mi ego», o que depende de nosotros, le estamos dando más fuerza. Entonces, al sentirnos propietarios y responsables de él, nos vemos impulsados a alimentarlo para que crezca, o bien a combatirlo para vencerlo, según el caso. Solo cuando somos capaces de ampliar el círculo al infinito percibimos el ego como el instrumento que la Vida usa para movernos por el mundo y para realizar su propósito a través de nosotros.

Para pasar de la ILUSIÓN DE LA SEPARACIÓN
a la UNIDAD *RECUERDA QUE...*

- ... si te desconectas del Todo y te dejas llevar por tu ego, vivirás en la separación entre el «dentro» el «fuera». La clave no está en pretender vivir sin ego, sino en darte cuenta de que esa separación entre dentro y fuera no existe.
- ... a medida que abandonas la necesidad de *hacer* y vas dejando de *ser* esto o aquello, evolucionas para simplemente *ser* o *estar*. Entonces te das cuenta de que en realidad ya no tienes nada que demostrar.
- ... cuando piensas que el ego es tuyo o que depende de ti, te ves impulsado a defenderlo o combatirlo. La clave está en darte cuenta de que el ego es el instrumento que la Vida usa para moverte por el mundo y realizar su propósito a través de ti.

RETORNANDO A LA UNIDAD...

El poder atribuido al ego está basado en la confusión de creer que estamos limitados a este cuerpo y que hay algo fuera de nosotros que no es uno mismo. Cuando recobramos la conciencia de unidad nos damos cuenta de cómo la Vida usa el ego para movernos. Tocando el mundo desde esta nueva conciencia podemos finalmente desidentificarnos del ego y seguir nuestro impulso sin que medie pensamiento entre este y la acción impecable.

2. EL PRINCIPIO

NO HAY QUE ACABAR LO QUE SE EMPIEZA...

La Vida está en continua evolución, se recrea a sí misma en cada instante. En términos de macrocosmos, el universo se expande y se contrae cíclicamente. En el microcosmos sucede lo mismo. El yogui se expande y se contrae siendo consciente de que se renueva en cada respiración; si conectáramos con el ritmo craneosacral podríamos observar en el cuerpo físico cómo este proceso de expansión y contracción se produce cada pocos segundos.

En nuestra experiencia vital este proceso se manifiesta en cada paso que damos, un paso detrás de otro. A medida que avanzamos, vamos cambiando, de modo que si el que da ese paso cambia al darlo, cada paso será nuevo también. Solo existe en realidad un solo paso.

Cada instante es nuevo y en cada instante hay un comenzar; solo hay vida en el presente, en este paso que estamos dando justo ahora. La energía 1 es el símbolo de ese comienzo, de esos primeros pasos, de ese empuje y de esa ilusión. Cuando ese empezar toma forma de proyecto, puede aparentar que se unen y se crean varias manifestaciones en ese punto de partida, aunque en realidad el proyecto sigue siendo nuevo a cada paso.

Hay personas a las que les gusta empezar cosas y otras a las que les gusta terminarlas. La energía 1 se relaciona con empezar, no con terminar. La frase «hay que terminar lo que se empieza», aunque suene como una condena universal, solo tiene realidad para la persona que lo piensa. Ir en contra de esta creencia puede aparentar, a primera vista, una falta de responsabilidad. Solo a primera vista, porque desde una perspectiva más amplia ser irresponsable sería usar la nueva energía de la vida en algo que ya ha pasado. Así que el problema no se crea al no terminar los proyectos que empezamos, sino al pensar que hay que acabar obligatoriamente esas cosas que iniciamos. Cuando nos movemos impulsados por esta creencia, nos convertimos en víctimas de nuestro propio proyecto, pues siendo nuevos y diferentes de como éramos al empezarlo, nos empeñamos en seguir anclados en algo que ya no encaja con nuestro presente.

Quedarse en el principio

Cuando insistes en mantenerlo, el pasado se convierte en un peso. Si crees que has sufrido por las cosas que te ocurrieron en tu pasado, está bien. En este caso ya has pagado con tu sufrimiento por todo el dolor que has recibido y que has podido causar. Si estás dispuesto a aceptar que nadie te debe nada, puedes ganar tu libertad y vivir el instante de forma nueva. Puedes empezar de cero, sintiéndote en paz, sin peso y sin deudas.

Buscar lo viejo en lo nuevo, es decir, intentar que las cosas sean como antes, nos ancla en el pasado y hace que nos perdamos el regalo de lo nuevo. Las cosas nunca son como antes aunque queramos que lo sean, y lo que hay ahora es siempre mejor que lo que había porque lo que había, simplemente, ya no existe. Este afán por pretender fijar las cosas para que sigan siendo «como siempre» nos lleva a relacionarnos con reproches del tipo: «Es que tú ya no eres como cuando nos conocimos...». Una vez concienciados de que no sirve de nada quedarse anclados en lo que fue, podríamos contestar: «¡Pues menos mal, porque han pasado cuarenta años!».

Quedarse en el empezar es un enfoque que funciona especialmente bien en las relaciones de pareja. Al principio se está muy enamorado y todo es maravilloso. Más adelante, cuando uno se ha ido acostumbrado al otro, parece que ya no se intercambian la misma atención e ilusión. Una manera de mantener eso que tanto nos gustaba del comienzo es quedarse en ese principio, empezando cada día como si fuera nuevo, mirando las cosas con los ojos de la novedad. Pensar continuamente en el futuro es lo que nos aleja de ese empezar y lo que nos hace serios y viejos. Así que si podemos dejar de pensar en el futuro o, al menos, dejar de preocuparnos por él, quizá podamos quedarnos en ese empezar de forma continua. Nuestro Ser nos apoya en este propósito porque, aunque queramos, no podemos ir más lejos del momento presente. Y dado que estamos inmersos en un viaje y, como tal, la gracia no consiste en llegar, disfrutemos de cada paso como si fuera el primero que damos.

En este caminar en el que cada momento es nuevo, las cosas que ocurren no son una consecuencia lineal de lo que hemos hecho con anterioridad. Cuando decimos que algo ha ocurrido porque antes hemos hecho esto o aquello, estamos intentando buscar una explicación o justificación guiados por una visión limitada de la situación. El Ser no entiende de explicaciones y además no se mueve en el eje causa-efecto. El hecho de que cada momento sea nuevo implica que nunca sabemos lo que va a pasar. El próximo instante es la realización de un mundo de infinitas posibilidades.

Este gusto por el empezar nos lleva a plantar semillas que quizá no den fruto de forma inmediata. Y aquí es donde nuestra exigencia e impaciencia nos pueden llevar a enfocarnos solo en el resultado de las cosas. Pensar en el resultado como una idea de futuro distinta de la propia acción es una fantasía porque el resultado no existe en el futuro, no existe el final, solo la acción del empezar. Si olvidamos esto, puede parecernos que el resultado está tardando en llegar, y cuando llegue puede ser que ya no nos satisfaga. Al alejar el foco de esta expectativa, podemos darnos cuenta de que ese «fruto» que esperamos tal vez llegue de forma inesperada como un regalo, o puede incluso que se trate de un fruto destinado a alguien de nuestro entorno. El sembrar, al igual que el empezar, es un proceso completo que va mucho más allá del deseo de recoger resultados concretos.

Cuando hemos estado esperando largo tiempo a que algo fructifique, la decepción está casi asegurada, pues nuestra espera va a empujarnos a desear algo mejor o más grande de lo que hemos finalmente recibido. Visto así, podríamos pensar que conseguir algo que ha costado mucho no tiene gracia y que las cosas son más bonitas cuando nos vienen de regalo. Al fin y al cabo, la vida es un regalo. Sin embargo, para darnos una importancia que no creemos tener, nos encanta anunciar: «Yo he conseguido esto», sin percatarnos de que lo que realmente logramos con esa actitud es llenarnos de ruido, un ruido que alimenta nuestro ego. Resulta más honesto sentirse agradecidos por el regalo sabiendo que nuestra acción es el resultado del impulso de la Vida, que a través de lo nuevo capta nuestra atención y nos invita a que entreguemos lo mejor de nosotros mismos en cada acto.

CADA PASO ES NUEVO

Después de la presentación de un libro suelo dedicar personalmente algunos ejemplares preguntando la fecha de nacimiento. Hace unos meses una señora, entusiasmada por leer el nuevo libro, sujetando con fuerza el ejemplar entre sus manos y levantando la voz, con los ojos muy abiertos y vibrando de emoción, me dijo: «¡Este libro lo voy a terminar!».

Tal como supuse, esta persona tenía un camino de vida 1. Cuando llegó su turno me dijo que había sido instruida en su infancia para terminar lo que empezara, cosa que naturalmente había conseguido muy pocas veces, casi ninguna. Entonces tomé el libro en mis manos y le mostré la primera página.

—¿Es nueva, verdad? —le pregunté.

—¡Sí! —me respondió. Pasé a la siguiente página y le pregunté:

—¿Esta también es nueva, verdad?

Fui pasando varias páginas. Mientras, la persona se daba cuenta de que cada una era nueva.

—Tal como cada paso en la vida, cada día o cada respiración —le dije—. Y sin darte cuenta el libro estará terminado. En ese momento ya habrás aprendido a disfrutar de cada paso que des.

Para pasar de lo VIEJO a lo NUEVO *RECUERDA QUE...*

- ... empeñarte en que las cosas sean como eran antes te ancla en el pasado y te lleva a perderte el regalo de lo nuevo.
- ... lo nuevo no reside en el futuro, sino aquí y ahora. La única acción que nunca cambia es la acción del empezar, que ocurre una y otra vez, a cada instante.
- ... tu acción es el resultado del impulso de la Vida, que a través de la novedad capta tu atención y te invita a que te entregues en cada acto.

RETORNANDO A LA UNIDAD...

La Vida en sí misma se renueva a cada instante y no entiende de viejo y de nuevo, por tanto lo viejo en realidad no existe. Es la mente la que cree estar repitiendo y la que nos lleva a perdernos la novedad del momento. El empezar es en sí mismo un proceso completo del que nosotros formamos parte siendo nuevos a cada instante. Cuando permitimos que la Vida pase a través de nosotros, ya estamos viviendo la novedad sin necesidad de encaminarnos hacia lo nuevo.

3. IMPULSO CREATIVO

Seguir nuestra pulsión creativa es decir sí al impulso de la Vida

Una de las cosas más útiles que podemos aprender sobre la energía es cómo canalizarla. De entre todas las alternativas, una muy sencilla es dejarse llevar por los impulsos, a pesar de que ser impulsivo no siempre tenga buena fama. Cuando decimos que alguien es impulsivo, normalmente estamos valorándolo más como un defecto del carácter que como un modo de expresar y canalizar su energía.

Puesto que nuestra energía fluye naturalmente hacia la creatividad, los impulsos, que son energía pura, requieren que se les preste atención y se les dé movimiento y expresión. Cuando intentamos controlar, recortar o suprimir nuestros impulsos, estos se deforman y quedan obstruidos en el cuerpo. Ahí aprisionados, pueden manifestarse de forma destructiva hacia lo que percibimos como mundo exterior, o hacia dentro, creando síntomas corporales.

Seguir nuestros impulsos en cuanto aparecen es hacernos un favor a nosotros mismos y también a las personas que participan de ellos. Nuestra percepción limitada de que el impulso es nuestro es lo que nos lleva a juzgarlo —a juzgarnos— como excesivo y a frenarnos en su expresión. Confundidos, creyéndonos creadores de ese impulso, olvidamos que en realidad somos únicamente su receptor y su canal de expresión. Es la Vida, la energía creativa del universo, la que lo envía como un regalo para que algo sea creado a través de nosotros. Esta energía está presente en todas partes y todos estamos unidos por ella. De hecho es fácil que las personas que están de alguna manera conectadas entre sí sientan esos impulsos al mismo tiempo o que, incluso, una pueda sentir los impulsos o la energía de la otra; aunque, como ya hemos dicho, no se trata de la energía de alguien en particular, sino de la energía que la Vida envía a través de su pulso y que recibe quien está receptivo. Esta es una de las manifestaciones de lo que se llama sincronismo, una coincidencia de dos o más fenómenos a la que se suma un significado común, sucesos que ocurren a la vez sin conexión racional entre ellos.

CONECTAR CON ALGUIEN SIGUIENDO UN IMPULSO

Seguir los propios impulsos es la forma más natural y oportuna de establecer y mantener contacto con los demás. Por ejem-

plo, imagina que llevo un tiempo intentando contactar por teléfono con alguien por un tema de trabajo. Cuando lo llamo no
está, o está reunido, o simplemente no me puede atender. Entonces pongo en marcha mi mecanismo racional y me organizo
para llamarlo a una hora a la que yo crea que pueda estar en su
trabajo. Es posible que no lo llame muy temprano porque piense
que todavía no habrá llegado. Puede que tampoco lo llame al
mediodía porque crea que estará comiendo; y seguramente no
lo llame a última hora porque crea que ya se habrá ido. El resultado sería entonces que me paso así días y días perdiendo bastante tiempo y energía.

Imagina que no puedo dejar de pensar en ello, que me parece
que hablar con esa persona es absolutamente esencial, que la
necesito para continuar mi proyecto. La combinación entre mi necesidad, mi impaciencia y mi ansia por ver cumplido un deseo
que no depende de mí no es la mejor fórmula para manifestar
algo en mi vida. Quizá si me relajara y distanciara un poco de la
situación podría verla desde otros ángulos y lograr así tener una
visión global. No se trata de abandonar mi intención, sino de intentar desapegarme del resultado que busco. Nadie dice que esto
sea fácil, aunque es importante no olvidar que para conseguir
algo lo mejor que podemos hacer es desapegarnos de ello, dejando de pensar que lo necesitamos. Ya sabemos que aquí la impaciencia juega en nuestra contra, pues cuanto más esfuerzo hagamos pretendiendo obtener nuestro deseo, más nos alejaremos
de él.

Si después de observarlo con calma sigo pensando que *necesito* hablar con esa persona, entonces me hace falta alinearme.
Para relajar un poco esa urgencia, puedo darme cuenta de que
mi vida ha llegado hasta aquí sin eso que ahora creo imprescindible. Así que ¿por qué pensar que mi vida no puede continuar
por otro camino diferente al que me empeño en recorrer? Estaría
muy bien que lo consiguiera, sería un logro, un desahogo, una
satisfacción personal tal vez. Puedo considerar si realmente lo
necesito. Mi vida, en realidad, no depende de que lo consiga o

no. En este momento estoy vivo y no lo tengo, así que probablemente pueda pasar sin ello en el próximo instante.

A pesar de todo lo dicho, si sigo creyendo que es importante para mí conseguir eso que me he propuesto, puedo seguir adelante poniendo atención a mi impulso y las sincronías que se presentan. Quizá durante el día haya uno o varios momentos en los que la comunicación con esa persona sea posible. Lo que ocurre es que yo no sé cuáles son esos momentos. Así que, para detectarlos, voy a tratar de establecer una conexión con esa persona utilizando para alinearme el impulso, la intuición y la sincronicidad.

Una señal de que la conexión es posible es que aparezca de forma inesperada algo que para ti represente un símbolo relacionado con eso que quieres. Una señal puede ser que te llegue de pronto una intuición. Para seguirla, debes saber distinguirla del ruido mental que se produce cuando estás pensando en círculos y no puedes dejar de darle vueltas a algo. Una intuición no es el resultado de un proceso mental, lógico o racional, sino que puede aparecer en tu cuerpo en forma de imagen, sonido o sensación interna, o bien puede ser algo que veas, escuches, huelas, saborees, toques o percibas de alguna manera aparentemente externa.

Si tu dificultad consiste en que estás pensando en lo mismo todo el tiempo, quizá puedas empezar bajando el volumen del sonido con idea de crear un espacio para que tu intuición pueda brotar. Algo que funciona es ocuparte de lo que tienes delante poniendo toda tu atención en el momento presente. Estar donde está tu cuerpo, en la realidad de este instante, conectado con lo que estás sintiendo y haciendo ahora mismo, crea un espacio de silencio que permite que se abra el canal de tu intuición. Un ejemplo de intuición interna sería que en este caso, de pronto, apareciera en tu cabeza una imagen de tu deseo cumplido. Como ejemplo externo podría ocurrir que sonara el teléfono y alguien te ofreciera algo.

Cuando te encuentras en ese estado de relajación y entrega a lo que tienes delante, estás preparado para que la intuición suceda. Así, si quieres saber cuál es el mejor momento para llamar a una persona, es muy fácil: es justo el momento en el que se te ocurre hacerlo. Por el efecto del sincronismo, puede que en ese momento se abra un espacio, un canal que haga que esa persona esté en la actitud más receptiva posible a tu propuesta.

Eso que te llega en forma de intuición lo puedes vivir como un aviso de tu Ser más amplio de que este es el mejor momento para llamar a esa persona. No importa que sea la hora de comer o que tú juzgues el momento como inoportuno. Puede que quien trabaja en la recepción esté comiendo y que precisamente te conteste la persona a quien estabas buscando. Como no puedes controlar lo que va a pasar, lo mejor es dejar que la existencia se ocupe de programar la cita. Tú lo único que tienes que hacer es mantener tu intención, dejarte llevar por tu intuición y seguir tu impulso.

CÓMO SEGUIR UN IMPULSO

Normalmente los impulsos nos inducen a actuar de una manera concreta. A veces tenemos el impulso de hacer algo que aparentemente no se relaciona en absoluto con aquello que queremos conseguir, o sentimos el impulso de hacer algo que no tiene ningún sentido lógico. Si aceptamos que todos los impulsos son la energía creativa del universo pasando a través de nosotros, podremos relajarnos aunque en un momento dado no sepamos con qué se relaciona ese impulso que nos mueve. Es posible que al dejarnos llevar por él descubramos hacia dónde nos dirige.

Si cuando aparece un impulso te parece que está fuera de tu alcance y no puedes realizarlo como te gustaría, puedes apoyarlo realizando cualquier acción simbólica que lo represente. Por ejemplo, si de repente te dan ganas de irte de viaje, una acción simbólica relacionada con ese impulso sería buscar en Internet información sobre ese viaje, dirigirte a una agencia de viajes o comprarte un libro sobre ese lugar. Si sientes el impulso de cambiar de trabajo, una manera de alinearte con ello sería mirar en ese momento la sección de anuncios de trabajo. Recuerda que las cosas, por efecto del sincronismo, suceden a la vez, con lo que es posible que alguien que no conoces esté buscando justo a una persona como tú para ofrecerle tu trabajo soñado o la oportunidad que esperabas. De esta manera, realizando estas acciones, aunque sean simbólicas, estamos dando salida a esa energía creativa del universo que, de otro modo, quedaría retenida dentro de nosotros. Acompañando con una acción todos nuestros impulsos, estos nos conducirán fácilmente a donde queremos ir.

Aunque hay personas que con un impulso pueden destruir un mundo, eso no quiere decir que el impulso sea malo en sí mismo. Lo más probable es que ese impulso desbocado sea el resultado de haber reprimido muchos otros antes que ese. Imagina un embalse que se ha diseñado para soportar cierta presión de agua y que se va llenando lentamente, gota a gota. Las compuertas permanecen cerradas, así que, sea cual sea la cantidad de agua que entre, cada vez habrá más presión. Sigue llenándose mientras va llegando al límite de su capacidad. Como las compuertas siguen cerradas, llega un momento en que el muro de contención no soporta más presión, se rompe y el agua se desborda. Culpamos de lo ocurrido a esa última gota, a ese último impulso, y los juzgamos como «malos». Pero ¿cuántas gotas de agua caben en un embalse? La última fue solo un impulso más.

Otra consecuencia de no dar salida a los impulsos se observa con claridad en algunas relaciones de pareja. Hay situaciones en las que el lugar donde ella dejó un papel provoca una animada discusión. Él dirá que lo del papel ha sido la última gota. Ella echará la culpa de la discusión al carácter de él, que parece que no aguanta nada. Esta discusión es en realidad el símbolo de todas las cosas que fallan en esa relación. Y quizá la que más falla es el amor hacia uno mismo, pues uno no puede dar amor al otro si no lo tiene. Parece entonces que ambos están equivocados: él, porque el lugar donde ella dejó el papel no tiene nada de malo, y ella, porque él no es que aguante poco, es que no tiene nada que aguantar. La relación no está basada en aguantar sino en amar.

Si no queremos que nada se acumule y que no haya nada que aguantar, lo mejor es hacer caso al impulso en cuanto aparece; dejar que de forma natural y espontánea la acción siga al impulso. Sin embargo, para dejar fluir nuestros impulsos y darles una salida relajada, debemos hacer las cosas justo en el momento en que las sentimos. Cuando logramos estar conectados con nuestras sensaciones, podemos seguir el impulso desde el corazón en cuanto aparece y actuar con libertad sin hacer demasiado caso a las limitaciones de la mente racional. De modo que, si sientes el impulso de hablar con alguien, hazlo si puedes en este mismo instante. Si el impulso es decirle algo en concreto a alguien, díselo. No importa de qué se trate. No te *preocupes* por las consecuencias porque en realidad nunca sabemos lo que va a ocurrir. El «luego» no existe.

Lo que normalmente te impide seguir tu impulso es un juicio de inconveniencia. La Vida te entrega un regalo para ti, para otra persona o para que lo manifiestes en el mundo, y tú te lo guardas porque, a tu juicio, no es conveniente el lugar o el momento o la persona. El resultado es que ese regalo no solo te lo pierdes tú, sino también el otro. Muchas veces, lo que está detrás de la represión de tu impulso es la no aceptación de ti mismo y la necesidad de preservar al ego del qué dirán y del qué pensarán.

Cuando reprimimos un impulso, no solemos darnos cuenta de que nos guía una conciencia de pobreza, la idea de que uno mismo o su impulso no es lo suficientemente bueno para ser expresado o realizado. Parece que olvidamos que el impulso, aunque sí es para ti, no proviene de ti. Es un regalo que la Vida te hace para que manifiestes tu riqueza en el mundo.

A veces, para frenarte, puedes poner como excusa el temor de que tu impulso resulte dañino para otras personas. Si argumentas esto es porque probablemente a lo largo de tu vida has aprendido a reprimir tus impulsos. Es como si, por costumbre, cerraras una puerta sin pararte a mirar con atención qué hay detrás. ¿Qué hay ahí? ¿Qué creencias están detrás de ese freno? Abre la puerta y mira qué hay. Si lo necesitas, háblalo con alguien, con un amigo..., pero no lo dejes ahí, cerrando la puerta sin expresarlo. Tarde o temprano ese impulso contenido encontrará una salida y saldrá por donde pueda con la fuerza de la represión acumulada. Es entonces cuando el impulso se habrá convertido en algo que sentiremos como «destructivo».

Otra cosa sería que tuvieras la intención de dañar a alguien. En ese caso, es bueno que en primer lugar mires qué hay detrás de ese impulso, pues antes de que causes daño a otro, te lo estás haciendo a ti mismo. No puedes pensar en dañar a alguien sin sentir daño dentro de ti para poder sanarlo y dejar de hacerte daño. Si, por ejemplo, te surge el impulso de destruir algo, puedes mirar qué hay dentro de ti que te parece que fue destruido. Cuando lo descubres y lo integras, te das cuenta de que en realidad nada fue destruido, que todo sigue luminoso en tu interior, y ese es el regalo que puedes recoger en ese acontecimiento, pues tu Ser es intocable. Le pase lo que le pase al personaje que representamos, a la carne y al hueso, el Ser siempre permanece intacto, que es conciencia pura. Entonces, a la vez que se sana la ilusión de la destrucción interna, también desaparece el sentimiento destructivo hacia el mundo y, en su lugar, el impulso que lo originaba se convierte en un acto creativo.

Lo más frecuente es que no tengas la intención de dañar a otras personas, de modo que siempre hay una manera de expresar eso que late en ti. Tu parte racional te puede ayudar a encontrar la manera de que ese impulso sea manifestado. Así, si crees que puede resultar dañino, coméntalo con la otra persona: «Tengo el impulso de hacer esto». Actuando así, compartiendo tu impulso, estás haciéndote el mejor regalo posible, que es abrir la caja del regalo para ambos.

Si estamos atentos, podemos captar el impulso en el mejor momento para darle salida, que es en cuanto aparece, cuando aún es suave. Tenemos muchos impulsos a lo largo del día y solemos reprimir la mayoría de ellos. Nos apetece decir o hacer algo y no lo decimos ni lo hacemos escudándonos tras algunos de los argumentos que ya hemos comentado. Siempre hay una manera de expresarlo; se trata de encontrarla. Si ponemos alguna limitación, que sea el respeto por el otro, y desde ahí podremos encontrar el mejor modo de darle una salida creativa y constructiva a nuestros impulsos.

Puede parecer una paradoja y, sin embargo, para poder seguir nuestros impulsos hay que organizarse; hay que generar el espacio para poder ser impulsivos. Porque, por ejemplo, si hemos quedado con alguien y estamos llegando tarde, ¿cómo vamos a entretenernos siguiendo un impulso que a lo mejor nos aleja de esa cita? Imaginemos que nuestra vida es como la de un equilibrista en acción, sosteniendo una pelota en cada mano y tres más en el aire. Entonces, ¿cómo podremos disponer de una mano para seguir el impulso cuando aparece? Hay que organizarse para tener alguna de las manos libres.

Cuando dejamos libre ese espacio para que brote y crezca el impulso; cuando nos apartamos del miedo a hacer daño a los demás con nuestros impulsos; cuando sentimos que la energía con la que se construyen esos impulsos es la creatividad, la fuente de todo…, entonces, al permitirlos, estamos permitiendo la expresión directa de nuestras almas. Como artistas que trabajan con las manos, las sentimos moverse «solas». Sentimos cómo nuestra voz interior se materializa a través de la energía que nos lleva a actuar. Como una ola que a cada rato deja arena nueva y se lleva la vieja, nos sumergimos en el proceso de creación y destrucción, de vida y muerte. Así, siguiendo nuestros impulsos, nos hacemos el regalo de sentir la Vida circulando en nuestro interior, habitándonos.

Para pasar del IMPULSO
a la CREATIVIDAD *RECUERDA QUE...*

- ... puedes hacer las cosas justo en el momento en que las sientes para dejar fluir tus impulsos y darles una salida relajada y creativa.
- ... si cuando aparece un impulso sientes que no puedes realizarlo como te gustaría, puedes apoyarlo realizando cualquier acción simbólica que lo represente.
- ... lo que normalmente te impide seguir tu impulso es juzgarlo como inconveniente o excesivo. No olvides que tú no eres el creador de ese impulso, sino su receptor y su canal de expresión. Es la Vida la que te da esa energía creativa para que manifiestes tu riqueza en el mundo.

RETORNANDO A LA UNIDAD...

El impulso no es nuestro impulso, sino el de la Vida atravesándonos. De modo que no tenemos que empeñarnos en crear, sino tan solo en seguir el impulso y permitir que se manifieste de forma creativa. El proceso de creación y destrucción se unen hasta el punto de ser solo uno, permitiendo que en el mismo instante lo nuevo cambie la forma de lo viejo. La Vida en sí misma es creación pura y continua, así que solo tenemos que abrirnos y permitir que pase a través de nosotros manifestándose.

Camino 2

Somos seres de luz,
la plenitud y abundancia son lo natural.
Somos ricos y estamos aquí para dar,
aunque solo experimenta riqueza el que la puede dar.

E L UNIVERSO MANIFIESTA SU PULSACIÓN a través de un movimiento continuo de contracción y expansión. En la creación de una estrella, en el latido de un corazón o en cada respiración hay un movimiento hacia adentro y hacia afuera. La secuencia de los números es un reflejo de la secuencia del universo en la manifestación de su proceso creativo. De la unidad a la dualidad; del 1 al 2. El movimiento hacia fuera del 1 manifiesta su reflejo opuesto en el 2 yendo hacia dentro, estableciendo un perfecto equilibrio. El 1 representa el yo y el 2 el tú o «el otro», el reflejo en el espejo donde se mira. Esta atención enfocada en el tú se manifiesta a través de la expresión genuina del dar incondicional. El 2 es rico porque puede dar sin necesidad de recibir en contrapartida, manifestando un acto puro basado en la riqueza del mundo interior.

1. PERFECTO EQUILIBRIO

Todos los aspectos y los efectos de la dualidad están en un equilibrio dinámico. El día y la noche o las estaciones del año son un ejemplo de ello, no solo porque el día siga a la noche y la noche al día, sino porque van juntos, porque están ocurriendo a la vez en los distintos polos. Cuando es de día en una cara es de noche en la cara opuesta. Cuando es primavera en el hemisferio norte, es otoño en el hemisferio sur.

Cuando colocamos el mismo peso en los dos lados de una balanza, conseguimos un equilibrio estático. Y cuando colocamos un peso en un lado y luego otro peso en el otro lado, hay un equilibrio en movimiento. Por tanto, aunque parece que el equilibrio solo se da cuando ponemos el mismo peso en ambos lados, en realidad cuando empujamos en una dirección la vida lo equilibra en la contraria. No nos damos cuenta de que la balanza está equilibrada todo el tiempo, pues el equilibrio se da en cualquier acción. Si aceptamos que el otro es nuestro espejo, veremos que cuando damos estamos dándonos eso a nosotros mismos. De modo que siempre estamos en equilibrio.

Pensar en el equilibrio en términos de algo que va a ocurrir en el futuro para compensar algo que sucedió antes es una forma limitada de experimentarlo. Veamos en qué se basa esta confusión.

EL EQUILIBRIO NO ES COMPENSACIÓN

Cuando colaboramos en un proyecto, lo normal es esperar una compensación por ello, algo que consideramos justo a cambio de nuestra aportación. Al movernos buscando este tipo de equilibrio, es probable que tarde o temprano nos encontremos con una situación en la que parece que el equilibrio se rompe. Esto suele ocurrir cuando una de las partes, normalmente la otra, actúa no compensándonos adecuadamente o no mostrando suficiente agradecimiento. Si la situación se prolonga en el tiempo y el equilibrio que esperamos no se produce, llega un momento en el que empezamos a sentirnos resentidos. Esto únicamente nos llevará a negar nuestra propia naturaleza, que es dar.

La idea mantenida de que nos deben algo en las relaciones, en el trabajo, en el ámbito familiar... se sostiene en la creencia de que dimos más de lo que recibimos. Esta sensación de que los demás están en deuda con nosotros hace que nos quedemos enganchados en el pasado. Como no sentimos que haya un equilibrio justo, no lo podemos soltar porque no estamos en paz. No nos damos cuenta de que el equilibrio se da en cualquier acción, en cada instante.

Cuando estas dinámicas y estas reacciones se repiten en nuestra vida, podemos llegar a la conclusión de que nos rodeamos de personas egoístas y protagonistas. No solemos caer en la cuenta de que en realidad somos nosotros los que hemos atraído a este tipo de personas; y no porque seamos demasiado buenos, ni tampoco porque se estén aprovechando de nosotros, sino porque estas personas están complementando nuestra visión del equilibrio. Mientras esperemos que la siguiente situación que se presente vaya a equilibrar todas las cuentas anteriores, el equilibrio nunca llegará.

Puesto que nuestra naturaleza es dar, nuestro camino consiste en darnos cuenta de que ya con el mismo acto de dar nos estamos realizando. Solo necesitamos personas y proyectos a los que entregar todo eso que hemos venido a dar. Entonces ocurre el equilibrio: nosotros damos nuestro apoyo y ellos nos complementan dándonos la oportunidad de realizar nuestro propósito. Cuando este aspecto no lo vivimos con consciencia, podemos interpretar la actitud de los demás como egoísmo y actuar, por tanto, defendiéndonos de eso. Entonces podemos vernos envueltos en un juego de poder en el que intentemos manipular con nuestra entrega, utilizando además una gran cantidad de energía en contra de nosotros mismos.

Solo podremos poner fin a este proceso agotador y destructivo cuando seamos capaces de crear suficiente confianza en nuestro poder interior; tanta como para darnos cuenta de que en nuestro acto de dar ya estamos tocando y participando en la magia de la Vida. De este modo, cuando nuestra confianza en la Vida supere la confianza que podamos tener en nosotros mismos o en los demás, será cuando el dar fluya de forma natural sin apego y sin ejercer control sobre lo que hemos dado. Será entonces cuando nuestra comprensión sea completa y cuando podamos «regalar» nuestro apoyo.

EQUILIBRIO DINÁMICO

La Vida está siempre en equilibrio a pesar de nuestros esfuerzos por desequilibrarla a nuestra conveniencia. Nos cuesta mucho aceptar que eso que nosotros vemos como gestos incontrolados a nuestro alrededor no es más que la magia de la Vida actuando en la dimensión física, permitiendo que todos los movimientos manifiesten a la vez sus opuestos. Ajenos a estos procesos y guiados por nuestro miedo a la pérdida de control, vivimos nuestro día a día intentando cambiar las cosas y empujando a la Vida hacia donde nosotros queremos que vaya. En estas condiciones, el resultado suele ser el opuesto al buscado, pues la fuerza que hacemos contra la Vida o contra las otras personas, en realidad la estamos ejerciendo contra nosotros mismos.

Por poner un ejemplo extremo y para comprender finalmente que todo está en equilibrio, cuando alguien desea algo malo para otra persona, lo está deseando inconscientemente también para sí mismo. No se puede pensar en «mal» sin primero sentir el mal dentro de uno mismo. Cuando alguien se enfoca en hacer daño a una persona, tiene que sentirse realmente mal, regresando una y otra vez a experiencias dolorosas almacenadas en su interior. Al ser este un viaje inconsciente, no sirve para que tenga lugar la sanación de esos acontecimientos, con lo que solo se logra darles mayor peso e importancia.

Dado que el Ser no juzga, no se trata de explorar lo que es bueno o lo que es malo. Estamos tan solo explorando el equilibrio y la manera en que se crean las cosas. La Vida, a modo de espejo, muestra siempre un equilibrio en lo que aparenta el otro lado del cristal, y no está reflejando lo contrario, sino lo mismo. De modo que si lo que quieres es recibir amor, da amor. Al buscar primero el amor dentro de ti, estás dándole una atención al amor que hará que este crezca en tu vida. Ese es el equilibrio dinámico. Esa es la magia del dar.

Para pasar del SENTIMIENTO DE DEUDA
al EQUILIBRIO *RECUERDA QUE*...

- ... si te mueves por la vida pretendiendo que los demás te compensen por todo lo que has entregado, es más que probable que te frustres y te quedes resentido.
- ... las personas que no te devuelven lo que tú consideras justo están en realidad complementando y ampliando tu visión del equilibrio.
- ... la Vida está siempre en equilibrio, de forma que cada movimiento en una dirección se manifiesta también en la opuesta.

RETORNANDO A LA UNIDAD...

Podemos descansar y dejar de buscar el equilibrio sabiendo que el Ser siempre lo está y además lo manifiesta a su alrededor constantemente. Sabemos también que la dualidad que percibimos está en equilibrio perfecto, pues cuando algo va hacia adentro, siempre hay algo que va hacia afuera. Cuando desaparece el concepto del ego, desaparece también la dualidad y la idea de tener que equilibrar los extremos: nos hacemos uno con nuestro espejo.

2. DAR INCONDICIONAL

Dar sin esperar a cambio

Si bien el impulso de dar es genuino y natural en los seres humanos, el número 2 representa el tú y está fundamentalmente enfocado en dar y en apoyar al «otro» en sus procesos. Como comentábamos en la introducción, una cualidad y su opuesto van juntos, de modo que para poder integrar y transformar el don de dar, vamos a explorarlo en toda la gama que va desde la entrega, que es el apoyo total, hasta el otro extremo, que es el retraimiento o la negación de dicho apoyo.

Cuando nos sentimos llamados a actuar por la aparente necesidad del otro, es muy fácil encontrarnos en una situación en la que pensemos que estamos dando mucho apoyo. Aunque hayamos estado prestando ese apoyo de forma incondicional, puede ocurrir que si esa situación se prolonga indefinidamente, y si además no sentimos que nos lo agradecen de alguna manera, empecemos a pensar que se aprovechan de nosotros. Podemos entonces llegar a conclusiones del tipo «aquí no hay equilibrio» o «esto no es justo», guiados por nuestro juicio de lo que debería o no debería ser. Entonces corremos el riesgo de quedarnos resentidos y retraídos, yendo de un extremo al otro: de la entrega total al aislamiento y desconexión del otro.

En la situación que acabamos de describir, aparece un desequilibrio entre el deseo de ayudar al prójimo y cubrir nuestras propias necesidades. Un exceso de atención hacia el otro hace que nuestras necesidades a menudo queden ocultas, con lo que en realidad parece que estamos utilizando al otro para encubrirlas. A veces podemos llegar al límite del agotamiento, y entonces, cuando parece que no tenemos la capacidad para escuchar una queja más, una historia más o un problema más, seguimos escuchando... Y lo hacemos porque así es como nos sentimos bien, apoyando al que nos parece que lo necesita.

Cuanto más conectados estemos con nuestro mundo interno, más disponible tendremos nuestra inmensa reserva de riqueza interior. Para colaborar o aportar algo a alguien, debemos no solo ser ricos, sino saber que lo somos. Desde esta certeza de ser ricos, podemos evitar caer en la tentación de exigir y esperar algo a cambio, o de juzgar si el otro se merece o no lo que le damos. ¿Acaso se pregunta el árbol quién va a recoger su fruto y si se merece o no disfrutar de él? La clave liberadora está en dar con la intención de apoyar y de disfrutar con ello. Después, a la otra persona puede servirle o no, o puede agradecerlo o no, aunque eso es otro asunto.

Si lo que nos lleva a ayudar a alguien es que consideramos que su problema es terrible, es mejor detenerse un instante antes de actuar. Estemos atentos al origen de esa lástima, no sea que descubramos que en lugar de sentirla por esa persona, en realidad la sintamos por nosotros mismos imaginándonos en esa situación. Y el susto que surge al imaginarte esto nos da la clave para descubrir que la raíz de la lástima no está en los demás sino en uno mismo. La lástima es una fantasía que crea la mente, que nos encoge y nos saca del momento presente. En lugar de sentir lástima hacia una persona, puedes apreciar su valentía, ya que lo está viviendo. Imaginarse lo que uno no ha vivido es mucho peor que vivirlo. Regresa al presente y date cuenta de que cada persona tiene su camino. Desde ese espacio, y hagas lo que hagas en esa situación, a la persona le va a servir mucho más que solo sentir lástima; esa visión hacia el otro solo está generando más sufrimiento para ti y para la otra persona. Recuerda que somos creadores del mundo cuando lo miramos y lo nombramos.

Así pues, solo en el momento en el que te encuentras con la situación de que alguien te pide algo es cuando decides lo que vas a hacer y lo que vas a dar. El dar impecable es el que libera al que da y al que recibe. De modo que si, por ejemplo, ves a alguien que duerme en la calle y te sientes conmovido, haz algo: consíguele un lugar para dormir o conéctalo con sus propios recursos para conseguirlo; acuérdate además de que también lo estás haciendo por ti. Lo que no tiene sentido es que te quedes pensando: «¡Ay, pobrecito!». Hay personas que no pueden ver esas cosas porque dicen que son muy sensibles. Así, mirando hacia otra parte, parece que se sienten mejor porque creen que ser sensible es sinónimo de ser buena persona. Sin embargo, no tiene sentido ser tan sensible como para no poder mirar de frente lo que hay, pues se mire o no eso va a seguir ahí. Hay que estar atento a que esa sensibilidad no sea usada como una excusa para no hacer nada. Hagas lo que hagas, que sea consciente.

Cuando nos limitamos a creer que alguien está peor que nosotros, estamos utilizando unos criterios que solo tienen valor en contextos reducidos, ya sean sociales o convencionales. Si conseguimos situar las cosas en un contexto más amplio y nos atrevemos a pensar que lo que le ocurre a cada cual forma parte de su camino, es posible que podamos ayudar a la persona a darse cuenta de cómo esas circunstancias la pueden estar apoyando en el proceso de su vida.

Una vez que hemos aceptado que no ayudamos al otro teniéndole lástima, una clave para apoyar con desapego es saber que cada uno tiene dentro de sí mismo los recursos necesarios para, sea lo que sea lo que esté ocurriendo, vivirlo bien. Además conviene no olvidar que, en el fondo, es imposible ayudar a nadie. Lo que sí podemos hacer es actuar como un espejo ante los demás y dejar que sean ellos quienes saquen a la luz, a través de nuestra mirada, nuestras palabras y nuestros oídos, toda la sabiduría que habita en el fondo de sí mismos.

Podemos ir más lejos y afirmar que el otro no «necesita» ayuda; no la necesita aunque la pida. Lo que quiere, en realidad, es estar bien, y algo muy simple que le puede hacer estar mejor es que lo escuchen. Cuando alguien habla y nosotros le escuchamos, ya le estamos apoyando con nuestra atención consciente. Si somos capaces de apoyarle desde la escucha, nos convertimos en una fuente de energía disponible para ofrecer en todo momento a quien tengamos delante, que es justamente nuestro reflejo en el espejo que nos muestra la Vida.

Ayudar o apoyar

Ya hemos hablado anteriormente de la importancia de distinguir entre nuestra necesidad de ayudar y lo que nosotros percibimos como la necesidad del otro de recibir ayuda. Si nos confundimos podemos actuar movidos por la creencia de que los demás necesitan ser ayudados —idea que no les ayuda—, cuando en realidad lo que nos está empujando es nuestra propia necesidad de dar.

Entre los dones de la energía 2 se encuentra la disposición natural de apoyar al prójimo. Es útil saber que cuando te lanzas a ayudar, estás estableciendo una especie de intercambio con la persona a la que ayudas, pues ella, a su vez, está cubriendo tu necesidad de dar.

Entregarse al otro no significa necesariamente olvidarse de uno, pues, si somos honestos con nosotros mismos, no tiene por qué haber conflicto en cómo distribuimos nuestro tiempo. Sabremos cuándo es hora de dedicar tiempo para nosotros y cuándo es hora de dedicarlo a otras personas. En el caso de que tengamos dudas sobre este aspecto, podemos elegir con tranquilidad apoyar a la otra persona. Esta es una de las claves más importantes en el camino del dar: que no tenemos que preocuparnos por nosotros mismos, pues nuestras necesidades van a ser cubiertas de forma indirecta. Si tenemos claro lo que queremos, podemos entregarnos a los demás sabiendo que nuestras necesidades serán satisfechas. Aunque pueda parecer arriesgado eso de olvidarse de uno mismo y hacer cosas por los demás, cuando asumimos ese riesgo y nos entregamos a dar, la recompensa aparece.

Supongamos que queremos ir de viaje. Lo primero sería saber adónde queremos ir y más o menos en qué fecha. Teniendo eso claro, ya nos podemos olvidar del cómo. Así, mientras atendemos lo que se presenta delante, o apoyamos a alguien, en algún momento nuestro Ser va a atraer hacia nosotros algo en relación a nuestro viaje. Ese será el momento de actuar, porque lo tendremos justo enfrente.

Al contrario, cuando nos desenfocamos podemos interpretar el acto de dar en términos económicos, convirtiéndolo en un intercambio en el que casi nunca nos devuelven lo que creemos merecer. Se nos olvidó que dar consiste en entregar sin esperar nada a cambio, ni siquiera las gracias.

Si aceptas que tu camino esté orientado a dedicar la mayor parte de tu tiempo a apoyar al otro, es importante distinguir entre dos conceptos que se parecen aunque son, en realidad, muy diferentes. Cuando hablamos de apoyar y de ayudar, aparentemente estamos refiriéndonos a un hecho externo idéntico. Sin embargo, la intención cambia y, con ella, también el resultado.

Al apoyar estamos con alguien, de su parte, a su lado, acompañando su proceso y sabiendo que su camino es suyo y que nuestra labor no consiste en aconsejarle o prevenirle de aquello que ha venido a vivir, sino en apoyarle y escucharle. Por el contrario, cuando ayudamos a alguien, partimos de la creencia de que nuestra ayuda le es necesaria. En este gesto, nos sentimos imprescindibles y eso nos proporciona una sensación de importancia de la que nuestro ego disfruta enormemente. Cuando creemos que alguien necesita nuestra ayuda, estamos juzgando, aunque sea inconscientemente, que esa persona está en una situación peor que la nuestra. Parecemos olvidar que cada cual tiene que recorrer su camino a su manera, y no a la nuestra.

La única forma de apoyar es siendo realmente uno mismo, mostrando nuestra alma verdadera para que el otro se pueda ver reflejado en ella y pueda haber un contacto verdadero entre alma y alma. Si nos movemos al nivel de las apariencias intentando, por ejemplo, gustar a los demás, solo vamos a conseguir contactos superficiales. En cierta forma es una pérdida de tiempo porque no estamos viendo el interior de la otra persona ni el nuestro tampoco. Parece entonces que el camino de gustar a los demás pasa por la aceptación de uno mismo, porque ¿cómo es posible gustar a otros si no nos gustamos a nosotros primero?

Teniendo todo esto en cuenta podemos decir que cualquier aspecto que se agregue al acto pleno de dar sobra, pues el proceso es un proceso completo en sí mismo. Así, esperar el agradecimiento de vuelta, controlar lo que hemos dado o sentirse utilizado son hechos que no se relacionan con el proceso de dar sino con las experiencias dolorosas que vivimos en el pasado. Si permitimos que el acto de apoyar sea el motivo principal de nuestra existencia, nos daremos cuenta de que con el mismo dar ya nos estamos realizando, pues estamos participando de una de las conexiones más directas con nuestra alma.

Para pasar de la AYUDA al DAR *RECUERDA QUE*…

- … debes distinguir entre tu propia necesidad de ayudar y la creencia de que los demás necesitan tu ayuda, pues el sentimiento de lástima hacia el otro puede impedirte ver que cada cual tiene un camino de vida del que no necesita ser rescatado.
- … cuando das juzgando si el otro se merece o no lo que le das o bien esperando recibir algo a cambio, no estás dando sino calculando en función de tus propias expectativas.
- … no debes pensar que no vas a recibir lo que esperas a cambio de tu dar, pues en el acto de dar ya te estás realizando. Confía en que lo que quieres te va a llegar de forma indirecta.

RETORNANDO A LA UNIDAD...

Cuando nos damos cuenta de que en el mismo acto de dar nos estamos realizando, nos liberamos de la necesidad de esperar algo a cambio. El dar es un acto completo, una expresión de nuestra abundancia, generosidad y plenitud innatas. No hay un dar y un recibir diferenciados, ni un quién que da y un quién que recibe, solo espejos que reflejan la belleza de compartir.

3. ACCIÓN PURA

Vivir no requiere justificación

Nos hacemos expertos en justificar las cosas de muchas maneras cuando en realidad no hace falta. A veces usamos la justificación en un intento de convencer al otro de que hay un buen motivo para hacer lo que nos apetece. Parece que no nos damos cuenta de que hacemos las cosas porque sí, porque algo nos dice que las hagamos o simplemente porque sentimos el impulso de hacerlas. Y aunque muchas veces no sabemos por qué hacemos lo que hacemos, seguimos sintiendo que es útil y necesario justificarlo o explicarlo.

Esa idea nos lleva a interpretar las cosas de manera lineal, como si una cosa fuera una consecuencia lógica de la otra. Así, empeñados en intentar averiguar los motivos por los que ocurren las cosas, no logramos relajarnos ante el hecho de que muchas veces no sabemos por qué hacemos algo. Y es que ni siquiera hace falta saberlo. El proceso, explicado de forma muy sencilla, es el siguiente: la Vida nos llama, su llamada nos despierta un impulso, al que decimos sí manifestándolo a través de una acción pura que nos lleva a vivir algo nuevo.

En ocasiones, solo después de haber hecho algo, de haber ido a algún lugar o de haber vivido algo, nos damos cuenta de qué es lo que nos ha llevado hasta ahí. No es necesario que busques una explicación, y a veces, aunque insistas en buscarla, no la vas a encontrar pues la Vida es un misterio y, como tal, no necesita justificación.

Es un gran paso llegar a darse cuenta de que no estamos obligados a justificar nada, que ya no hace falta y que además, justificándonos, no le hacemos un favor a nadie. Si el otro está esperando nuestra justificación y queremos darle algo, probemos a darle aquello que nos surja en el momento de forma sincera: nuestro amor, nuestra energía, nuestra atención, nuestra compañía, nuestra sonrisa o nuestro abrazo.

Si te parece que en estos momentos no puedes llegar hasta ese punto, tal vez te ayude darte cuenta de cómo es tu relación con aquellas personas con las que no sientes la necesidad de justificarte. Si resulta que te justificas con todas las personas que conoces, quizá este sea un buen momento para explorar y conquistar un poco más de libertad y de autenticidad. Puedes intentar pasar unos días sin justificar nada, sin dar excusas. Prueba a hacer algo diferente como es no dar un porqué aunque llegues tarde, o aunque alguien espere que hagas o digas algo concreto.

El que pide justificación está mirando desde el otro lado del espejo, tal vez sin darse cuenta de que tanto el que da la justificación como el que la pide están jugando el mismo juego: convencer al otro y querer tener la razón. Lo curioso es que no solemos pedir justificaciones a las personas que nos entregan apoyo o energía, lo que nos da la pista de que, en realidad, lo que nos interesa no es la justificación, sino recibir esa energía y esa entrega.

Aunque, como hemos señalado, no hace falta empeñarnos en buscar el porqué de las cosas, este cuestionamiento sí tiene la utilidad de mostrarnos los campos en los que estamos buscando algo. Más allá de eso, no tiene mucho sentido empeñarnos en decir que hacemos las cosas por obligación, ya que hemos visto que en realidad hacemos lo que queremos. Aun así, jugamos a adornar nuestros actos con explicaciones y motivos. Quizá creamos que argumentar razones para hacer las cosas nos impregna de un halo de seriedad que nos proporciona cierta sensación de poder ante los demás. Sin embargo, la forma más sencilla de sentirnos libres es simplemente reconociendo que hacemos lo que queremos y que ese querer tiene un impulso que es generoso y creativo.

PRISA POR RECOGER LA MANZANA

La prisa rompe el ritmo de la naturaleza. ¿Podrías imaginarte a una diosa con prisa, corriendo estresada de aquí para allá? Pues nosotros tampoco estamos hechos para ir corriendo de un sitio a otro. Cuando vayas con prisa, obsérvate. Seguramente estás corriendo en busca de algo que no sabes que ya tienes. Date tiempo para llegar a los sitios, para llegar antes, llegar con tiempo de disfrutar del viaje. Si no has podido llegar a tiempo, no le des tus justificaciones a quien te ha esperado. Olvídate de ti y de intentar quedar bien, y entrégate a la persona con quien estás, pues lo que sirve no es la cantidad de tiempo que le dedicas a algo o a alguien, sino la calidad de tu entrega. Para que la magia pueda ocupar un espacio en tu vida, tiene que encontrarte, y si siempre andas con prisas es muy difícil que lo haga.

Si bien toda prisa es absurda, una urgencia sí requiere una acción inmediata en un instante concreto que, normalmente, discurre ajeno al proceso racional. Paradójicamente, al mismo tiempo que la prisa implica ir corriendo a todas partes con el pensamiento de llegar tarde, constituye también una de las formas más efectivas de perder tiempo. Además de esto, la prisa nos lleva a un futuro inexistente mientras nos perdemos un presente que sí existe y en el que nos cuesta situarnos.

Imagina que quieres recoger una sabrosa manzana en su momento justo de madurez. Si lo que quieres es llegar a tiempo para recibirla en su punto, la clave no está en que andes con prisas, sino en que la manzana esté lista cuando tú llegues para recogerla. Si llegas antes, tendrás que esperar, y si llegas después, tendrás que recogerla golpeada del suelo. Una posibilidad de conseguir recoger la manzana en el momento justo sería estar al corriente de todos los factores que intervienen en su maduración y que la harán caer cuando esté lista: el árbol, la tierra, la lluvia, el sol, el viento... Es decir, intentar controlar el ritmo de la naturaleza, algo que, además de ser agotador, no funciona. Otra posibilidad de llegar en su momento sería alineándote con ese mismo ritmo para que te lleve allí justo cuando la manzana esté lista.

¿Y eso cómo se hace? Pues dejándose llevar e intentando no entrometerse, ya que cuando nos ponemos en medio solo conseguimos romper el ritmo de los acontecimientos. De modo que si, por ejemplo, pierdo el tren porque por el camino recibo una llamada o me encuentro a alguien o hay un atasco de tráfico, será que estoy llegando pronto. Somos verdaderamente ricos cuando podemos disfrutar de todas esas circunstancias imprevistas que nos están dando la oportunidad de llegar a punto para el encuentro con la manzana. Entonces podemos darnos cuenta de cómo las personas y cosas que nos encontramos por el camino nos están dando la clave para llegar a recoger la manzana en el momento adecuado. Puesto que no se trata de llegar antes ni de llegar después, sino de llegar en el momento justo, lo mejor es alinearse con el ritmo de la Vida y dejarse llevar por él.

Considera que también hay que disponer de tiempo [6] y de espacio para recoger los regalos que la Vida te ofrece, porque imagina que llegas en el instante en que está cayendo la manzana y tienes las dos manos ocupadas. ¿Cómo vas a poder tomarla? Cuando la manzana se desprende del árbol, espera que alguien la reciba antes de estrellarse contra el suelo. Siguiendo la metáfora, ese es precisamente tu papel en el proceso creativo de la Vida.

---

[6] En el apartado «La casa de los relojes», del capítulo 3 del libro *El Lenguaje del Alma*, se muestra un ejemplo para transformar tu relación con el tiempo.

Cuando piensas que llegas tarde, estás poniendo tu atención en una manzana que no está ahí mientras te pierdes las que están cayendo a tu alrededor, al alcance de tu mano. En cambio, si estás disponible y pones atención, encontrarás una manzana que recoger en cada situación. Te darás cuenta de que no hay una más importante que otra, ya que, de hecho, solo existe una en cada instante, que es justo la que puedes recoger ahora.

Los porqués no sirven

Los porqués no llevan a ninguna parte más que hacia el pasado, lo que nos aparta de la experiencia directa de lo que ahora tenemos delante. Cuando nos dejamos arrastrar por la inercia creada por los porqués, tal vez no nos damos cuenta de que un porqué nos lleva a otro que nos lleva a otro que nos lleva… Siempre hay un porqué disponible que nos conduce a una causa aparente, y como siempre habrá otro porqué disponible, nos conducirá a otra causa… y eso no acabará nunca. Llega un momento en que no sabemos de dónde venía nuestro primer porqué ni cuál era la primera pregunta. De modo que si nos dejamos arrastrar por los porqués, podemos ir tan atrás como queramos, o podemos también llegar a un «no lo sé»:

— «¿Por qué has llegado tarde?». Podemos responder: «Porque encontré un atasco» o «No lo sé».
— «¿Por qué no te levantaste antes?». Podemos responder: «Porque no oí el despertador» o «No lo sé».
— «¿Por qué no oíste hoy el despertador?». Podemos responder: «Porque estaba cansado» o «No lo sé».
— «¿Por qué estabas cansado?». Podemos responder: «Porque me acosté tarde» o «No lo sé».
— «¿Por qué te acostaste tarde?»…

Y así podríamos retroceder hasta el día en que nacimos sin llegar nunca a encontrar un porqué que nos sirva. Y no nos sirve porque lo que nos mueve a buscar esos porqués es el deseo de encontrar una respuesta que satisfaga al otro, una especie de excusa lo más congruente posible. Si quieres buscar un responsable, este debe ser el universo en la rueda de creación.

Sabemos que no es fácil aceptar las cosas tal cual aparecen dejando de lado no solo nuestra necesidad de buscar los porqués, sino también nuestra necesidad de justificar todo lo que hacemos. Lo que sí resulta claro es que no hay justificación posible, ni siquiera deseable, ante el fascinante hecho de experimentar la vida.

Para pasar de la JUSTIFICACIÓN a la ACCIÓN PURA, *RECUERDA QUE...*

- ... cuando buscas los porqués a todo o te justificas por lo que haces, estás en realidad intentando convencer al otro de que hay un buen motivo para hacer lo que te apetece.
- ... decir que tienes prisa es una justificación para tu impotencia, una actitud de pobreza, de no sentirte suficiente para atender lo que se presenta con impecabilidad, y además un intento de justificarlo buscando un reconocimiento que crees que no tienes.
- ... no se trata de llegar antes ni de llegar después, sino de llegar en el momento. Para eso lo mejor es no entrometerse, alinearse con el ritmo de la Vida y dejarse llevar por él.

RETORNANDO A LA UNIDAD...

Vivir no requiere explicación ni justificación, dado que desde una perspectiva espiritual siempre hacemos lo que tenemos que hacer. Incluso cuando creemos actuar en contra de nuestra voluntad, solo estamos yendo en contra de los deseos del yo, pues en realidad nos estamos moviendo alineados con el impulso generoso y creativo de la Vida.

4. MUNDO INTERIOR

LOS SUEÑOS Y LA IMAGINACIÓN

Ya hemos comentado que aunque en apariencia hay un universo exterior diferenciado del interior, ese mundo exterior es tan solo una manifestación del mundo interior. De forma consciente o inconsciente, es en el mundo interior donde creamos nuestra vida.

Si el universo exterior no es uno aparte del interior, los sueños y la imaginación suponen una visita a los mundos interiores, ofreciéndonos además la oportunidad de manifestar lo soñado o imaginado en el mundo exterior. Los sueños, con la misma realidad que la externa y con otras leyes físicas, constituyen otras dimensiones en las que también vivimos. Ver la realidad externa como si fuera un sueño —lo que llamamos vigilia o, en contextos orientales, *maya* [7]— nos aportará una vivencia más amplia que verla como algo real enfrentado a lo no real que representan los sueños. Parece que tenemos más facilidad para hablar de nuestros sueños o interpretarlos en términos metafóricos que para ver nuestra vida de la misma manera, como una metáfora constante.

---

[7] Realidad ilusoria, la que solo se percibe con los sentidos externos y lo llamo también el escenario donde se desarrolla nuestra vida.

Cuando estás sumido en un sueño lúcido —uno de esos sueños en los que te das cuenta de que estás soñando y empiezas a dirigir tu sueño— puedes darte cuenta de cómo creas con el pensamiento. De manera que el primer paso de la manifestación en el mundo externo lo damos a través del acto creativo de la imaginación y del pensamiento. Así, utilizando nuestra voluntad para imaginar lo que queremos crear, podemos soñar despiertos o tener una visión a través de ese acto creador de consciencia que es la imaginación.

En términos muy prácticos y dado que este es un libro de regalos, cuando por ejemplo soñamos que nos persiguen o cuando tenemos pesadillas, si en lugar de correr nos damos la vuelta y nos enfrentamos a esa persona o a ese monstruo que nos persigue, este desaparecerá o se convertirá en una criatura agradable. En ese momento y antes de que se vaya, le podemos pedir un regalo que seguro que nos dará.

A veces, imaginando las cosas que no queremos, lo único que logramos es atraerlas hacia nuestra vida. Si te encuentras habitualmente en esa situación, puedes transformarla utilizando tu intención para imaginar y crear los escenarios en los que quieres vivir. A la vez, cada vez que se presente el pensamiento de algo que no te guste, tienes la oportunidad de meterte completamente en ello hasta encontrar el regalo que te trae, que será una forma de liberación. Mientras tanto no consigas encontrar el regalo que esconde ese pensamiento, puedes sustituir su imagen interna por otra que represente lo que quieres crear en tu vida. Sin embargo, y sin desestimar las ventajas que tiene esta sustitución, considera también que cuando eliminas un pensamiento poniendo otro en su lugar, estás usando una estrategia de evitación. Por tanto, se escapa la posibilidad de encontrar el regalo que está detrás del pensamiento original y la verdadera liberación.

En cualquier caso resulta hermoso observar que los verbos «creer» y «crear» coinciden en la primera persona del tiempo presente: «yo creo».

EL UNIVERSO QUE SE ABRE CUANDO CIERRAS LOS OJOS

Acostumbrados a identificarnos con ese pequeño yo reducido a los límites de nuestro cuerpo físico, puede parecernos que somos algo diferente de aquello que captamos con nuestros sentidos. Así, sentimos que el «yo» existe como algo distinto de lo que no es «yo», es decir, de todo aquello que vemos, escuchamos y sentimos ahí afuera y que percibimos en conjunto como «el mundo exterior». Los sentidos, enfocados hacia fuera, son los que nos dan la percepción de una existencia individual separada de la Unidad. Una separación que ocurre a todos los niveles, entre el observador y lo observado, entre el experimentador y lo experimentado.

¿Cómo podemos llegar a ese punto de unión donde el experimentador y lo experimentado se funden en la misma experiencia? Los primeros pasos en esa dirección podemos darlos a través de lo que llamamos «el mundo interior», ese universo que se abre cuando cerramos los ojos.

Cierras los ojos y te haces consciente del cuerpo físico. Respiras, notas el aire entrando en tus pulmones y cómo tu cuerpo físico se nutre del oxígeno. ¿Ese aire eres tú? ¿Eres tú algo diferente del aire que respiras?

Puedes respirar de muy diversas maneras usando alguna de las distintas técnicas de Pranayama [8], entre otras muchas opciones. Podrás notar por ejemplo que, sin realizar movimiento físico alguno, se ha calentado la parte superior de tu cabeza. Eso es una evidencia física de un movimiento energético que se manifiesta en tu cuerpo. Bienvenido al cuerpo energético. ¿Esa energía eres tú? ¿Eres tú algo diferente de la energía que se mueve en tu cuerpo?

Sigues sentado con los ojos cerrados y el universo continúa abriéndose ante ti. De pronto, aparece una emoción. Si prestas la atención suficiente, puedes sentir cómo toda emoción mueve

---

[8] Técnicas yóguicas de respiración energética y limpiadora.

tu cuerpo. Si, por el contrario, no pones atención, solo notarás cómo se manifiestan físicamente en el cuerpo las emociones más fuertes. ¿Esa emoción eres tú? ¿Eres tú algo diferente de las emociones que se manifiestan en tu cuerpo?

Observa que con solo pensar en algo que no te gusta, puedes sentir cómo se contraen tus vísceras o cómo aguantas tu respiración. Aún sentado y con los ojos cerrados, no ha pasado nada que puedas llamar «real» en el mundo físico. Bienvenido al cuerpo mental [9], donde pasamos una buena parte de nuestro tiempo creando lo que experimentamos como real sin darnos cuenta de que solo se trata de un pensamiento. ¿Ese pensamiento eres tú? ¿Eres tú algo diferente de los pensamientos que se manifiestan en tu mente?

A veces, a través de la profundización en la meditación o bien de forma espontánea, los límites de tu cuerpo pueden desaparecer hasta experimentar un sentimiento de unidad con todo y hacia todo. Bienvenido al paso del cuerpo espiritual hacia el universal. Ese Todo eres tú.

LA MEDITACIÓN [10]: EL CAMINO HACIA EL AUTOCONOCIMIENTO

Los libros sobre desarrollo personal, autoayuda o meditación pueden resultar muy interesantes. Sin embargo, la información por sí sola no conduce al autoconocimiento. El contacto con un maestro tiene un gran valor, pues él le habla directamente a tu alma tendiendo un puente entre sus experiencias místicas y las tuyas. Sin embargo, aunque él pueda mostrarte la puerta del au-

---

[9] Recordar en la introducción el apartado «Propósito de los distintos cuerpos». El cuerpo *físico* es el que está en el interior y los demás, *energético, emocional, mental y espiritual*, se sitúan alrededor de él.

[10] En el apartado «Décima vía: la meditación», del libro *El Lenguaje del Alma*, se ofrece otro método de meditación en la unidad. Véase también www.medicinadelser.com/meditacion.

toconocimiento y darte la fuerza que necesitas para impulsarte, tampoco puede cruzarla contigo.

Una manera de obtener la experiencia directa es a través de la meditación. Es difícil entender cómo simplemente sentado, con la columna alineada, los ojos cerrados, observando tu respiración y poniendo tu atención consciente en el cuerpo, puedes tener esa experiencia verdadera que un maestro no puede transmitirte. Sí, es solo a través de tus sensaciones corporales como puedes experimentar la realidad.

Si quieres empezar a tener una experiencia directa, te puede servir cualquier método de meditación de entre los muchos que existen. El que aquí te ofrecemos es muy sencillo y su dificultad no reside en la técnica, que ya hemos descrito en dos líneas en el apartado anterior, sino en la continuidad de la práctica.

Sentado

Si te tumbas puedes quedarte dormido y si te sientas en un sofá, la comodidad puede también adormilarte. Por otra parte, si estás muy rígido o en una postura poco habitual para ti, las molestias distraerán tu atención y el solo intento de mantener la postura creará más tensión, teniendo como resultado el contrario a la relajación. De manera que puedes sentarte en una silla, en el suelo o también sobre cojines.

Con la columna alineada

La postura no es tan importante como tu intención de que la columna esté alineada, que no indica que esté recta, sino que tu intención dirige hacia arriba tu cabeza y hacia la tierra tu sacro. Eso sucede sin esfuerzo y no genera tensión. Imagina que cada una de tus vértebras se eleva sobre la anterior. Puedes imaginarte como si tiraran hacia arriba de tu coronilla mientras tu cabeza se distancia del coxis dejando al cuello libre. Acercar ligeramente la barbilla hacia el pecho puede ayudarte a alinearla. La columna alineada favorece la circulación de la energía.

Los ojos cerrados

Cierra suavemente los ojos, al menos al principio. Puesto que estamos habituados a mirar hacia fuera, cerrar los ojos evita que pongas la atención en los objetos de tu alrededor y te distraigas con ellos. Si cerrando completamente los ojos tienes dificultades para poner la atención en la respiración porque te aparecen muchas imágenes, prueba a dejarlos semicerrados, permitiendo que entre un fino hilo de luz entre los párpados. Esta posición dificulta la aparición de imágenes porque entra un poco de luz, y a la vez el ojo casi cerrado impide ver los objetos del exterior. Cuando tengas más práctica, dejar los ojos casi cerrados también sirve para aprender a mirar fuera desde dentro, es decir, para estar en contacto con lo que pasa por fuera sin perder el contacto con lo que pasa por dentro.

Observando tu respiración

La respiración es la única función corporal que puede ser consciente e inconsciente a la vez. Si la haces consciente puedes respirar como quieras y, si se te olvida, el cuerpo respira por ti. Poner la atención en tu respiración puede ayudarte a hacerte más consciente de tu interior, de eso que pasa en tu cuerpo por dentro y que permanece inconsciente la mayor parte del tiempo.

Si bien nuestro estado de ánimo se instala en nosotros muchas veces de forma inconsciente, sí podemos tener control sobre nuestra respiración poniendo la atención en ella. Esto es un ejemplo del poder de la atención en la respiración, pues si el estado de ánimo modifica la respiración, cuando la atiendes y observas también puedes modificar indirectamente cómo te sientes.

Cuando modificas voluntariamente la respiración haciéndola, por ejemplo, más suave, más profunda o más lenta, estás haciendo un ejercicio respiratorio que, aunque con resultados muy beneficiosos, no deja de ser una técnica. La transformación se produce cuando dejas de modificar tu respiración o cualquier otro estado y simplemente lo observas. Al dejar de intentar cambiar lo que está pasando y simplemente te haces consciente de ello, de pronto deja de ser un ejercicio respiratorio para convertirse en una experiencia de observación de la realidad tal cual es. Puedes probar a observar tu respiración sin intentar que sea diferente a como es, y también puedes observar, sin ponerle un nombre, qué sensación física acude a ti. Así, la observación de la respiración tal cual es en este momento se convierte en la observación sin juicio de la realidad.

Al principio, puedes notar cómo la respiración da un ligero masaje a tu cuerpo en cada entrada y salida de aire. Prueba a poner toda tu atención en las sensaciones que notas en la entrada de los orificios nasales. Siente, por ejemplo, las distintas temperaturas de esa zona cuando entra o cuando sale el aire. También puedes notar el instante en el que la respiración se detiene. En cada ciclo respiratorio hay dos pausas. La primera es un espacio, un vacío casi imperceptible entre el instante en que deja de entrar el aire y el instante en que empieza a salir. La segunda pausa se produce entre el instante en que deja de salir el aire y el instante en que empieza a entrar de nuevo en el cuerpo.

En este proceso de poner la atención en la respiración, te vendrán pensamientos, a veces de forma insistente, y se llevarán tu atención con ellos. Eso es algo normal y no se trata de que no haya pensamientos, sino de que tu atención los observe como un fenómeno más que está sucediendo en el momento. La respiración es un fenómeno que puedes observar en tu cuerpo, de la misma manera que puedes observar el fenómeno de un sonido externo en lo que aparenta «el exterior», o un pensamiento en lo que aparenta «el interior». Puedes observar todos estos fenómenos como si fueras un testigo de lo que está aconteciendo. Aunque aparezcan pensamientos, no siempre tienen que llevarse tu atención con ellos. Lo único que tienes que hacer cuando te des cuenta de que tu atención se ha ido con ellos es devolverla a la respiración. Una y otra vez, sin juzgar ni pensar que debería ser de otra manera. Una vez tras otra. Todo lo demás ahora no importa. Deja simplemente que tu naturaleza esencial haga el resto. Durante diez o quince minutos, lo único que hay que hacer es estar sentado y, una y otra vez, cuando te des cuenta de que tu atención se ha ido con un pensamiento, devolverla a la respiración. Mantente en ese estado, aumentando el tiempo de forma gradual, sin prisas, hasta unos treinta minutos. O bien, en lugar de prestar atención al tiempo que te sientas, puedes poner toda la intención en sentarte cada día sin importar el tiempo que emplees es ello. Así, un día que tengas poco tiempo o te canses serán un par de minutos y otro puede ser una hora.

Y poniendo tu atención consciente en tus sensaciones corporales [11]

Si bien la respiración es la puerta que te permite conectar con tu interior, cuando tengas cierta práctica con la respiración consciente puedes dar el siguiente paso. Llega un instante en que te encuentras dentro, y a la vez tienes la capacidad de observar lo que sucede alrededor. Estás experimentando la conexión entre dentro y fuera. A esto se le llama estar conectado. Ahora puedes poner la atención en el resto de sensaciones corporales, además de en la respiración. Puedes observar distintos fenómenos que se manifiestan en tu cuerpo, sin necesidad de generar una opinión

---

[11] Inspirado en la meditación Vipassana.

sobre ellos, sin necesidad siquiera de nombrarlos. Puedes recorrer despacio todo tu cuerpo, por la superficie y por el interior, descubriendo cuáles son las sensaciones que experimentas. Lo único que hay que hacer es observarlas sin intentar cambiarlas. ¿Para qué ibas a querer cambiarlas? Las sensaciones vienen y van mientras tú te quedas observando. Quizá te sea útil imaginarte una luz que representa tu atención consciente. Una luz que va alumbrando y descubriendo tu cuerpo por dentro. Puede que en ese recorrido adviertas tensión en alguna parte de tu cuerpo. No intentes cambiarla pues intentarlo va a provocar más tensión. No intentes no sentir algo; no rechaces ninguna sensación. Solo observa. Imagina que estamos hablando y advierto que estás apretando la mano sin darte cuenta, y entonces te digo: «Mira tu mano». Esa es una forma de llevar consciencia, de acompañar tu atención consciente a una parte de tu cuerpo donde no estaba. Si bien no he dicho «suelta la mano» o «relájate», el hecho de llevar tu atención a la mano probablemente haga que tu mano se relaje.

Puede que te encuentres con una sensación o un dolor físico o emocional que no desaparece a pesar de observarlo durante cierto tiempo. No tiene por qué hacerlo. Va a resultarte muy útil darte cuenta de que tú no eres ese dolor o esa sensación, sino que eres tanto la conciencia que lo observa como el espacio en el que se manifiesta. Si puedes observar el dolor, inmediatamente te darás cuenta de que hay un espacio entre el dolor y tú, entre el dolor y la conciencia que lo observa, entre el dolor y tu centro de quietud. Y aunque el dolor está en tu cuerpo, ese dolor no eres tú, ni siquiera eres tu mente. Eres la conciencia que lo observa. Lleva entonces tu atención a otra parte de tu cuerpo, recorriéndolo de arriba abajo. Intenta ser imparcial, sin prestar ni más ni menos atención a la zona dolorosa que al resto del cuerpo.

Puede ser que mientras meditas, o también en cualquier otra circunstancia, tengas una sensación o emoción desagradable, como angustia, agobio o tristeza. Y aunque es normal que no quieras tener esa emoción que etiquetas de «desagradable», la está experimentando tu cuerpo y hay que tenerla en cuenta y darle cierta atención. Todas las emociones se manifiestan físicamente en alguna parte del cuerpo. Recorre tu cuerpo de arriba abajo y descubre en qué parte se está manifestando esa emoción. Si tienes angustia es posible que notes presión en el pecho, o si sientes tristeza es posible que notes cómo se encoge tu corazón. Son solo ejemplos, y aunque no tienes por qué vivirlos de esta manera, sí puedes darte cuenta de en qué zona de tu cuerpo se está manifestando esa emoción.

No te dejes llevar por esa sensación. Distingue entre la emoción y la sensación física que manifiesta, es decir, entre la angustia y la presión en el pecho. Cuando hayas identificado la sensación física que te produce —en forma de presión, encogimiento, calor, frío, ahogo, temblor, pinchazos, hormigueo...— pon tu atención en ella. Si sientes angustia y la has localizado, por ejemplo, como una presión en el pecho, aparta la atención de tu angustia y enfócala en la presión en el pecho. «Angustia» es solo un nombre que le has dado, y cuanta más atención le prestes, más poder le darás. Si tu sensación física es presión en el pecho, lleva toda tu atención a esa parte de tu cuerpo en la que notas la sensación física. Simplemente obsérvala, quédate ahí. Intenta ser imparcial también ahora y no le des más atención a esa sensación que al resto de tu cuerpo. En el momento en que puedas realmente observar y aceptar la presión en el pecho, la angustia va a disminuir hasta desaparecer. Utiliza tu poder para permitir que esa sensación, sea la que sea, esté ahí. No luches contra ella, no intentes cambiarla. Permítete sentirla plenamente solo un instante; con un instante es suficiente. Sé ecuánime, no le dediques más atención que al resto de las sensaciones de tu cuerpo. Recorre tu cuerpo de arriba abajo y de abajo arriba, y cuando pases por donde está esa sensación, siéntela totalmente, pero solo un instante. Recuerda que la sensación está en tu cuerpo, y que esa sensación no eres tú. Tú eres la conciencia que observa y tienes la capacidad de poner la atención donde quieras y observar sin juzgar lo que está pasando.

Imagina que estás enfadado con alguien; puedes poner tu atención en la otra persona que, aparentemente, es el origen de tu enfado; puedes poner tu atención en la emoción del enfado y puedes observarte a ti. Lo habitual en ese escenario es tener que elegir entre si expreso mi enfado y lo lanzo contra la otra persona o bien me lo trago y se queda en mi cuerpo. Si lo reprimes, la energía del enfado se alojará en tu cuerpo, y si lo expresas, será otra persona quien lo reciba y ya verá lo que hace con tu enfado.

Empecemos observando a esa persona que aparentemente es el origen de tu enfado, aunque en realidad no lo es. Esa persona solo ha despertado un enfado que yacía en ti, latente en ti.

Ahora bien, si observas aún con más detalle te darás cuenta de que ese tú mismo, al que observas enfadado, solo es el personaje con el que estás identificado. En cuanto te des cuenta y puedas observarlo, dejarás de identificarte con el personaje.

Ahora puedes poner la atención en la sensación del enfado. Puedes observarlo desde tu centro, desde esa parte tuya que se da cuenta de que el personaje está enfadado. Y puesto que el enfado no eres tú, ni tampoco eres el personaje, puedes observar el espacio entre el enfado y tú. Entonces, en lugar de poner tu atención en el enfado, puedes ponerla en las sensaciones físicas que se están activando en tu cuerpo. Si puedes observar esas sensaciones, el enfado se expresará internamente, perderá intensidad y desaparecerá sin dejar huella. De este modo, sin juzgar, has permitido que el enfado se exprese [12] observando las sensaciones que ha producido en tu cuerpo. Has sido el testigo del enfado y nadie ha resultado dañado. Finalmente solo hay conciencia observando el movimiento de la energía del enfado.

---

[12] En el apartado «Intensificar una emoción hasta que se transforma en gozo», del libro *El Lenguaje del Alma*, se muestra una práctica para usar la fuerza de la emoción para crear.

Probablemente estas experiencias te animarán a sentarte a respirar conscientemente durante periodos de tiempo más largos. Antes de sentarte a meditar estabas con la mano en la puerta queriendo entrar. Ahora estás dentro. El espectáculo interior que se te presenta es a veces fascinante y a veces aterrador. Quédate observando sin juzgar, sin identificarte con lo que te fascina ni con lo que te aterra. Si esperas que lleguen las sensaciones agradables, estás generando un apego que te impide soltar las que no te gustan y continuar. Si rechazas las desagradables, sigues siendo un esclavo de ellas y lo que antes era un apego físico ahora puede convertirse en espiritual. Igual de atrapado. Recuerda que tú no eres tus pensamientos, no eres tus sensaciones..., eres algo más amplio que esto. Tú eres la conciencia que las observa y que las experimenta mientras reposas fundido en el Todo, formando parte del Todo.

Para pasar del DENTRO/FUERA al TODO *RECUERDA QUE…*

- … si te identificas con los límites que marca tu cuerpo físico, vas a sentir separación entre tú y el espacio más amplio que eres y del que formas parte indivisible. Puedes hacerte consciente de esta realidad más amplia a través de tus sentidos internos y externos.
- … puedes encontrar el punto de unión entre esos dos mundos aparentemente diferentes a través del «mundo interior», ese universo infinito que todo lo contiene y que se abre cuando cierras los ojos.
- … es en el mundo interior, a través del acto creativo de la imaginación y la intención, donde se engendra la realidad que percibes «allá afuera».

RETORNANDO A LA UNIDAD...

No hay un mundo interior y otro exterior, pues son el mismo. Esa apariencia de separación es solo un efecto de la dualidad de la mente. Entonces, cuando desaparezca de la mente la línea divisoria entre «dentro» y «fuera», ya no seguiremos buscando nuestra pertenencia a la totalidad. Experimentaremos la comunión del Ser, dándonos cuenta de que lo que se muestra como el otro o lo otro es una parte del Sí mismo y siempre lo ha sido.

Camino 3

MULTIPLICIDAD

Ir hacia dentro es inspiración —tomar aire—,
ir hacia fuera es comunicación —moldearlo con sonidos—.

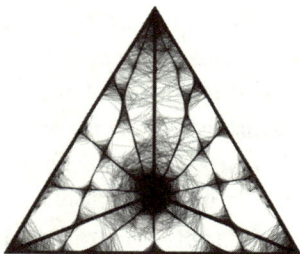

LA RESPIRACIÓN ES UN ACTO CREATIVO COMPLETO. El aire que sale no es el mismo que el que entra. Lo que sale o tu expresión es tu contribución al universo. La creación continúa, de la unidad (1) a la dualidad (2) y de ahí a la multiplicidad (3) de expresiones y posibilidades. El 3 representa el reflejo en el espejo de la fertilidad inagotable, la infinidad de posibilidades. Esto puede generar la incertidumbre de cuál será el camino correcto. Uno de los regalos que el 3 ha venido a descubrir es que todas las elecciones son igualmente correctas, todas llevan el mismo lugar.

El movimiento de la Vida es desde dentro hacia fuera: dentro es depresión y fuera es expresión, o bien, dentro es inspiración y fuera es comunicación. Esa oscilación entre interior y exterior es el movimiento de la energía creativa que se refina en su proceso de ascensión, hasta convertirse en fuente de inspiración constante para los demás.

1. INSPIRACIÓN Y EXPRESIÓN

El proceso creativo es el resultado del movimiento natural hacia dentro y hacia fuera. Es lo que llamamos respectivamente inspiración y expresión y que nos lleva una y otra vez al interior y al exterior.

INSPIRACIÓN

Observa que utilizamos la palabra *inspiración* para referirnos tanto a la parte del proceso creativo que te hace conectar con la fuente a través de tu interior, como al acto de inhalar aire, que es el principio de la respiración y el principio de la vida del bebé. Date cuenta de que para respirar no hay que hacer nada, tan solo permitirlo. Sin la intervención de tu voluntad, el aire va de manera natural hacia dentro hasta un punto y luego, de igual manera, va hacia afuera. Si puedes observarlo, el acto de respirar se convierte en un acto de entrega a la Vida para dejarse, finalmente, respirar por ella.

Así es también como funciona el proceso creativo: sin la participación de tu voluntad y, como la respiración, oscilando de manera natural entre la inspiración y la expresión. Es la continuación del movimiento natural del cuerpo, primero hacia dentro y luego hacia fuera. Es lo que llamamos respectivamente inspiración y expresión y te lleva de forma sucesiva al interior y al exterior. Inspirar es la metáfora de recibir vida y el aire que espiras es la metáfora de tu contribución creativa a la Vida. El bebé inspira por primera vez y contribuye a la Vida con su grito.

Lo que ocurre es que cuando el ego interviene decidiendo lo que es suficientemente bueno y lo que no lo es, pasas a juzgar tu inspiración, bloqueando así el proceso. En este caso, el ego representa el yo pequeño, y la fuente de la inspiración, el Yo grande. ¿Y quién eres tú? ¿De quién es la inspiración que pasa a través de ti? Está bien elegir lo que a uno le gusta pues eso implica que se disfruta de la propia individualidad.

Cuando vamos tomando conciencia de que la Vida es esencialmente creativa, somos capaces de ver que la inspiración es, en realidad, el impulso divino que pasa a través de nosotros. Deseosos de que esa inspiración nos llegue pronto, lo que acabamos consiguiendo es que tarde aún más en llegar. Queriendo acelerar, terminamos por sentirnos frenados. Y es que olvidamos que la inspiración se relaciona más con el «no hacer» que con el «hacer», pues no hay nada que se pueda hacer para estar inspirado más que quitarse de en medio y dejar que la inspiración suceda. Así, al permitir que la personalidad se aparte, la existencia tiene vía libre para crear a través de ese canal abierto.

Cuanto más clara es la visión que tiene un artista, más fácilmente la puede traducir a su copia física. En realidad, cuando la visión empuja con fuerza porque la obra quiere nacer, la única función del artista es permitirlo. En esos momentos el artista desaparece y se manifiesta la mejor obra.

Al darnos el permiso para ser creativos, estamos aumentando nuestra consciencia acerca de cómo creamos nuestra vida, que es, al fin y al cabo, nuestra mayor obra de arte. Las demás expresiones artísticas son complementarias a esta creación. Así, cuanto más conscientes y más vacíos estamos, más energía vital puede pasar a través de nosotros. Al aumentar nuestra consciencia, más nos damos cuenta de que no somos nada, de que la inspiración es continua y de que la Vida se convierte en arte.

Expresión: la Vida manifestando su creatividad

Si te apasionan los continuos viajes entre interior y exterior, lo habitual es que no pases mucho tiempo en ninguno de los dos sitios. En el interior, solo el tiempo suficiente para tomar contacto con la Fuente, y en el exterior, el tiempo justo para comunicarlo, compartir lo que has vivido y ser fuente de inspiración para otras

personas. Esta oscilación y el tiempo que se pasa en cada estado
no suele dar de sí como para desarrollar en el exterior esas cosas
que has vivido en tu interior.

Durante el proceso creativo y como auténticos exploradores
de mundos interiores, podemos tener profundas vivencias o visiones que luego sentimos la necesidad de compartir con los
demás. La expresión de ese compartir toma a menudo forma
oral. Así, siendo una persona esencialmente creativa y además
con el don de la palabra, hablar no debe ser un problema; en
todo caso lo puede ser parar de hablar. Cuando hablar es la forma que toma tu expresión artística, la dificultad puede estar en
que tus visiones no se manifiesten de forma física en el mundo
exterior. Entonces, si no le das otra forma artística, el proceso
creativo puede terminar en el momento en el que lo comentas
con otra persona. Así, por muchas buenas ideas que tengas o
por muchas cosas que sepas hacer, tal vez te quedes sin desa-
rrollarlas. Eso está bien si tú quieres que sea así y si te gusta sentirte como un soñador. Si no, puedes recurrir a otras formas de
expresión personal como escribir, pintar, modelar o cualquier
otra que te apetezca.

Un explorador suele ir a la cabeza de la expedición, inspec-
cionando y descubriendo, no administrando ni consolidando.
Aunque se dé cuenta de ello y vea que su camino no es hacerse
rico, no le importará demasiado porque disfruta de la aventura.
No suele ser productivo porque tiene alma de artista. Si observamos el proceso creativo dividido en distintas etapas, el explorador representa la metáfora de la primera idea o visión, de la
explosión inicial de la creatividad. Serán otras las personas que,
con la atención puesta en la parte final del proceso creativo, manifiesten externamente el fruto, la obra de arte o el proyecto.

La Vida, o el Creador, es el mayor artista, y una forma de ver
que está en todas partes es que lo crea todo a través de nuestro
personaje. De esta forma, la inspiración pasa a través de cada
uno independientemente de que tengamos o no conciencia de
la obra que se manifiesta en cada acto que realizamos. Así que

celebremos que todos somos artistas de un modo u otro, pues dejando tan solo que la Vida transcurra a través de nosotros ya estamos participando de esa creación global.

Para pasar de la INSPIRACIÓN a la EXPRESIÓN
RECUERDA QUE...

- ... en todo proceso creativo se da una oscilación conti-nua entre el interior (donde surge la inspiración) y el exterior (donde se expresa).
- ... si hablar es la forma que toma tu expresión artística y encuentras dificultad para que tus visiones se mani-fiesten materialmente en el mundo exterior, prueba a usar otras formas de expresión como escribir, dibujar, pintar, modelar, diseñar, bailar...
- ... no hay nada que puedas hacer para estar inspirado más que quitarte de en medio y permitir que el impulso de la Vida se exprese a través de ti.

RETORNANDO A LA UNIDAD...

Aunque sintamos que hay un dentro y un fuera entre los que se oscila una y otra vez, no existen esos dos espacios diferencia-dos, son Uno. En realidad el acto de inspirarnos y de comunicar-nos forma parte del mismo espacio de plenitud. La Vida pasa a cada momento a través de nosotros, convirtiéndonos en los ar-tistas de la manifestación que se realiza con cada uno de nues-tros actos.

2. INCERTIDUMBRE

Todos los caminos son correctos

Cuando el Ser nos pone delante distintas posibilidades, la duda puede crearnos un conflicto que, en realidad, es solo aparente pues cualquier opción que elijamos de entre todas será perfectamente válida. Al fin y al cabo, los distintos caminos van a terminar llevándonos al mismo lugar, al que podemos llamar lo Uno.

Al encontrarnos en una encrucijada de caminos, solemos creer que tenemos que elegir entre izquierda o derecha, cuando en realidad de lo que se trata es de elegir entre dentro y fuera, es decir, entre inspiración y comunicación respectivamente.

Conectamos con el mundo interior a través de nuestra visión, nuestra imaginación o nuestros sueños. En ese espacio interior, la visión de cómo suceden las cosas es diferente de como las percibimos en el exterior. La duda surge cuando tras tener esas visiones o vivir esas experiencias internas de forma tan real, salimos al exterior y nos damos cuenta de que no vemos lo mismo, de que nuestras visiones no se han manifestado. Como no coinciden esos dos mundos, creemos que algo falla o que algo es falso: o falla el exterior o el interior, o quizá ambos... Durante periodos de tiempo podemos dudar de todo, de nosotros mismos y de cómo funciona el mundo.

La dificultad no proviene por tanto de la observación sino de intentar saber cuál de esas visiones es la correcta. Quizá si aceptamos que las cosas que vemos tienen muchas interpretaciones, podremos dejar de verlas de una sola manera. Así, al observar las distintas realidades sin juzgarlas, nos estamos haciendo el regalo de descubrir que todas son correctas. Borra de tu mente la posibilidad de que te puedas equivocar.

En ocasiones nos topamos con personas que hablan de la «verdad» con mucho peso y mucha seriedad. Tener dudas acerca de si tienen razón podría ser un problema o quizá una bendición.

La siguiente historia refleja bien las distintas posiciones de la razón, que dependen del lugar desde donde cada uno observa la situación.

Nombran juez al hombre más sabio del reino. En el primer juicio se le da la palabra al acusador y este expone los hechos. Cuando termina, el juez le dice: «Tiene usted razón».

Entonces el secretario le dice al juez: «Disculpe, Señoría, pero no puede darle la razón a una de las partes sin haber escuchado antes a la contraria».

«Bien —contesta el juez—, oigamos, pues, a la otra parte». Cuando esta termina de exponer su versión, el juez le dice: «Tiene usted razón».

Entonces el secretario le dice de nuevo al juez: «Disculpe, Señoría, verá, es que no pueden tener los dos razón».

Y el sabio le responde: «Pues usted también tiene razón», y abandona su puesto.

Las facetas de la duda

En términos prácticos, cuando se trata de elegir entre distintas posibilidades que te llaman la atención, cualquier opción es válida. En el caso de que no sepas lo que quieres, entonces no importa el camino que elijas. Sea cual sea, disfrútalo. Si, en otras circunstancias, sí sabes lo que quieres y no sabes cómo conseguirlo, tal vez pueda ayudarte el mantener la visión clara de eso que deseas confiando en que cualquier camino que elijas te llevará hasta allí. Y si la duda aún permanece, lo mejor será elegir cualquiera de las opciones; elige la que más te llame en el primer instante en que la miras, sigue tu intuición poderosa. En el supuesto de que sí sepas lo que quieres y los caminos para conseguirlo, entonces las dudas no se suelen interponer, porque encuentras la manera más rápida de llegar.

Cuando aparece la duda, podemos pasar mucho tiempo intentando decidir entre esto y aquello para después darnos cuenta de que se hizo tarde para las dos opciones. Ante la posibilidad de que ocurra esto, actuar eligiendo cualquiera de las dos alternativas es mejor que quedarse parado. El querer hacer muchas cosas también puede convertirse en una excusa para al final no llevar ninguna a cabo.

Nos pasamos buena parte de la vida intentando llegar a alguna parte para, al final, cuando llegamos, darnos cuenta de que eso no era lo que andábamos buscando. O tal vez sí que lo fuera, y nos escudamos en las circunstancias actuales para justificar el hecho de no permitirnos disfrutar de lo que hemos logrado alcanzar. Así, solemos caminar por la vida perdiéndonos el disfrute de la aventura del viaje. A veces porque nos impacienta no haberlo conseguido, y otras porque, tras haber andado un tiempo por el camino que elegimos, nos damos cuenta de que no era por ahí y que tendremos que dar marcha atrás, tal vez incluso volver a casa.

La duda tiene un componente emocionante y otro aburrido. La parte emocionante está en la variedad de alternativas que se nos presentan. Elegir nos da el gusto de sentir la libertad en nuestra vida y la certeza de que siempre podemos escoger. Al tomar una decisión no solo vivimos la emoción y el vértigo de la libertad, sino que estamos asumiendo un riesgo que no es otro que el acto de vivir. Esto no significa que vivir sea peligroso; nada lo es, ni siquiera la muerte, que solo el ego considera arriesgada. Tampoco debe crearnos un conflicto el hecho de que haya varias posibilidades; al contrario, podemos vivir esas manifestaciones como la prueba de que el Ser vive en la abundancia y de que siempre se presentan más soluciones que problemas.

La parte aburrida es que la duda nos inmoviliza al invadirnos, haciendo que la mente gire a gran velocidad mientras el cuerpo se queda parado. El tiempo pasa y mientras nosotros permanecemos enganchados a la duda, no estamos en el presente, sino en el futuro o en el pasado, donde no hay nadie, solo el gusto de la mente por sufrir. Puesto que nunca sabemos lo que va a pasar, no hay motivo real para demorar la elección.

Cuando moverse y actuar se vuelve algo difícil, estamos desgastándonos en el esfuerzo de utilizar la propia energía para frenarnos, pues lo natural es que el movimiento fluya libremente por el cuerpo. Si bien en la meditación estática ese movimiento se da en el interior, a través de la meditación en movimiento o la danza se puede observar el continuo movimiento natural del cuerpo, hasta el punto de que, si se sigue, uno se convierte en el testigo de ese movimiento. Y puesto que el Ser nos acompaña en cualquiera de los caminos que elijamos, podemos dejarnos llevar por el movimiento que marquen nuestros cuerpos. Si te apetece probar cómo sería eso de dejar a tu cuerpo un mayor protagonismo para tomar decisiones en tu vida, puedes hacer el siguiente experimento.

Quédate de pie en una posición en la que te sientas estable. Cierra los ojos e imagina una de las dos posibilidades entre las que estés dudando. Observa si tu cuerpo hace algún tipo de movimiento cuando piensas primero en una y luego en la otra opción. Tal vez sientas que se inclina ligeramente hacia delante o hacia atrás. Como a veces el movimiento puede ser muy ligero, puede serte útil que alguien te observe y te ayude a detectarlo. Cuando integras esta práctica en tu vida, estás dejando que tu cuerpo, con su sabiduría, participe activamente en tu toma de decisiones.

A todo lo dicho, ahora podemos añadir que también está bien permitirse dudar de las cosas y de uno mismo. Al fin y al cabo, pensar que las cosas son de una determinada manera no funciona. La dificultad no se genera al dudar, sino cuando nos quedamos paralizados frente a esa duda. No se trata de deja de dudar, pues la duda nos recuerda que nunca se sabe lo que va a pasar en el momento siguiente. La forma de librarse del peso de la duda es desapegarse del resultado, apuntarse a la aventura de vivir, reconocer que desconocemos el camino y confiar en que el Ser sabe hacia dónde nos lleva.

TODO FLUYE NATURALMENTE HACIA TI

Quizá ahora sea un buen momento para recoger los regalos que la Vida te trae a cada instante y permitir que la magia esté más presente en tu día a día. Esto puede ocurrir dejando de esforzarte por ir hacia las cosas. Si quieres disfrutar en tu vida de situaciones, personas u objetos que aparentan ir por distintos caminos y sientes que avanzar en una dirección te aleja a la vez de la otra, puedes probar a actuar como un imán, atrayendo desde tu centro todas esas cosas hacia ti. Aunque pueda parecerte que eres tú el que va hacia la Vida, en realidad es la Vida la que va hacia ti. Puesto que atraemos aquello en lo que creemos, cada cual crea desde su interior la realidad en la que vive. La fuerza de atracción de nuestras creencias es más potente que nuestra voluntad y que nuestras acciones. Así es como creamos el mundo y como creamos aquello en lo que creemos. Y puesto que la aventura es interior, la magia se hace por dentro y se manifiesta por fuera. Si pones tu atención en lo que hay en ti que está impidiéndote tener lo que quieres, podrás recoger el regalo y dejar que eso que más deseas se acerque a ti.

Supongamos que te encuentras en un cruce de caminos y quieres dos cosas que en principio aparentan ser opuestas. Poniendo tu atención en las creencias que están en juego en ese momento, se hace evidente que lo que te mueve a actuar es la creencia de que tú no tienes esas cosas que quieres porque, si las tuvieras, no necesitarías ir hacia ellas. Entonces, si tal como hemos dicho todo fluye naturalmente hacia ti, ¿cómo es que no las tienes? Probablemente porque alguna de tus creencias conscientes o inconscientes impide que se te acerquen; de no ser así, ya las estarías disfrutando [13].

---

[13] En el apartado «Octava vía: creer en la magia y despejar la duda», del libro *El Lenguaje del Alma*, se muestran distintos ejemplos de cómo creer en la magia disuelve la duda y manifiesta tus propósitos en el escenario de la Vida.

La percepción sobre nuestra realidad se transformará automáticamente en cuanto caiga el paradigma de carencia que algunos hemos heredado. Si partimos de la sensación de que nos faltan cosas, vivencias, personas..., estaremos desconectados de la fuente de abundancia de la que provenimos originalmente y viviremos enfocados en conseguir todo eso que creemos imprescindible para ser felices. Obsesionados por lograr, por alcanzar, por conseguir, por conquistar, nos perdemos la abundancia y la plenitud que están presentes en cada instante. Olvidamos que todo lo que ansiamos tener ya está aquí para nosotros, y que todo lo que queremos ser, ya lo somos y siempre lo hemos sido.

Para pasar de la DUDA a la ACCIÓN *RECUERDA QUE...*

- ... cuando dudas estás a la vez emitiendo un juicio sobre la realidad que tienes delante. Así que si te abstienes de opinar sobre las distintas opciones, te encontrarás con un regalo al descubrir que todas están bien.

- ... si dudas entre dos caminos, dos personas o entre esto y aquello, probablemente no sea ninguno de los dos, porque si lo fuera no cabría la duda, te dirigirías con todo tu ser en una dirección. La duda entre dos caminos externos es un reflejo de una desalineación interior. Cuando te alineas internamente, la duda externa desaparece. Si no consigues alinearte y la duda persiste, el modo de librarse de la importancia que le das es desapegarse del resultado, sabiendo que finalmente todos los caminos y opciones llevan al mismo punto: la plenitud de conciencia.

- ... dado que la abundancia y la plenitud son lo natural, no tendrás la necesidad de ir a por las cosas creyendo que te faltan. Así, actuarás por gusto y no por necesidad, dándote cuenta de que eso que quieres ha estado presente siempre.

RETORNANDO A LA UNIDAD...

Cuando nos desapegamos del resultado de nuestras elecciones y aceptamos que cualquier opción que escojamos está bien,
dejamos de sentir el peso anquilosante de la duda. Suprime de
tu mente la posibilidad de estar equivocado. Una de las fantasías que crea la duda es la ilusión de que es uno mismo, el personaje, el que elige. Cuando desaparece el «quién», ya no queda
nada que elegir y uno se rinde o entrega a lo que la Vida presenta.
Nuestras creencias son las que se manifiestan en el exterior, lo
que percibimos como el mundo. Por tanto, si nos movemos desde
la sensación de carencia, será eso lo que experimentemos en la
vida. Si, por el contrario, conectamos con el Ser, viviremos en su
abundancia. Nos daremos cuenta de que todo eso que alguna
vez hemos ansiado, ya está aquí en nosotros y para nosotros.

3. OSCILACIÓN DENTRO-FUERA

EL RITMO DE LA VIDA

La Vida sigue una oscilación natural entre dentro y fuera,
un ritmo de contracción y expansión. Las estaciones del año se
suceden una tras otra, el día sigue a la noche y la luz a la oscuridad. Las olas que vienen y van acompañan a la marea que sube
y baja. La inspiración sigue a la espiración en el ciclo respiratorio y el cuerpo se expande y contrae cada pocos segundos siguiendo el ritmo craneosacral. De forma natural, un polo sucede
al otro en sinuosa armonía y nada en el universo sigue una línea
recta. Nada, excepto el pensamiento racional. La armonía se
rompe cuando de pronto aparece una opinión o un juicio pro-
veniente del hemisferio racional. Entonces, juzgando que un
extremo es mejor que otro, decidimos, por ejemplo, que el día
es mejor que la noche o que arriba es mejor que abajo. Se inicia
entonces una lucha contra el ritmo instintivo del cuerpo y contra

el movimiento natural de la Vida que llevan esa misma oscilación. Si negamos ese movimiento natural entre arriba-abajo, fuera-dentro, exterior-interior, alegría-tristeza, risa-llanto o razón-emoción, nos estaremos resistiendo al fluir natural de la Vida y dificultando que dicha fluidez se exprese a través del cuerpo. Queriendo controlar nuestro estado, imponemos la voluntad del hemisferio racional sin darnos cuenta de que la Vida no se puede dirigir ni controlar.

Puesto que nuestra vida está sujeta al movimiento entre extremos, en ocasiones nos vamos a sentir vulnerables en los límites de esos ciclos, es decir, cuando estemos muy arriba o muy abajo, alejados en ambos casos de nuestro centro. La naturaleza de ese constante movimiento ondulatorio dentro-fuera nos puede crear ciertas dudas. En esos momentos, por miedo o confusión, es comprensible que uno quiera resistirse a ese vaivén. Sin embargo, si no aceptamos esa oscilación natural e intentamos aferrarnos a los extremos, vamos a producir más confusión y una inseguridad que se retroalimenta.

Cuando, por ejemplo, uno está arriba e insiste en quedarse donde está sin aceptar los ciclos vitales y rechazando el movimiento natural de descenso, entonces la Vida empieza a empujar hacia abajo con más y más fuerza. Si la resistencia al movimiento es muy grande, la fuerza de la Vida empujando hacia abajo será también mayor. La situación durará el tiempo necesario hasta que comprendamos que la Vida está a nuestro favor y no en contra. Hasta entonces, la tensión puede llegar a un punto insostenible y parecerá que nos agarran del cuello y tiran de nosotros hacia abajo, precipitándonos a gran velocidad hacia el fondo. Lo que de forma natural habría sido un suave descenso, ahora es una caída en picado hacia las profundidades, hacia la temible oscuridad... Lo que llamamos «caer en una depresión».

En este punto, cuando llamamos depresión a este proceso, convertimos en patología un estado natural del Ser. Lo único que logramos al empeñarnos en frenar el ritmo natural de la Vida es aumentar la distancia entre los extremos, haciendo además que estos se agudicen. Hasta cabe la posibilidad de convertir esta oscilación natural llevada a los extremos en una nueva patología: el trastorno bipolar, la montaña rusa entre la euforia y la depresión.

LA DEPRESIÓN: UNA PARTE DEL CICLO NATURAL DE LA VIDA

Cuando uno lucha contra el ir y venir de la Vida e intenta escapar de ese movimiento natural, es como si la tarde intentara impedir que llegara la noche. Imagina que al empezar a ponerse el sol tú comienzas a correr desesperadamente hacia la luz intentando que no te alcance la oscuridad. En cualquier momento tienes la opción de parar, darte la vuelta para mirar y aceptar la llegada de la noche. Si, por el contrario, no te detienes, inevitablemente vas a caer cansado y vencido; la noche te alcanza y todos tus miedos parecen cobrar vida. Esa es una de las ilusiones de la depresión: los miedos se hacen reales. La depresión es una resistencia a mirar al propio interior, a vivir una parte que juzgamos oscura... nuestra propia sombra. Surge del miedo a lo desconocido, de la negación del cambio y de la muerte. Desde ese estado, la Vida se vive como una lucha perdida en lugar de como una serie de circunstancias que apoyan nuestro camino.

Durante ese estado denominado «depresivo», toman protagonismo con seriedad y gravedad los sentimientos estancados. Nos vemos empujados hacia la soledad, pero acabamos descubriendo que se trata solo de un concepto y que en realidad no existe. Las personas depresivas no han entrado todavía a vivir la soledad, pues en cuanto puedan entrar y puedan vivirla, el ciclo retomará su fluidez haciendo que «salgan» de la depresión. Por tanto, eso que llamamos depresión deberíamos llamarlo «resistencia a la depresión», pues el sufrimiento que se experimenta cuando se cree estar deprimido no viene de la parte oscura, sino de la resistencia que tenemos a ponernos en contacto con esa parte de nosotros mismos.

No hay noche sin día ni día sin noche; la vida es un fiel reflejo de esta polaridad. Así, podemos ver el mundo externo como la montaña y el mundo interno como el valle o como la metáfora de la depresión. Hay personas que prestan mucha atención al exterior y poca o nada al interior. Es posible que estas personas que se resisten a mirar hacia dentro y a aceptar lo que sienten arrastren también la sensación de que algo no va bien en sus vidas. Es posible que se nieguen a observar qué es lo que no marcha bien y que continúen esforzándose en mirar en dirección contraria. Así, cuanto más desatendida va quedando esa parte interior, más peso va ganando. Entonces, como si se tratara de un agujero negro cada vez más profundo y poderoso, nos arrastra a experimentar lo que coloquialmente llamamos «un bajón», que si aumenta de intensidad puede conducirnos a esa depresión y soñar mil demonios que se hacen reales.

LO QUE LLAMAMOS «REALIDAD»

El estado natural de la persona es un estado de paz y bienestar; un bienestar que, al tratarse de un estado interior, no depende de las circunstancias externas. Estas circunstancias que llamamos «externas» —como si no hubiéramos participado en su creación— no tienen realidad por sí mismas sino que dependen de nuestro punto de vista y, de forma más amplia, de nuestro estado interior. Lo que ocurre por fuera en eso que llamamos «realidad» es un reflejo, una manifestación externa de lo que creamos por dentro. Según nuestra percepción, que depende del nivel de conciencia de cada cual, somos nosotros quienes determinamos qué es la realidad y qué experiencia de realidad vamos a vivir, en una gama que puede ir desde el éxtasis a la paranoia.

Cuando la percepción de un acontecimiento nos aporta una sensación desagradable, es normal que no la queramos sentir y prefiramos desconectarnos de nuestro mundo interior. Así, por aprendizaje y costumbre, nos resistimos a sentir nuestras emociones y nuestros sentimientos de dolor, tristeza, rabia, frustración, desesperación o soledad. Parece entonces que los acontecimientos externos nos arrastran hasta convertirnos en víctimas de nuestra propia creación. Sin embargo, tenemos la opción de utilizar esos acontecimientos externos como impulso para devolver nuestra atención hacia el interior, poniéndonos así en contacto con nuestras emociones para sentirlas tal cual y empezar a aceptarlas. Así, si nos permitimos sentir completamente la emoción o el sentimiento, el movimiento puede continuar, pues, una vez que llega al fondo, empieza a transformarse en una onda ascendente en dirección hacia afuera.

Por el contrario, si cuando sentimos tristeza[14] o tenemos una pena en lugar de sentirla y darle la atención interior que nos pide intentamos mirar hacia otro lado, hacia el exterior, distraernos, salir, ir al cine o de compras, entonces el movimiento natural dentro-fuera se interrumpe y empieza a generar tensión. Con el tiempo, si esta atención hacia dentro es nula o muy deficiente, el mundo interior puede tomar una fuerza descontrolada, hasta el extremo de llevar al depresivo a sufrir delirios y alucinaciones que no son más que esas dimensiones interiores ocupando el exterior. El mundo interior ha terminado imponiendo su película en el mundo exterior. Ese estado aparentemente inaceptable viene de alguna parte de la persona que está intentando expresar algo; una parte que no se ha sabido o querido atender y que ahora se ha desbordado.

Si nos levantamos un día bajos de ánimo, con ganas de ensimismarnos o de estar solos, podemos vivir esa necesidad con suavidad y recogimiento. Los días que llueve o que está nublado son también parte de la vida y tienen su propia belleza. Vívelo,

---

[14] En el apartado «Novena vía: abrir el corazón», del libro *El Lenguaje del Alma*, se muestra que la tristeza es una de las emociones más bonitas porque permite abrir el corazón y dejarlo abierto.

exprésalo: «¡Estoy bajo de ánimo y está bien, no pasa nada!». Los días soleados no son mejores que los nublados, ni al contrario tampoco. La gracia está en mantenerse consciente de la emoción y vivirla sin juzgarla, sin olvidar que el sol está ahí a pesar de que las nubes lo oculten.

La respiración consciente es una técnica para atender a nuestro interior y consiste en poner la atención en la respiración sintiendo su movimiento en alguna parte del cuerpo. Se puede sentir el paso del aire en las fosas nasales o el movimiento del diafragma desplazando el área abdominal, o cualquier otra parte del cuerpo. La clave está en poner la atención en la respiración.

En cualquier momento tienes la oportunidad de transformar el sentimiento, aceptándolo y dándote el permiso para sentir lo que sea. Permítete sentir, tocar la pérdida o el sentimiento profundo que te genera la situación que has vivido. Utiliza su energía para alcanzar el amor que está detrás y que sustenta ese sentimiento.

A lo largo de este proceso de poner la atención en la respiración pueden aparecer algunos pensamientos que quizá te parezcan tremendos. Lo que puedes probar a hacer con todas tus fuerzas, como si te fuera la vida en ello, es que cuando aparezca un pensamiento, sea el que sea y sin juzgarlo, vuelvas a poner tu atención en la respiración y en el cuerpo. Una vez más aparecerán pensamientos, pero, aunque puedas creer que son terribles, devuelve una y otra vez la atención al cuerpo sin juzgar la sensación que te producen y que sigue estando ahí. Recuerda que es la mente la que juzga, no el cuerpo. Regresa con tu atención una y otra vez a la zona del cuerpo donde sientas movimiento. Observa por un lado la quietud de tu cuerpo y, por otro, ese movimiento interior al que no necesitas ponerle nombre. Retira la atención de tu tormenta mental y suavemente devuélvela a tu respiración.

DESPUÉS DEL MIEDO NO HAY NADA

Si en este momento sientes que te aferras a uno de los extremos..., si has juzgado que un polo es mejor que otro..., si has
tenido una pérdida o vivido una situación difícil y te quieres
obligar a sentirte bien..., entonces estás frenando el fluir natural
de la Vida.

Aunque estés viviendo una situación externa difícil de aceptar, lo que sí puedes hacer inmediatamente es abrazar y aceptar
la sensación interna que te produce. Sentir profundamente es
una vía directa para transmutar las emociones y situaciones difíciles. Lo que llamamos sufrimiento es el resultado de intentar
no sentir dolor apartando, reprimiendo o rechazando, no el acontecimiento, sino las emociones y los sentimientos que nos produce. El suceso externo puede hacernos sentir alegría o dolor, y
sea lo que sea lo podemos sentir profundamente para liberarlo.
De manera que cuanto más nos permitamos sentir la emoción
o el sentimiento que el acontecimiento externo nos produce,
menos sufriremos y más vivos estaremos.

Es posible que hasta ahora no hayas podido o sabido hacerlo
y te sientas metido en un callejón sin salida. Quizá notes cómo
la Vida te empuja y sigues diciendo ¡no! Eso es comprensible,
pues hemos aprendido que hay que aguantar y luchar. ¿Luchar
contra qué?, ¿contra quién? Si tu resistencia continúa, puede llegar un momento en que la sensación sea tan intensa que no te
permita mirar hacia otro lado y sea tan profunda que te parezca
que no hay salida. Es como estar atrapado en un pozo sin principio y sin final, sin luz y con un miedo terrible a caer. En ese
punto, te puedes sentir paralizado mientras te revuelcas en lo
más oscuro y bajo de ti mismo, en un lugar terrible adonde jamás
pensaste que podrías llegar; con miedo, además, de ir un poco
más allá. Lo que ocurre es que, si sigues agarrado, va a llegar un
momento en el que no podrás más, te fallarán las fuerzas y tendrás que dejarte caer al fondo de ese pozo. Tendrás que entregarte
a la Vida. Por tanto, en lugar de rechazar ese pensamiento terri-

ble, respira y ten el valor necesario para abrazar la sensación que te produce, dándote cuenta de que se trata de un proceso necesario y a la vez natural.

Cuando te encuentras ahí, en ese límite, es bueno que sepas que no hay más. En un principio puede parecerte que cualquier cosa es mejor que dejarse caer, incluso la muerte..., y no es verdad. Aunque la energía se haya desbordado y parezca que te está destruyendo, aceptar que es tuya es transformador. Se trata de energía bruta, ni buena ni mala, que pide ser transformada para ser útil y darte su regalo. Esta es una parte importante del proceso: descubrir que después del miedo no hay nada. Como en una pesadilla recurrente en la que te está persiguiendo un monstruo: cuando por fin te das la vuelta y lo enfrentas, le puedes pedir un regalo; y el monstruo te lo va a dar. Ahora puedes disponer de esa fuerza para impulsarte hacia lo desconocido. Confía en que al llegar al fondo vas a transformarlo, vas a salir hacia el otro lado y pronto, siguiendo el curso natural de la Vida, te encontrarás de nuevo en la superficie.

Lo que diferencia a una persona deprimida y a una inspirada es el propio juicio del autor sobre su creación. La primera cree que su obra es terrible y huye de ella; la segunda siente que es sublime y quiere expresarla. La primera crea un infierno y la segunda, una obra de arte. Ya estés viviendo en un estado dentro de la gama que va de la depresión a la inspiración, no importa el nombre que le pongas, se trata de la Vida empujando para expresarse a través de ti. ¿Puedes darle permiso para hacerlo?

Para pasar de la DEPRESIÓN a la INSPIRACIÓN
RECUERDA QUE...

• ... para fluir con la Vida y permitir que esa fluidez se manifieste en todos los aspectos de tu existencia, puedes alinearte con la oscilación natural entre arriba-abajo, fuera-dentro, exterior-interior, alegría-tristeza, risa-llanto...

- ... cuanto más te resistas a sentir tu propio interior, más fuerza tendrá que emplear la Vida para llevarte hasta allí. Para que esa parte interna desatendida no te empuje en forma de lo que denominan «depresión», prueba a dejar de juzgarla como algo oscuro que hay que evitar. Entonces podrás darte cuenta de que el sufrimiento no viene de sentir la emoción o la sensación que sea, sino de intentar evitarla.

- ... por muy difíciles que puedan parecerte tus circunstancias, si te permites sentir profundamente, estarás conectando con tu interior. Cuando te encuentres en ese límite, es bueno que recuerdes que después del miedo no hay nada. Al llegar al fondo vas a transformarlo, vas a salir por el otro lado y, siguiendo el curso natural de la Vida, te encontrarás de nuevo en el exterior, siguiendo el viaje de oscilación entre dentro y fuera.

RETORNANDO A LA UNIDAD...

Como parte que somos del fluir de la Vida, a veces nos sentimos arriba y a veces abajo. Si nos entregamos confiados a esta oscilación, podremos descubrir que estar «dentro» o estar «abajo» no es algo de lo que debamos huir. Esa parte nuestra se ha quedado a oscuras no porque sea mala, sino porque no llegó la luz de la conciencia. La oscuridad sentida y comprendida se convierte en un regalo, en una luz que ilumina nuestra vida. Todo lo que se lleva a la Luz queda sanado.

Camino 4

NACIMIENTO

*La visión de que hay algo por hacer contiene
la semilla de que ya está hecho. Entonces el camino
se convierte en un paseo de sorpresa, maravilla y gozo.*

L A TRIÁDA DE LA CREACIÓN EMPIEZA por el número 4. En la odisea de lo no manifestado hacia lo manifestado, el 4 toma cuerpo físico, es el nacimiento del mundo material. La materia es la sustancia originaria de todas las cosas, como una madre que nos nutre. Si en el 3 explorábamos las infinitas posibilidades previas a la manifestación, en el 4 damos un paso adelante, dado que una de ellas se materializa celebrando la entrada en la dimensión física. Bajo un punto de vista rígido, esta materialización podría moldearse en forma de obstáculo, que el 4 tratará de sobrepasar o derribar con todo su esfuerzo. Hasta que comprende que fue su rigidez la que creó el obstáculo y lo que funciona es relajarse en la intención de haber llegado al objetivo. Entonces el obstáculo desaparece y se convierte en un gozoso indicador de dirección, estableciéndose una confianza que, cuando se sublima, se convierte en fe inquebrantable en el Ser.

1. MANIFESTACIÓN

En la naturaleza de la materia no hay líneas rectas. Ni los árboles, ni la lluvia, ni los planetas, ni las estrellas, ni siquiera la luz se mueve en línea recta. Es el hombre el que, intentando aplicar la lógica a un espacio que no la sigue, ha inventado esa rectitud guiado por el afán de ordenar un mundo aparentemente caótico. La Vida sube, baja, se inclina, vuelve, entra, sale, va, viene... Y mientras, nosotros, usando la lógica que aprendimos en la escuela, intentamos avanzar en nuestras vidas convencidos de que el camino más corto entre A y B es una línea recta. El resultado indirecto de trazar una línea recta es crear un obstáculo, ya que en algún momento esta se encontrará con algo que aparentará interponerse en el camino.

El don de crear obstáculos

El 4 tiene tendencia a ser precavido, es decir, a tomar precauciones. Eso indica sencillamente imaginar todos los problemas que puedan surgir para solucionarlos cuando aparezcan.

Con ese enfoque, se nos olvida que es precisamente el marco de percepción el que crea el problema. Seguramente habremos experimentado en alguna ocasión cómo nuestra tendencia a imaginar problemas nos lleva a materializarlos. Si ya hemos creado el obstáculo de esta manera o nos parece que alguien lo ha puesto en nuestro camino, podemos intentar varias estrategias para esquivarlo, o podemos simplemente dejar de intentar evitarlo. Y es que con este empeño por deshacernos del obstáculo, lo que estamos logrando es darle mayor peso en nuestro escenario. Una posibilidad alternativa sería abandonar la idea de derribarlo y decidirnos a rodearlo dando un paseo. Así, con esta decisión de dejar de insistir, estamos aumentando nuestra flexibilidad y asumiendo el vertiginoso y necesario riesgo de dejarnos llevar.

Imaginemos que nuestro destino es dejarnos llevar en canoa por un río. El agua siempre nos mueve en dirección al mar, unas veces más deprisa y otras más despacio. Cuando, desde lo alto de la montaña, vemos el mar de frente, pensamos que todo va bien. De pronto, al seguir descendiendo, lo perdemos de vista y empezamos a temer habernos desviado de nuestro camino. Y aunque por nuestra orientación creemos que seguimos yendo bien, los problemas serios aparecen cuando, delante de nosotros, una montaña impide nuestro paso. Entonces, el curso juguetón del río gira para sortearla haciendo que el mar quede ahora a nuestra espalda. ¡Nos alejamos de él! Así que saltamos de la canoa y empezamos a nadar a contracorriente. Nos mueve el impulso de salirnos del río serpenteante y atravesar la montaña taladrando un túnel para llegar, en línea recta, hasta el mar.

El hecho de insistir en una determinada dirección o de ver las cosas de una determinada manera es como trazar una línea recta que, como vemos, va a encontrar obstáculos. Cuando somos «prevenidos», nos parece que la clave para evitar un problema está en adelantarse a él. Actuamos movidos por la creencia de que, si no tomamos precauciones, podemos encontrarnos en serias dificultades. Somos creadores del mundo en que vivimos; por tanto, cuando imaginamos la posibilidad de un problema, lo que estamos haciendo es plantar su semilla. Antes de plantar su semilla, el problema no existía en nuestra vida, no estaba en este mundo. Imaginando su posibilidad, le damos la bienvenida a que ocurra. Aunque esto es válido para cualquier persona, tiene más relevancia cuando exploramos la energía 4 por su facilidad en manifestar cualquier cosa que se proponga o imagine. Si mantiene una idea de problema en su mente, esta se torna un obstáculo físico con facilidad.

Imagina que una persona se encuentra encerrada en una caja a oscuras. Está buscando una salida tanteando las paredes y, desesperada, empieza a empujarlas o golpearlas por si algún punto cede a su presión. Se siente atrapada en la certeza de que no hay salida. Pero si no hay salida es que tampoco hay entrada, y esto significa que ella, sin saber cómo, se encontró de pronto dentro. ¿Cómo podría salir de ahí? Dándose cuenta de que ella misma creó la caja y luego se metió dentro. En ese mismo instante la caja se desvanece o las paredes se derrumban. Ya no hay caja, y tal como anunciamos en la introducción, ni siquiera un «quién» que pueda ser encerrado en ningún lugar.

Si bien este ejemplo es simbólico, está conectado con la «realidad» que creamos en nuestras vidas. Nos sentimos encerrados o sin salida en algunas ocasiones. Sirve de ejemplo para mostrar que la creencia «siempre aparecen dificultades» impide encontrar la salida a un problema que quizá nunca existió.

La buena noticia para el 4 creador de obstáculos es que la clave para disolverlos está también en sus manos. Pues ¿quién mejor que uno mismo para solucionar o disolver aquello que ha creado? Cuando te das cuenta de qué has hecho para crear un problema, quizá simplemente dejar de hacerlo pueda disolverlo. En este punto podríamos caer en la tentación de añadir que si no lo hubiera creado, no haría falta solucionarlo, pues no hace falta arreglar lo que no está roto.

En cualquier caso, el fluido serpenteo de la Vida arrastra todo problema hacia su solución. Conducidos por el impulso imparable del río, podemos aprender a deslizarnos vida abajo confiando en que la dirección que tome el agua en su transcurrir es la adecuada para llegar al océano. Así, desde la confianza en que la Vida nos está llevando de la mejor manera posible, podemos encontrar la forma de incorporar, ya sin lucha, el obstáculo como parte de nuestro camino.

LA VIDA CAMBIA DE DIRECCIÓN

Como ya comentamos al principio del capítulo, la Vida, flexible e imprevisible en su transitar, atraviesa múltiples cambios de dirección. Si estás suficientemente atento, podrás percibirlos justo en el instante en que se producen. De otro modo, si te falta la atención e insistes en seguir recto, va a surgir lo que aparenta ser un contratiempo. El proceso con mayor detalle es el siguiente.

Imagina que vas andando en una dirección en la que parece que todo fluye con facilidad y sin esfuerzo. Las personas con las que te encuentras y las aparentes casualidades resultan ser las adecuadas para conducirte hacia circunstancias y acontecimientos que te apoyan. Animado por la sensación de ir por buen camino, sientes que estás de suerte, que estás alineado con la Vida. Entonces, aparece algo o alguien que te invita a ir en otra dirección; aun así, decides que vas a continuar por donde ibas. De nuevo aparece otro suceso que te invita, una vez más, a ir por otro camino, y aunque sientes que de alguna manera te llama, decides continuar por tu antigua dirección. Lo que en un principio te parecían ofrecimientos hacia nuevas direcciones, poco a poco, al andar unos pasos más, pueden empezar a parecerte obstáculos. En realidad, lejos de ser impedimentos en tu camino, pueden convertirse en señales indicadoras, en llamadas de la Vida para que la sigas y te alinees en la nueva dirección [15]. Porque ahí, en ese viraje, en ese aparente desvío, está esperándote un gran regalo.

Cuando estás encorsetado dentro de un contexto reducido y una perspectiva rígida, puedes pensar que esos cambios de dirección te están alejando de tu camino. Ese pensamiento pudiera ser cierto en un contexto reducido, como por ejemplo perder el autobús y tener que ir andando aparentemente te hace perder unos minutos de tiempo, aunque no tenemos idea de lo que pueda pasar en ese trayecto; hay que estar atento. En un contexto amplio, en sentido espiritual o en términos de «camino de vida», ese pensamiento no tiene cabida. Siempre estás en el camino, aunque tropieces y aunque creas estarte desviando de sus márgenes. Porque no es posible desviarse de él ni siquiera a propósito.

[15] En el apartado «Cambio de rumbo para seguir alineado», del capítulo 2 del libro *El Lenguaje del Alma*, se muestra un ejemplo de cómo seguir las señales.

Tu camino no es la fantasía que creías que sería, sino lo que es ahora. Por tanto, siempre está bien y siempre estás en él. Y en ese transcurrir a ratos confuso, puedes aportar más luz a tu camino haciéndote consciente de él. Parte de esa luz te la regala el obstáculo que te obliga a detenerte y a virar sobre tu propio eje.

Este proceso es, en realidad, semejante al de la creación de lo que aparenta ser una enfermedad[16], pues eso que llamamos enfermedad es la percepción de un obstáculo que ha tomado forma física en el cuerpo, que en realidad contiene un regalo de crecimiento y liberación. Quizá en este caso estemos ante un proceso creativo más largo, con otros contenidos y es probable que con más resistencias a las llamadas de la Vida. Sin embargo, nos encontramos igualmente ante una señal de indicación que insiste en dirigir nuestros pasos hacia nuevos espacios, desconocidos y, sin embargo, enriquecedores y transformadores.

EL REGALO

Tal como ya hemos comentado, la función de los obstáculos es ofrecernos, por un lado, el regalo de avisarnos de que la Vida ha cambiado de dirección, y por otro, señalarnos una nueva dirección por la que encaminar nuestros pasos.

En este punto podríamos recoger también un tercer regalo, que es el de enfrentarnos directamente con lo que aparentan ser nuestras limitaciones. Normalmente lo que intentamos evitar no es tanto el obstáculo en sí como lo que representa, pues nos está enfrentando a las resistencias que no nos gusta mirar. Y son precisamente esas resistencias internas las que, a modo de espejo, están creando obstáculos externos que nos impiden seguir la nueva dirección que nos señala la Vida. La buena noticia es que

---

[16] En los capítulos 3 y 4 del libro *El Lenguaje del Alma* se ofrece más contenido sobre las llamadas intensas de la Vida y la creación de la enfermedad.

cuando decidimos recoger ese regalo que el obstáculo nos ofrece, estamos transformando nuestra resistencia. Ahora ya podemos alimentarnos de ella, consiguiendo además que el obstáculo desaparezca.

Imagina que hay alguien en tu trabajo que te resulta insoportable. La cualidad o característica de esa persona está, de hecho, reflejando algún aspecto tuyo que no te gusta mirar. En realidad, estás ante una de tus propias resistencias. Probablemente, como llevas eso contigo desde hace mucho tiempo, te cueste admitir que eso que ves y que no te gusta es en realidad algo que forma parte de ti. Sin embargo, si logras abrirte a esta posibilidad, estarás en disposición de recoger el regalo que esa persona trae para ti y que te está mostrando como un espejo. Cuando consigas verte en el otro y recojas lo que te ofrece, probablemente esa persona desaparezca de tu vida como por arte de magia, o bien se convierta en tu amigo. Por el contrario, si no lo miras, si te resistes a verte ahí reflejado y decides pedir un traslado o cambiar de trabajo para evitar a esa persona, seguramente aparecerá otra con la misma cualidad. Una tras otra, ofreciéndote insistentemente un regalo que te cuesta recibir.

La Vida, nuestra vida, es una fiesta, y aún queda algún regalo más disponible por si te apetece recogerlo. Lo que nos separa de la plenitud, entendida como una forma total de estar en el mundo, es lo que percibimos como nuestras limitaciones. Eso que llamamos limitación está, en realidad, formando parte de la plenitud del momento, aunque en este caso se trata de una plenitud que no parece valernos puesto que no se ajusta al ideal maravilloso que teníamos sobre la vida plena. Así, frustrados, desesperanzados incluso, sentimos que nunca podremos estar bien porque esta condición, y esta y esta otra, no se están cumpliendo. Entonces, agotados, empezamos a entender que el camino hacia la plenitud pasa por darse cuenta de que nuestras ideas de limitación no tienen realidad más allá del mundo mental; que son solo ideas preconcebidas que juegan a ponernos la zancadilla a cada rato, hasta que logremos aceptar todo lo que es y todo lo que hay como parte de la plenitud del presente. De esta forma, el obstáculo se convierte, una vez más, en un regalo que te ofrece la oportunidad de mirar de frente tus viejas ideas y liberarlas. Entonces podrás darte cuenta de que solamente estabas ante un concepto y que el obstáculo, en realidad, no te puede separar de la experiencia de unidad porque lo Uno ya está en ti y siempre lo ha estado.

Para pasar del OBSTÁCULO al INDICADOR DE DIRECCIÓN *RECUERDA QUE...*

- ... cuando te empeñas en deshacerte del obstáculo, solo le estás dando mayor peso en tu vida.
- ... un contratiempo se puede convertir en un regalo si lo recibes como un indicador de que la Vida ha cambiado de dirección.
- ... un obstáculo es un reflejo de tu falta de alineamiento interior. Así que aprovecha el regalo de recibir ese reflejo para darte cuenta de cómo tus resistencias internas son las que están creando esas dificultades externas.

RETORNANDO A LA UNIDAD...

Cuando dejamos de luchar contra lo que aparenta ser un contratiempo, nos abrimos inmediatamente a recibir la nueva información que nos trae. Entonces podemos percibirlo como un regalo que nos invita a seguir por otro sendero que será más iluminador para nosotros. Al final nos damos cuenta de que la clave para dejar de luchar contra los obstáculos y para dejar de seguir indicaciones de cambio es relajarnos en la certeza de que en realidad nunca nos hemos desviado del camino. Ya estamos y siempre estaremos en él.

2. INTENCIÓN

El esfuerzo crea el obstáculo

Ya hemos comentado que cuando te empeñas en andar en línea recta estás invirtiendo tu tiempo, tu esfuerzo e incluso tu creatividad en encontrar dificultades. No obstante, lo más valioso de encontrar un obstáculo es que este te da la información de cómo ha sido creado. Quizá simplemente te está dando la pista de que probablemente estés haciendo demasiado esfuerzo para avanzar.

Imagina que vas andando y encuentras una pared frente a ti. Hasta ahora no hay obstáculo. El obstáculo se crea en el instante en que, empeñado en seguir caminando en línea recta, empiezas a empujar la pared. Cuanto más empujas en una dirección, más eres empujado en sentido contrario. Cuanto más esfuerzo haces, más grande se va volviendo el obstáculo. A mayor fuerza ejercida contra la Vida, mayor fuerza hace la Vida contra ti.

Para comprender cómo te relacionas con los hechos imprevistos y no deseados en tu vida, puede ser útil explorar los pasos que te han conducido hasta lo que aparenta ser un contratiempo. Es probable que antes de que apareciese ya te hubieras esforzado en los momentos previos. También resulta útil revisar si te has saltado algún paso o si sientes que no has actuado de forma completamente honesta contigo mismo o con otras personas. Esto te brinda la oportunidad de recorrer espacios tal vez oscuros que, sin embargo, conviene integrar y hacer propios antes de que, por rechazarlos, aparenten volverse contra ti.

El esfuerzo no funciona

El esfuerzo, entendido como una forma de nombrar una actividad física de mayor intensidad que la habitual, es saludable. Las dificultades llegan cuando nos esforzamos por mantenernos inflexiblemente sujetos a una idea determinada. Entonces entramos en una espiral de agitación mental en la que empezamos a imaginarnos las consecuencias de no alcanzar nuestro objetivo; consecuencias que, según nos predice esa marea mental tendente al dramatismo, suelen ser terribles. A esto solemos añadir una pizca de autocompasión acordándonos de todas las veces que hemos fallado en nuestra vida. Es lo que se llama en términos psicológicos «profecía que se autorrealiza»; en términos de física moderna, «uno ve lo que espera ver»; en términos *New Age*, «uno crea su realidad»; y en términos de cuerpo espiritual o alma, «todo esto ocurre con un propósito en particular». En términos mundanos correspondería a «¡A mí siempre me pasa lo mismo!».

A menudo, la angustia ante la posibilidad de equivocarnos puede aumentar cuando creemos que hemos fallado ya en muchas ocasiones y que esta debe ser una de las últimas oportunidades —si no la última— para «hacerlo bien». Parece no quedarnos más remedio que esforzarnos duramente para conseguir llegar a nuestro objetivo. Así, usando todas nuestras fuerzas, tenemos la sensación de que la actividad que estamos realizando es principalmente externa. Olvidamos que la actividad mental que nos recorre por dentro es mucho más intensa. Pongamos que quiero escribir algo y el bolígrafo está en el suelo. Si me limito a agacharme y recogerlo, ahí no hay esfuerzo ni pensamiento; solo acción. Sin embargo, si empiezo a cuestionarme si seré capaz o no de recogerlo, o recuerdo —castigándome por mi torpeza— todas las veces que se me ha caído, o si voy más allá y pienso que no seré capaz de escribir, o que quizá el bolígrafo no funcione…, ahí no hay esfuerzo físico, pero sí un gran esfuerzo mental. De manera que si no damos fin a ese diálogo interno a través de una acción física, nos habremos agotado antes de empezar.

Ese nivel de desgaste que tendremos si vivimos esforzándonos continuamente suele estar relacionado con la cantidad de resistencias que tenemos en relación con la actividad que estamos haciendo. Pongamos por caso que estoy frente a la pantalla de un ordenador, sin resistencia, teniendo claro lo que quiero. Por ejemplo: aprender a manejarlo. Como no se me ocurre pensar en esa otra docena de cosas que podría o debería estar haciendo en vez de estar ahí sentado, no estoy actuando con esfuerzo. Incluso, aunque pueda tener presente la realidad de que hay otras personas que lo hacen mucho mejor que yo porque tienen más capacidad, son más jóvenes o más mayores, o están más abiertas o son más inteligentes, si eso no me impide tener confianza en lo que estoy haciendo, no habrá esfuerzo. Frente a este caso, podríamos tener el de alguien que se sienta frente a la pantalla pensando que no lo sabe hacer, que nunca lo hará bien, que va a estar todo el día ahí y no va a conseguir nada, que está perdiendo el tiempo, que es muy complicado, que debería estar haciendo otras cosas… Con toda esta pesada carga, esa persona ya está cansada antes de empezar, pues sin haber encendido todavía el ordenador ha hecho un esfuerzo mental tremendo y agotador.

Dirigidos por la creencia limitante de que no nos merecemos las cosas a menos que hayamos sudado para conseguirlas, a veces olvidamos que la Vida es gratis, que es un regalo. ¡Cuánto nos cuesta permitirnos sentir la emoción y el agradecimiento por haber recibido un regalo de la Vida sin esperarlo, sin habernos esforzado por ello! Cuando esto sucede, no solemos sentirnos dignos merecedores de dicho regalo; y mucho menos si lo recibimos porque sí. No se nos ocurre preguntarnos: «Bueno, ¿y por qué no?». Cuando nos cuestionamos si nos merecemos o no las cosas que nos pasan, solemos actuar movidos por un inconsciente sentimiento de culpa o inferioridad. Convertidos en jueces de nuestra propia vida, tal vez recuperamos por unos instantes la ilusión de un poder que tarda poco en desvanecerse. Y es que hemos olvidado que el verdadero poder emana de la comprensión no solo de nuestra luz, sino también de nuestra sombra.

Ya sabemos que la Vida se manifiesta continuamente como un espejo de aquello que sentimos y creemos como cierto. Así que si decides creer que la Vida es una lucha, entonces prepárate para luchar. Por el contrario, si optas por abrirte a la sencillez y a la belleza dándote cuenta de que eres un digno receptor de todo lo hermoso, entonces la Vida es un regalo divino y tu camino, una oportunidad para disfrutar.

Nuestros cuerpos físico, energético y emocional son igualmente un maravilloso campo de información donde la Vida se explaya en su intención de comunicarse con nosotros a través de esos «obstáculos» que denominamos síntomas. Normalmente tratamos de eliminarlos, apagarlos y acallarlos, pues nos fastidia que nos impidan continuar con la actividad que acostumbramos. Con este gesto nos estamos perdiendo la preciada información que esos síntomas traen de la mano y olvidamos también que quizá nos acompañen de una u otra manera hasta que recojamos su regalo. Así, ese obstáculo materializado en forma de dolores, hinchazones o lo que aparentan disfunciones varias está ahí dispuesto a hacernos parar. Porque solo desde la quietud de la observación sosegada podemos escuchar la voz de la Vida susurrándonos, tal vez gritándonos, que dejemos ese trabajo que nos frustra, o que nos atrevamos a dar el paso hacia esa nueva relación, o que dediquemos más tiempo a nosotros mismos, o que aprendamos a recorrer el silencio… Y si escuchamos, si confiamos, si damos los pasos necesarios para crear el camino hacia el que nuestros síntomas nos señalan, entonces es posible que esos «obstáculos» desaparezcan, pues finalmente ya habrán cumplido con su función indicadora.

Cuando logramos relacionarnos de esta manera amorosa y casi reverencial con nuestro cuerpo y su lenguaje, descubrimos que tenemos a nuestra disposición una información valiosísima. Podemos saber a cada momento si lo que estamos haciendo, o cómo lo estamos haciendo, nos favorece o no. Mientras avancemos alineados con nuestro propósito, nuestro cuerpo nos acompañará al mismo paso. Y si en algún momento empezamos a notar que todo nos cuesta mucho esfuerzo y que nos estamos desgastando más de la cuenta, podremos saber a través de los síntomas que nos hemos desviado de nuestro camino. Así, si se lo permitimos, podrán guiarnos a modo de señales indicadoras de dirección hacia otras maneras y otros espacios en los que no necesitemos esforzarnos por transitar un camino que, tal vez, ya no sea el nuestro.

Intención y manifestación

Llegados a este punto, es importante diferenciar la «intención» del «esfuerzo». Es cierto que los dos comparten cierto campo semántico y conceptual, pues en ambos casos nos dirigimos con gran empeño hacia la consecución de una acción. Sin embargo, mientras que al «esforzarnos» estamos empleando enérgicamente nuestra fuerza contra alguna resistencia o dificultad, con la «intención» nos movemos impulsados por el ánimo de que ocurra algo. En el esfuerzo, partimos ya de la sensación de estar ante una situación que, según nuestros calculados planes, no debería estar ocurriendo. Por tanto, creemos que no nos queda más remedio que luchar contra esa dificultad. En cambio, la intención nace de un compromiso del corazón con aquello que queremos manifestar. Soltamos los rígidos planes de lo que debería ser, y disfrutamos internamente de lo que ya es.

Lo que percibimos en la dimensión física es solo el último paso del proceso creativo de manifestación. Uno de nuestros dones es mantener con claridad nuestra intención en la dimensión interna, donde se cuece realmente el proceso de manifestación. En este punto abandonamos la acción externa manteniendo clara nuestra intención y sabiendo que la dimensión física no es nada más que un reflejo de la dimensión interna.

Ahí descubrimos que en la profunda conexión con lo que ya es, aunque aún no sea visible en la dimensión física, subyace el maravilloso regalo de vivir relajado. Nuestra parte es estar internamente a la altura de la visión de lo que queremos manifestar. Liberados de esa resistencia interna, podemos disfrutar de la Vida desde ese poderoso «no hacer». Un «no hacer» elegido desde el que se presenta la inquietante y seductora posibilidad de fluir con la fuerza de la Vida.

La bendición de que se presente algo no deseado en nuestra vida es que nos revela el proceso creativo inconsciente que lo ha manifestado. Hasta que no se presenta en la realidad física no tenemos la oportunidad de descubrir el mecanismo interno de su creación. Poder observar algo que no sale como nos hubiera gustado, o un contratiempo que se presenta, o algo que se estropea o no funciona tal como esperábamos, nos da la gran oportunidad de desvelar una parte nuestra que hasta ese momento permanecía oculta en el inconsciente. Somos seres de luz, por tanto la abundancia y la plenitud son lo natural. Cuando no disfrutas o no percibes la abundancia o la plenitud en tu vida es porque estás haciendo algo para apartarla, es decir, que no estás alineado en la realización de tu plan o propósito. Estás alineado cuando tus cuerpos mental, emocional, energético, físico y Ser superior apuntan en la misma dirección. Cuando piensas, sientes, dices y haces en la misma dirección y con un sentido o propósito, todos tus cuerpos apuntan hacia el mismo punto de manifestación. Entonces manifiestas con facilidad aquello en lo que estás enfocado internamente. Cuando se presenta un obstáculo en tu escenario, este indica que lo has creado internamente a través de un miedo, resistencia o deseo inconsciente que se opone a tu plan; indica claramente que alguno de tus cuerpos no está apuntando en la dirección de lo que quieres manifestar. Por tanto, lo que corresponde no es la lucha u oposición contra el obstáculo externo, sino la atención interna —descubriendo el aspecto desalineado— y la acción interna, liberándote de ello [17].

De esta manera, podemos reposar relajadamente a través de un deliberado no hacer externo, renunciando definitivamente a la actitud de resolver problemas y enfocándonos en lo que nos hace sentir bien.

---

[17] En el capítulo 3 del libro *El Lenguaje del Alma*, que se refiere a las llamadas suaves, se ofrecen varios ejemplos de cómo alinearse internamente según el contratiempo que se presenta.

Instalados en este nuevo espacio del Ser, podemos relajarnos sabiendo que tenemos el poder de enfocarnos en lo que queremos a cada momento sin que ello implique tener que reaccionar en contra de las curvas que sigue el río. Nuestra visión del ahora, que incluye lo visible y lo no visible, nos permitirá elevarnos por encima de las circunstancias físicas, flotando ingrávidos en la corriente cambiante de la Vida.

Para pasar del ESFUERZO
al «NO HACER» *RECUERDA QUE...*

- ... no es necesario esforzarte o sufrir para conseguir las cosas que quieres. La Vida es un regalo y te trae todo lo que necesitas para que lo disfrutes.
- ... te esfuerzas cuando crees que tienes que intervenir externamente para que las cosas sean de forma diferente a como son. Cuando usas la intención en lugar del esfuerzo, dejas de luchar contra la dificultad externa, manteniendo el poder de tu intención en tu visión interna.
- ... aceptas que todo está bien como está y puedes relajarte en el espacio del «no hacer», sabiendo que el mundo físico siempre te está apoyando con su reflejo perfecto.

RETORNANDO A LA UNIDAD...

Cuando confiamos en la Vida y dejamos de esforzarnos para que las cosas sean de otra manera, estamos abriendo un espacio para que se instale la calma del «no hacer». Relajados en la certeza de que el mundo físico nos apoya, podemos dar un paso más. Podemos simplemente aceptar, con la totalidad de nuestro ser, la perfección y la belleza de lo que *es* a cada instante. Cuando sentimos el impulso de hacer o no hacer, aún estamos enfocados en el yo, es decir, en el personaje que realiza la acción, olvidando que no somos nosotros quienes actuamos, sino que es la Vida la que actúa a través de nosotros. En ese punto ya no hay esfuerzo ni personaje y, disueltos en la intención inspiradora, nos relajamos en la plenitud de lo que somos.

3. ESTABILIDAD

En muchas ocasiones parece que lo que nos mueve a avanzar en nuestro camino es el deseo de buscar estabilidad. Creemos que si la alcanzamos todo estará bien para siempre. No nos damos cuenta de que este empeño en fijar las cosas solo nos traerá frustración y una mayor sensación de inseguridad si cabe. Esto se debe a una idea limitada de lo que entendemos por estabilidad.

Inseguridad

Lo único que se mantiene invariable en el transcurso de nuestras vidas es el cambio continuo. Es comprensible y hasta cierto punto lógico que nos asuste dejar atrás nuestras referencias conocidas y familiares. Esto se debe a que, en general, estamos identificados en exceso con las etiquetas que parecen ordenar y definir nuestra realidad. Pensamos que no sabremos qué hacer cuando llegue el cambio, ni cómo nos manejaremos en ese vértigo que viene con la incertidumbre. Entonces, conducidos por este miedo a «¿qué será de mí si…?», decidimos aceptar con restricciones solo alguno de los cambios que surgen a cada rato. Así, tratando de nadar a contracorriente —ya que la vida es continuo cambio—, se irá afianzando nuestra creencia de que para sentirnos seguros hay que luchar y esforzarse mucho pues la Vida es dura. En realidad, nadando río arriba, no estamos más que fortaleciendo esa sensación de inseguridad de la que creemos huir.

Hay personas que creen que para sentirse seguras necesitan tener propiedades y mucho dinero en el banco. En realidad, ¿cuánto dinero hará falta para sentirse seguro de verdad? Lo cierto es que la seguridad ansiada y basada en lo material no existe. No hay dinero suficiente en el mundo ni siquiera para calmar el ansia de seguridad de una sola persona. Porque, por muy previstas y organizadas que creamos tener las cosas, a la Vida le basta un solo instante para desbaratarlas.

Así que puesto que de la Vida no nos podemos esconder, lo mejor es aprender a vivir en la inseguridad. ¿Y eso cómo se hace?, te preguntarás. Pues la respuesta ya está ahí. En lo profundo, sabes que cuando tropiezas una y otra vez con la misma piedra estás recibiendo la señal de que no estás aceptando y viviendo la situación de frente. Te estás resistiendo porque tal vez estés harto de que esa corriente imparable se dedique a desbaratar los planes que habías organizado tan bien. Sumido en esta rabieta, olvidas que el Ser te está apoyando para que vivas lo que has venido a vivir. Normalmente creemos que la relajación a la que tanto aspiramos depende del grado de seguridad que alcancemos. El riesgo de hacer interdependientes los conceptos de «relajación» y «seguridad» es que, en realidad, la seguridad pretendida de nada nos sirve cuando nuestras casitas de cartón se tambalean al menor soplo de aire. Mientras culpamos al viento de nuestra inseguridad, vivimos alertas y tensos e incapaces de relajarnos. Así, tratamos inútilmente de rodearnos de fortalezas físicas o simbólicas que nos proporcionen esa ilusión de solidez e inmovilidad que tanto parecemos necesitar. Paradójicamente, parece que la mejor manera para relajarnos, serenarnos y poder permanecer en este estado es sumergirnos en la inseguridad.

RELAJARSE EN EL MOVIMIENTO

Cuando te rindes al hecho de que todo en la Vida está continuamente cambiando, puedes dar el paso de aprender a encontrar la estabilidad dentro del aparente caos que llega junto
con el cambio. La maravilla de la Vida está ahí para todos nosotros a la vuelta de cada esquina. Y en este caso el regalo lo encuentras cuando descubres que, bajo el supuesto remolino sin
sentido que crea el cambio, existe un sabor de continuidad, una
especie de estabilidad. Si bien la rigidez combina mal con el cambio, la estabilidad sí es totalmente compatible con la energía
cambiante de lo nuevo

Habitando este nuevo espacio de cambiante estabilidad, quizá puedas empezar a percibir ese fondo estable que subyace a
toda superficie cambiante y turbulenta. Las cosas se podrán mover a tu alrededor mientras tu centro permanece inmutable.
Como si giraras en un tiovivo en el que, situado justo en el centro, puedes sentir que estás casi parado. Desde esa quietud, observas sin moverte que solo al alejarte del eje central corres el
riesgo de marearte con el aumento de velocidad y movimiento.
Parece que ese flujo de movimiento cambiante es la única estabilidad en la que podrás apoyarte. Llegará un momento en
que deberás dejar de luchar y aceptar que sí, que la Vida es in-
segura por naturaleza. Y confiar... Confiar en que solo podrás
saborear ese regusto de seguridad cuando aceptes que la Vida
sabe lo que hace.

A lo largo de este capítulo hemos estado explorando una manera diferente de relacionarnos con los obstáculos, con los síntomas, con todo aquello que aparenta ser una piedra que obs-
truye nuestro camino. El proceso de realización de cualquier
proyecto nos enseña que hay que dejar de ir a por las cosas y
permitir que el mundo venga a nosotros.

Aunque no se trata de predecir el futuro, es cierto que nuestro Ser nos avisa de lo que va a ocurrir; es como si nos hablara
en voz baja. Se trata de observar y escuchar eso que ya está ahí.

Para ello podemos usar, por ejemplo, la respiración como un modo de no perder la conexión con el presente. Porque es solo en el presente donde todo sucede, donde todo está ya, donde todo es desde el mismo momento en que nos apuntamos a un proyecto.

Es únicamente en este presente donde se manifiesta el proyecto que estamos creando. Mientras creemos estar esforzándonos en realizarlo, lo que estamos haciendo en realidad es alimentar un holograma que ya está ahí. Cuando tenemos nuestra atención enfocada en ese proyecto que queremos, lo estamos construyendo. Por eso, podemos dejar la impaciencia a un lado y darnos cuenta de que ya está ahí materializándose gracias a la energía que ponemos en cada paso que damos. Así, dejamos que las cosas se hagan solas, a fuego lento, sin precipitarlas ni forzarlas, manteniendo ellas toda su fuerza y nosotros toda la energía, pues no nos habremos desgastado ni desesperado en el esfuerzo de buscar.

Para lograr vivir de esta manera cualquier proceso de búsqueda —sea del proyecto, de casa, de trabajo, de pareja…—, hace falta que la relación con el propio interior sea distinta a la que, en general, solemos tener. Cuando nos movemos impulsados por la creencia de que «si no hago esto con todas mis fuerzas, no ocurrirá lo que deseo», estamos poniendo todo nuestro poder ahí fuera. Estamos dando calidad de realidad absoluta a algo que no está dentro de nosotros. Pues eso que está ocurriendo ahí fuera, en la pantalla de nuestra vida, es solo un reflejo de lo que ocurre en nuestro interior.

Desde esta nueva visión, lo único que nos toca hacer internamente es estar a la altura del proyecto que queremos manifestar.

Para pasar de la RIGIDEZ
a la FLEXIBILIDAD *RECUERDA QUE...*

- ... si buscas tu seguridad en la aparente solidez de lo material te puedes quedar atrapado en la rigidez de tus ideas.
- ... para ser cada vez más y más flexible, sumérgete en la inseguridad sabiendo que bajo el remolino del cambio hay un sabor de continuidad y estabilidad.
- ... puedes dejar de resistirte confiando en que la Vida sabe lo que hace y que, aunque no seas capaz de percibirlo, sentirlo o verlo en este momento, finalmente todo irá bien.

RETORNANDO A LA UNIDAD...

Tanto la rigidez como la flexibilidad son conceptos de nuestro personaje. Cuando nos movemos desde él, nos situamos en el estrecho marco de los planes y expectativas; esto es lo que nos provoca desgaste y pesadez. Más allá de nuestros planes y deseos, podemos relajarnos en la certeza de que, pase lo que pase, la Vida siempre nos está apoyando con su reflejo impecable.

4. FE INQUEBRANTABLE

LA PACIENCIA

Entregarse totalmente a lo que hay es fácil, aunque puede que no lo parezca por su extrema sencillez. Solo se trata de decir sí y rendirse al momento. No obstante, puede que en tu intento de lograrlo te parezca que jamás podrás alcanzarlo. Entonces, cansado, o desesperanzado, puede que sientas que todo tu empeño no sirve de nada.

Si te esfuerzas, mal, porque te desgastas y te alejas de la relajación; y si no te esfuerzas parece que ese fluir que anhelas no valiera lo que vale. Y en esas estás, debatiéndote entre tus propios extremos, cuando llega alguien que te dice: «¡Hay que tener paciencia...!».

Cuando es uno el que aconseja a otro que tenga paciencia, nos parece que es lo mejor que podemos decirle. Sin embargo, ¿qué ocurre cuando, en plena lucha interna entre lo que hay y lo que quieres que haya, es otro el que se acerca a recordarte que debes tener paciencia? Pues normalmente ocurre que pierdes la poca que te quedaba...

La paciencia no es algo que se encuentre buscando. Si lo vives así, estarás forzándote a aguantar, frenándote de hacer o decir aquello que te bulle por dentro; y en esa espera contenida es donde puede que desesperes del todo. En realidad, cuando sientes que las cosas no salen, o que no avanzas hacia donde quieres, o que todo parece conspirar en tu contra, lo que realmente te puede devolver cierta paz interna no es la paciencia sino la confianza o la fe inquebrantable.

CONFIANZA Y CERTEZA

Cuando conectas con la esencia de la palabra *confianza* puedes sentir que se trata de un tipo de actitud hacia ti mismo o bien hacia los demás. Confiar en ti mismo te hace sentir cómodo en cualquier situación y te da la fuerza para lidiar con los vaivenes que se van presentando a cada momento. En cuanto a confiar en los demás, ellos son espejos de ti mismo en los que puedes verte reflejado. De ahí que, cuando logras sentir confianza en ti mismo, estás automáticamente entregando esa confianza a los demás.

Aunque es sin duda hermoso y gratificante confiar en uno mismo y en los demás, llega un punto en el que este tipo de confianza se queda pequeña. Ocurre porque el acto de confiar no puede estar apoyado en la fugacidad del personaje o ego, ni en el propio ni en su reflejo externo.

Confiar de verdad implica comprometerse con la Vida y entregarse a su fluir. Cuando logras alinearte con lo que es, aunque solo sea por unos instantes, entonces deja de parecer importante tener o no confianza en uno mismo y en los demás.

En un primer momento, tener fe en que algo vaya a suceder te ayuda a mantenerte animado. Sin embargo, es la confianza que le sigue la que le da un sabor de realidad a las cosas, pues la fe, por muy enraizada que esté, sigue siendo una creencia. Podemos decir que la certeza es el octavo más alto de fe, la dimensión más elevada; lo mismo que la fe vivida directamente, que es lo que la hace inquebrantable. Es la claridad en el enfoque y la fuerza manifestadora capaz de transformar la realidad.

EL SER SABE LO QUE ATRAE

Cuando tienes verdadera confianza, sientes la seguridad de que todo irá bien aunque no sepas cómo se desarrollarán los acontecimientos. Aunque ocurra algo que no sea lo que esperabas, se trata de ejercer el poder de mantener tu intención en lo que quieres que ocurra. Lo más probable es que en un principio no sepas de qué manera esa circunstancia —tal vez desconcertante e imprevista— te está apoyando en tu camino. Es entonces cuando puedes activar esa fe y sentir la certeza de que si eso está ahí, ahora, hay un regalo para ti. Si algo que no deseabas se ha manifestado en tu universo físico, es que lo has atraído de alguna manera. Verlo te permitirá hacer consciente el aspecto inconsciente, o desalineado con tu intención, que lo ha manifestado.

Tu poder de creación no tiene límites. A medida que vayas sintiendo más y más confianza en tu Ser, irás sintiéndote cada vez más relajado. Cuando estés entregado a flotar en la corriente de la Vida, estarás en disposición de aceptar, e incluso agradecer, todo cuanto te ocurra. Ante los aparentes contratiempos, podrás recoger el regalo de darte cuenta de cómo los has atraído. Entonces podrás pasar de un momento de desesperación, tensión o impaciencia a otro de relajación y serenidad.

Todo lo que aparece en el camino tiene su sentido. Aunque no lo entiendas, el hecho de que esté delante lo convierte en la clave del momento. Así, abandonando la lucha contra lo que es, dejando de golpearte contra la pared, dejando de agotarte en el esfuerzo, dejando de sentirte víctima de lo que ocurre, puedes rendirte a la evidencia. Es el momento de agradecer la manifestación en el mundo físico, porque esto te hace consciente de lo que estás creando.

TODO OCURRE EN EL PRESENTE

Habrá momentos en los que tal vez te pondrás nervioso porque, desde tu apego a lo que debería ser, estás juzgando como «inadecuado» el acontecimiento que se presenta. Entonces, impaciente o crispado, querrás atajar por caminos en apariencia más cortos. Puede que te sientas víctima de los nervios, olvidando que eres tú el que te pones nervioso. Entonces, quizá actúes compulsivamente desde la creencia de que serás mejor o peor persona dependiendo de si consigues o no llevar a cabo tus planes. Si detrás de cada piedra hay un regalo, cuando lo descubres empiezas a disfrutar de esa certeza que emana del centro de tu Ser. Empiezas a confiar plenamente en que, sea lo que sea lo que se presente en tu vida, llega para apoyarte. Ubicado en el centro de tu Ser, el corazón te susurra que puedes tratarte suavemente para expandirte sereno en la inmensidad de la Vida.

Puede ayudarte saber que todo es presente. Tal vez, si tomas el hábito de renunciar a la dimensión temporal podrás establecerte en el ahora. El pasado fue, aunque ya no es, y cuando era, no era pasado, sino presente. De igual manera, el futuro no existe todavía, y cuando sea, será presente, y no futuro. Establecerte en esta verdad tan simple te va a liberar del peso de cargas antiguas y de la responsabilidad de proyectos futuros. Cuando te das cuenta de que en realidad la Vida ocurre solo en el ahora, ves que los problemas —que necesitan tiempo para sobrevivir— no existen. Sí que hay situaciones que deben ser aceptadas o afrontadas, aunque no hay por qué convertirlas en problemas. Es el personaje el que, deseoso de darse cierta importancia, crea los problemas que lo mantienen ocupado y ajeno al propósito que ha venido a realizar.

Cuando te acompasas al ritmo del momento presente, observas cómo el Ser se despliega inmenso en cada paso del camino. El personaje que representas le sigue consciente de que solo existe en el espacio que pisa en cada momento. Si sigues este ritmo, te sentirás bailando con la existencia y te deleitarás de cada sorpresa del camino. Establecido en la suavidad y la confianza, tal vez ya no necesites apresurar tus pasos y puedas dejarte llevar.

Para pasar de la PACIENCIA a la CONFIANZA *RECUERDA QUE...*

- ... tener paciencia está bien en un principio para dar el espacio y el tiempo que las cosas necesitan para manifestarse.
- ... tener fe te ayuda a creer que las cosas van a ser como quieres que sean. Confías, aunque es una confianza condicionada al resultado.
- ... cuando ya no necesitas que las cosas sean de una determinada manera, avanzas más allá de la paciencia y de la confianza. Tienes la certeza de que, en sentido espiritual, todo está bien y lo va a seguir estando eternamente.

RETORNANDO A LA UNIDAD...

Expandidos en la infinitud de lo que es, asistimos al inevitable y cíclico renacer y muerte de las formas. Entonces, ya no nos hace falta nada: ni empeñarnos en fluir, ni insistir en ser pacientes. Conscientes de lo eterno que subyace más allá de la apariencia de lo sólido, sentimos desde lo más profundo que nada puede amenazar lo que somos. Reconocemos por fin que no necesitamos que las cosas sean de una determinada manera, y flotando en la corriente de la Vida nos fundimos con todo lo que toca nuestra conciencia, con el Todo del que formamos parte indivisible.

Camino 5

MOVIMIENTO

*La energía se mueve en todas direcciones
por atracción; al entregarla sin condición libera
al que la recibe y hace libre al que la da.*

Y LA MATERIA, PREGUNTÁNDOSE POR SU ORIGEN, clavando los pies en la tierra para elevarse, abriendo los brazos para abrazar el universo y mirando hacia el cielo, dibujó con su cuerpo una estrella de cinco puntas. Entonces descubrió la energía, el campo que la sostenía y le daba aliento. Si las cualidades del capítulo 4 se relacionan con la materia y lo tangible, en el capítulo 5 exploraremos las cualidades que representan la conexión con el aspecto energético del mundo. La energía, sin ser visible, está en todas partes y es lo que mueve y transforma toda la manifestación. Esto le da la capacidad al 5 de canalizarla y entregarla con intensidad en múltiples escenarios, apoyando y nutriendo a personas y proyectos. El propósito de la energía es circular y se obtiene a través del movimiento que surge tanto del dar como del recibir. La clave para que circule libremente es la acción impecable, que no hace al receptor dependiente sino que le libera.

El uso de la energía requiere atención, inicialmente en forma de disciplina y voluntad. Esto es así hasta que la disciplina se convierte en entrega. Finalmente la única voluntad que uno tiene es la de alinearse o no con la voluntad del Ser, al pensar, sentir, decir y hacer en la misma dirección.

1. ENERGÍA

Si entendemos la energía como un sinónimo de vida, podemos contactar con ella fácilmente. Donde hay energía hay vida, y puesto que hay energía en todo el universo, todo está vivo. Somos parte de esa energía manifestada en un cuerpo físico.

EL MOVIMIENTO ENERGÉTICO EN EL CUERPO

La energía circula por nuestros canales energéticos del mismo modo que la sangre circula por las venas. Esta energía vital, a la que distintas tradiciones orientales llaman Kundalini, Chi o Prana, se concentra en algunos puntos llamados *chakras*, que se ubican principalmente a lo largo de la columna, desde el coxis hasta la coronilla.

La energía vital, Kundalini, asciende desde la base de la columna vertebral y, si no hay interrupciones, esa energía fluye hasta la coronilla, que es el punto de integración y de conexión con lo divino. Mientras sube y se refina más y más, la energía puede encontrarse con resistencias que dificultan su paso. Estos frenos en su libre ascensión producen molestias de diversos tipos, pues esta energía es fuerza bruta en sus primeras manifestaciones. Cuando sale sin refinar de la base de la columna, nos da la sensación de que estamos fuera de control, como si esa energía hubiera tomado el mando y nosotros solo fuéramos su vehículo de expresión. Si esto ocurre, podemos darnos cuenta de que no estamos permitiendo que esa energía se mueva con fluidez. Lo importante aquí es que no se trata de que haya que hacer algo para que esa energía fluya libremente, sino de dejar de impedir su libre paso. La respiración consciente puede ayudarnos con esos estancamientos, pues en cuanto ponemos toda nuestra atención en la respiración dejamos de ponerla en otras partes.

Mientras la energía intenta recorrer ese camino ascendente para expresarse con libertad, nosotros reprimimos ese fluir natural diciéndonos: «No, ahora no, es mejor que no». Este «no» puede ser dirigido entonces hacia cualquier cosa que tengamos el impulso natural de hacer y que no nos permitimos. Cuando nos hemos frenado demasiado, esa energía empieza a empujar haciendo que notemos un movimiento que desestabiliza. Entonces recurrimos a aquello de «últimamente estoy nervioso» o «serán los nervios». El proceso sigue su curso hasta que de pronto, en un instante, notamos cómo la energía golpea con una fuerza brusca, a veces violenta, que no podemos controlar. Es nuestro cuerpo el que está expresando de manera explosiva esa parte que hemos ido reprimiendo en pequeñas dosis [18]. Nuestra parte consciente no ha sabido o no ha querido mirar de frente a la parte inconsciente, hasta que esta última se ha hecho presente diciendo «¡aquí estoy!».

Las circunstancias y los acontecimientos de nuestra vida y el ciclo en el que nos encontramos pueden provocar estas subidas de energía. Si podemos ver la vida como un proceso o evolución donde lo nuevo se impone a lo viejo, hay momentos en los que se hace más evidente que nuestro sistema de creencias se ha quedado anticuado para vivir lo que está sucediendo en el presente. Explicado con una metáfora, es como viajar a un nuevo país donde la potencia eléctrica es más alta, y conectar el antiguo secador de pelo a la red. Si no actualizamos el secador, este va a explotar, los cables o el motor se fundirán. La nueva potencia

---

[18] En el apartado «Intensificar una emoción hasta que se transforma en gozo», del libro *El Lenguaje del Alma*, se muestra una práctica para usar la fuerza de la emoción para crear.

eléctrica representa nuestro nuevo nivel de conciencia; el antiguo aparato representa nuestro antiguo sistema de creencias. Los aparatos –creencias– que no se actualicen, no soportarán la nueva potencia. El Ser nos hace un regalo mostrándonos una conexión más potente, y depende de nosotros alinearnos —creencias o sistemas de percepción— para que ese nuevo flujo aumentado pueda circular expresando todo su potencial.

La energía no es positiva ni negativa, simplemente vibra a un determinado nivel. Cuando alguien la considera negativa, queda inmediatamente bajo su efecto. Esto lo hace el cuerpo mental, el cuerpo de las ideas, creencias y pensamientos. Cuando uno cree que algo es malo, lo convierte en perjudicial para su cuerpo y, por tanto, queda bajo su efecto.

Cuando la energía se eleva vibrando a una frecuencia determinada, todo lo que no está a su nivel comienza a salir y, cuando lo viejo sale, suele hacer ruido. Eso que sale son experiencias del pasado que no hemos vivido completamente. Cuando no vivimos algo completamente, lo no vivido queda pendiente como un residuo. Si además hay emociones vinculadas que no hemos querido sentir, estas se han acumulado en el cuerpo. El nuevo nivel de energía y conciencia hace que todo esto empiece a salir y a liberarse. De ahí que por un momento uno llegue a creer que la cosa, en lugar de mejorar, está empeorando. Es lo mismo que ocurre cuando uno se pone a limpiar a fondo una casa: aparece mucha más suciedad de la que se veía a simple vista. Esto se debe a que en todo proceso de limpieza hay un momento de crisis en el que nos parece que cuanto más limpiamos, más suciedad aparece, y creemos que nunca seremos capaces de limpiarlo todo. La clave está en no hacer demasiado caso al ruido, pues la realidad es que cuanto más limpiamos, más limpio queda todo. Solo hay que ponerse a limpiar y dejar que el resto vaya solo.

Imaginemos que alguien tiene las ventanas de su casa cerradas y entra muy poca luz. Si esa persona quiere esconderse, cuenta con la ventaja de que esas ventanas cerradas impiden que la vean desde la calle. El polvo se acumula y, puesto que hay tan poca luz, ni molesta ni se ve. Una noche de tormenta se rompe una ventana y al día siguiente entra en la habitación la luz del sol. Entonces aparece toda la suciedad que ya estaba allí y que parecía no existir por no poder verse. Al hacerse evidente, podemos llegar a sentirnos peor porque, aunque no queremos, ahora sabemos que tarde o temprano habrá que limpiar. Del mismo modo, una subida de energía va a generar múltiples cambios en nuestra vida, y el tener más luz va a permitirnos ver toda nuestra vida de distinta manera.

La atracción de la energía y cómo usarla

Existen diversas maneras de relacionarse con la energía. Por un lado están los que se sienten conscientemente atraídos por ella y, por otro, los que sufren sus efectos sin saber que, como parte de su camino, han venido a explorarla. Daremos las claves para que estos últimos puedan reconocerla, aprender a utilizarla y recoger su regalo.

Adentrarse en este camino implica aceptar que, dado que la energía de la Vida pasa a través de nosotros y que, por tanto, disponemos de una fuente inagotable en nuestro interior, no tiene sentido contenerla. Siempre hay energía disponible... es inagotable. De ahí que sea absurdo ser tacaño, pues cuanta más energía demos, más refinaremos y agudizaremos la propia. La clave está en aprender a entregarla a todo aquello que la Vida nos pone por delante sin pretender controlar ni juzgar al receptor de nuestra energía.

Si quieres mantener un alto nivel de energía, la clave está en pasar de una actividad intensa a otra para poder mantener de este modo ese nivel energético elevado. Cuanto más variada sea tu aportación de energía, más conciencia tomarás de la energía que tienes, y más alineado te sentirás con tu camino.

En este proceso de aprender a gestionar el potencial energético que poseemos, es importante no olvidar que, pese al aparente aspecto caótico, esta energía puede ser movida y dirigida por el pensamiento. Cuando pensamos en algo, estamos haciendo que se desarrolle de algún modo, nutrido por nuestra atención, igual que hacen las plantas cuando se las riega. De manera que si no queremos que algo ocurra en nuestra vida, lo mejor es dejar de pensar en ello para, así, no darle fuerza. Lo que suele pasar a menudo cuando intentamos no pensar en algo es que no podemos evitar seguir pensándolo, y puesto que no podemos no pensar en algo, lo mejor es pensar en otra cosa, es decir, pensar y crear lo que queremos que ocurra y no lo que no queremos.

Si hay algo que hace que nuestra energía no se enfoque impecablemente en lo que queremos es la duda. Y es que cuando tenemos repartida nuestra atención entre todas las posibilidades que nos hacen dudar, se diluye nuestro poder. Por el contrario, cuando nos enfocamos y nos dirigimos en un solo sentido, estamos creando con una intención muy potente.

Otro espacio en el que podemos observar cómo nos relacionamos con nuestra energía es cuando se presenta algo no deseado en el escenario de nuestra vida. En ocasiones, resistiéndonos a decir «sí», nos sentimos invadidos por una subida de energía en forma de enfado, frustración, desconfianza, miedo, duda… Lo que normalmente solemos hacer ante estas emociones es desecharlas porque nos hacen sentir mal. ¿Y si en lugar de dejarlas de lado las aprovecháramos como generadores de energía? Entonces solo dependería de nosotros el canalizar ese flujo energético con enfoque creativo hacia actividades o actitudes que nos nutrieran y nos hicieran sentir bien. De modo que en vez de luchar contra esa subida de energía, lo mejor es simplemente observarla mientras internamente decimos «sí» a eso que la Vida nos está presentando delante. A pesar del vértigo que este «sí» pueda provocarnos, con confianza y práctica podemos acostumbrarnos a disfrutar de esa intensidad energética y usarla para atraer a nuestro escenario lo que queremos que ocurra.

Hagamos una distinción entre la energía y el poder. Aunque notemos que tenemos mucha energía, eso no implica que tengamos necesariamente poder, pues para que este se dé hay que darle una intención o dirección a la energía. Energía sin dirección crea caos y confusión. La energía 5 no necesita estar enfocada en una sola dirección, aunque, si hay varias direcciones, sí necesita que estas sean congruentes entre ellas. La intención dirige la energía y crea el escenario donde se expresa la acción impecable.

PONER LA ENERGÍA EN ACCIÓN

Hay ocasiones en las que al poner nuestro torrente de energía en contacto con el mundo queremos tener el control de las situaciones o personas que se relacionan con nosotros. Entonces es cuando nos damos cuenta de que no sirve de nada intentar controlar, pues la Vida tiene sus propios planes. Esta certeza y el observar cómo las cosas se nos van de las manos, lejos de conducirnos hacia la calma, nos sumen en un estado de nerviosismo.

Cuando descubrimos que nuestro modo de relacionarnos con los demás y con la Vida es apoyándonos en la energía, puede ocurrir que el mundo material y tangible nos produzca inseguridad. Entonces, en un gesto de apariencia contradictoria, reaccionamos a esa desconfianza que nos genera el mundo físico aferrándonos a lo material, en un intento, quizá desesperado, de recuperar la sensación de control.

Normalmente creemos que el miedo es una emoción negativa que solo consigue detenernos o paralizarnos. Nos olvidamos de que el miedo es energía en estado puro y que acude a nosotros cuando nos vemos ante una situación que percibimos amenazante. Cuando nos asustamos por lo que sentimos o por lo que tenemos delante, la primera reacción es la de paralizarnos. A veces, estancados en esa parálisis, empleamos el resto de energía no bloqueada en intentar controlar aquello que nos asusta, logrando tan solo empeorar la situación.

¿Qué pasaría si nos dejáramos llevar por el impulso de esta energía que no se detiene? Pues tal vez nos sorprendería descubrirnos llenos de fuerza para emprender nuevas acciones. Habríamos canalizado el flujo de esa energía que nos regala el miedo, llevándola desde el bloqueo a la acción.

Para pasar del NERVIOSISMO
a la ACCIÓN *RECUERDA QUE...*

- ... no se trata de tener mucha o poca energía, pues la energía no se posee; tú eres energía y es la energía la que pasa a través de ti para expresarse.
- ... aceptar tus subidas de energía es decir sí a lo que la Vida te pone delante. Esto se convierte en la acción espontánea.
- ... si sigues el impulso que llegó un instante antes de que apareciera lo que tú llamas miedo o nervios, podrás usar la enorme energía del miedo para pasar a la acción.

RETORNANDO A LA UNIDAD...

Somos energía y, como tal, somos también el canal a través del cual se expresa la energía de la Vida. Cuando entendemos que no hay por qué empeñarse en controlar o mover la energía porque es la energía la que nos mueve a nosotros, entonces, siguiéndola con la atención consciente, podemos usarla para crear.

Cuando nos resistimos a lo que ocurre por miedo a lo que pueda pasar, estamos obstaculizando el regalo de darnos cuenta de lo que estamos haciendo aquí y para qué. Cuando nos soltamos, podemos finalmente disfrutar del regalo de la liberación.

2. LIBERTAD

La clave para ser libres es dar libertad

«Ser libres»... Lo que nos mueve hacia esa ansiada libertad es una sensación de encerramiento o de limitación. No nos damos cuenta de que es precisamente ese pensamiento de estar encerrados el que nos aparta de disfrutar en plenitud de nuestra libertad. A pesar de saber que hemos venido a esta vida a ser libres, después en la práctica puede resultar fácil hacernos dependientes de personas, proyectos o situaciones porque creemos que valen la pena. Actuando de esta manera, nos perdemos lo más hermoso que podemos hacer por alguien, que es lograr que se sienta amado y libre para elegir su propio camino. Solo cuando logramos relacionarnos de forma libre, dando libertad a los otros o soltando situaciones, somos cada vez más libres. Exploremos en detalle cómo sucede.

La clave del camino 5 es entregar nuestra potente energía para apoyar y liberar al otro. Nos impulsa o motiva apoyar el proyecto de otra persona para ponerlo en marcha y que despegue. Ahí es donde está precisamente el desafío: en comprender que una vez que demos nuestra energía, debemos soltarla sin tener necesariamente que ir con el proyecto o con la persona a quien le aportamos dicha energía. Porque de otro modo, ¿qué clase de empuje y apoyo es ese que ofrecemos a otros si luego con nuestro intento de control le impedimos sentirse libre? Sin embargo, y a pesar de saberlo, suele costarnos soltar a los demás después de todo lo que hemos hecho por ellos, pues asumimos que merecemos ir a donde vaya el proyecto, y si no lo logramos nos sentimos heridos y abandonados. Como metáfora de esto, podremos tener experiencias en las que otros nos dejan o nos traicionan. También, temiendo ese mismo efecto desde el otro lado, tenemos tendencia a abandonar a aquellas personas o cosas que antes nos llenaban y ya no lo hacen. Partiendo de una base de decepción, es como si nuestra energía ya no se sintiera interesada o desafiada para apoyar a esa persona o proyecto.

Los desafíos: juzgar y controlar

Cuando nuestro deseo es querer ser parte de aquello a lo que entregamos nuestra energía y sentimos que no lo somos, el miedo a ser abandonados o no tenidos en cuenta nos lleva a querer controlar a las personas involucradas en la situación. Cuanto más queramos controlar, peor, pues más se descontrola la situación, y cuanto más se descontrola, más esfuerzo hacemos para controlarla y más sufrimos. Así, solemos construir una espiral desagradable de la que nos puede costar salir.

Si tenemos miedo a no controlarlo todo, lo tenemos muy difícil, pues en realidad la Vida no se puede controlar. Por mucho que pretendamos asegurar o planificar lo que nos rodea, en cualquier momento algo puede cambiarlo todo. Entonces, cuanto más en medio nos ponemos intentando que las cosas sucedan a nuestro modo, más sufrimos. Solo cuando aceptamos que la Vida no se puede controlar podemos empezar a darnos cuenta de que ni siquiera hace falta. Se instala la confianza en nuestro Ser interior, sabiendo que siempre estamos transitando nuestro propio camino. Si, por ejemplo, no hacemos más que encontrarnos dificultades en una dirección, lo mejor que podemos hacer, en lugar de echar la culpa a las circunstancias o a la mala suerte, es parar y observar qué parte de nosotros no está alineada con esa dirección.

La clave para que las cosas nos «salgan» bien no está, pues, en intentar controlar la situación, sino en alinearnos con ella. ¿Y en qué consiste ese alinearse? Por un lado consiste en confiar y, por otro, en poner la atención en lo que la Vida nos trae a cada momento. Cuando nos afanamos por controlar, estamos descuidando lo que hay en nuestro presente, pues asumiendo que lo que tenemos ahí no es suficiente, intentamos abarcar más allá.

El resultado de dejar de poner atención en lo que estamos haciendo es que terminamos estropeando lo que tenemos delante. ¿Cómo podemos evitar esto? Pues en lugar de querer controlar la situación, una opción es utilizar nuestra energía para darnos cuenta de qué es lo que nos impulsa a hacerlo; y lo que normalmente nos impulsa es el juzgar como negativa una situación. Como resultado, lo que al final logramos es alejarnos de la realidad y perder la conexión con la Vida, que es lo único que de verdad está sucediendo en este instante.

Controlar los acontecimientos o las personas no es algo que hagamos espontáneamente. Normalmente, antes de que surja ese impulso de control, suele aparecer un juicio sobre la situación que tenemos delante en ese momento, pues no vamos a necesitar controlar lo que no hemos juzgado de antemano de forma desfavorable. Algo agradable como el placer no se suele querer controlar. Si bien, cuando adoptamos el hábito de controlarlo todo, podemos querer controlar incluso un orgasmo, consiguiendo que este no llegue. En un caso así, tener juicios acerca de hasta dónde permitir el placer puede llevarnos a controlarlo, dificultando o impidiendo que el orgasmo se exprese totalmente. O quizá, en otra variante, podría ocurrir que cuando sintiéramos placer, e impulsados por el miedo a que termine, querríamos fijarlo, agarrarlo, asegurarlo. Y justo entonces, cuando quisiéramos apresarlo, se nos escaparía y ya no volveríamos a sentirlo hasta que se nos hubiera olvidado ir a buscarlo.

Estamos aquí para sentir, dar y soltar, no para juzgar ni controlar lo que sentimos. Con nuestra opinión de lo que está ocurriendo, estamos usando lo que sucede para alegrarnos o maltratarnos en lugar de dejar que lo que está sucediendo nos use para realizar en nosotros el propósito de la Vida. ¿Qué pasaría si corriéramos el riesgo de no intentar cambiar las cosas? ¿Qué pasaría si no les diéramos la importancia que les damos y las viviéramos tal cual, sin juzgarlas? Cuando no juzgamos lo que nos sucede como bueno o malo y permitimos que suceda cualquier cosa, estamos realizando un acto de poder.

Seguramente nos cuesta tanto renunciar a enjuiciar las situaciones porque creemos que no juzgar equivale a quedarnos parados, sin reaccionar. Sin embargo, esta es solo una percepción, pues la Vida siempre está en movimiento trayéndonos regalos. Lo que ocurre es que no siempre juzgamos como algo positivo esos regalos que nos trae y, al considerarlos «malos», salimos corriendo en dirección contraria para intentar evitarlos. Y a esto es a lo que llamamos vivir con intensidad. Otra opción es quedarnos en el presente aceptando sin juzgar lo que la Vida nos trae. Es aquí donde se encuentra la verdadera intensidad: en ese decirle «sí» a la Vida. Renunciando a querer conseguir algo en concreto y ofreciendo nuestro «sí» a lo que es, podemos empezar a disfrutar de esa libertad que tanto deseamos. A veces no nos sentimos con poder suficiente para confiar en que la Vida sabe lo que hace y que pase lo que pase está apoyándonos en nuestro camino. Cuando tenemos miedo de lo que creemos que va a pasar, intentamos intervenir para evitarlo. Necesitamos sentir que tenemos el control y que estamos haciendo algo para mejorar la situación, sin darnos cuenta de que lo que estamos consiguiendo es solo empeorarla.

En este ejemplo que ofrecemos a continuación se muestra cómo la inseguridad conduce a sobrecontrolar situaciones, consiguiendo solo que empeoren.

En una ocasión realizando una bella travesía de montaña, encontré un turista sofocado, dolorido y sediento tumbado al lado de una fuente seca. Me contó su historia: le habían recomendado llevar una botella de agua para esa travesía antes de encontrar una fuente. Como él era precavido decidió cargar, por si acaso, un bidón de cinco litros; aunque era pesado, se aseguraba de llevar el agua suficiente. Me dijo que se había cruzado con alguien pero como no le gustó su aspecto, no se había acercado ni escuchado bien algo que le dijo. Poco después, se torció un tobillo en un mal paso del camino y cayo desequilibrado por el peso. Además el bidón se había agrietado y había perdido todo el agua. Había maldecido desesperado su mala suerte por tropezar, perder el agua y encontrar la fuente seca. Ahora se sentía agradecido por haberme encontrado, porque imaginando las peores fantasías pensaba que iba a morir de sed...

Le conté mi aventura. A mí me habían dado el mismo consejo, y como me quedaba un poco de agua en la botella no me detuve en comprarme otra, estaba entusiasmado por la travesía. Justo en el momento en el que sentí sed, divisé otro caminante. A cruzarnos me ofreció su agua y me advirtió sobre la fuente seca. Me dijo que no me preocupara porque unos metros más adelante había otra fuente de agua fresca. Por la descripción supimos que nos habíamos cruzado con el mismo caminante.

El turista y yo podríamos ser la misma persona, antes y después de liberarnos del intento de controlar la vida.

A pesar de que nunca sabemos lo que va a pasar, nuestra tendencia en los momentos de inseguridad es enfocarnos en la peor fantasía. Nos parece que apegarnos a lo peor que podría pasar nos da cierta seguridad. El que está apegado, está pegado al suelo porque no quiere perder el contacto ni la seguridad que le da el espejismo de estar controlando la situación. ¿Qué hacer cuando aparece la energía del miedo ante una situación que nos parece que no podemos controlar [19]?

Probablemente observar la situación desde otro punto de vista deje el espacio suficiente para que aparezca la solución. Cuando dejamos de observar desde ese punto de vista fijo, estamos perdiendo contacto con el suelo, dejando de enfocarnos en el pasado y empezando a enfocarnos en el vacío... el único espacio que contiene todas las posibilidades. Un problema se crea y también se mantiene cuando insistimos en enfocarlo desde el mismo punto de vista.

En una ocasión me encontraba conduciendo por el desierto

---

[19] En el apartado «Intensificar una emoción hasta que se transforma en gozo», del libro *El Lenguaje del Alma*, se muestra una práctica para usar la fuerza de la emoción para transformar cualquier situación.

del Sáhara. Tenía el aliento seco y pensé en parar a comer unas naranjas que llevaba en el portaequipajes. Mi acompañante estaba nerviosa porque aseguraba que nos habíamos perdido. Hacía muchos kilómetros que no veíamos a nadie; en su opinión ya deberíamos haber llegado y estábamos adentrándonos en el desierto sin provisiones. En absoluto le pareció una buena idea que nos detuviéramos para que me comiera una naranja. Me dijo que ella seguiría conduciendo mientras me la comía. Eso hicimos, aunque no me dio tiempo a saborear la naranja porque, antes de que hubiera terminado de pelarla, el vehículo había quedado encallado en un banco de arena.

Salí del coche y me senté en unas piedras a comer la naranja mientras primero escuchaba sus quejas y luego sus gritos. Decía que nadie nos iba encontrar ahí, en mitad del desierto, y además que cómo era posible que yo me estuviera comiendo una naranja tranquilamente mientras ella gritaba de desesperación. Cuando terminamos —ella de gritar y yo de comer naranjas— ocurrió algo que nos pareció increíble a ambos. De un instante a otro y como aparecido de la nada se presentó frente a nosotros un beduino con un asno. Pensamos que era un espejismo. El «espejismo» hablaba francés y nos ayudó amablemente a sacar el vehículo con su asno; también nos indicó el mejor camino para llegar a nuestro destino. Agradecido, retomé el volante del vehículo y continuamos el viaje. Mi acompañante, a día de hoy, aún no da crédito a lo sucedido.

Soltar el pasado para poder ser libres

Retomemos el ejemplo de la casa a la que acaba de entrar la luz y observémoslo como una metáfora de una subida de energía o de un nuevo nivel de conciencia. La nueva intensidad de la luz hace que queden a la vista las cosas viejas que aún permanecen ahí, y aunque sabemos que hay que tirarlas porque ya no nos sirven, nos resistimos a ello porque son cosas a las que hemos dado mucha energía en el pasado. En realidad a lo que estamos enganchados es a una sensación del pasado, una sensación que ya se fue y que seguimos proyectando en esos objetos a los que aún estamos apegados. Debemos abrir la ventana y dejarlos salir para permitir que vaya entrando lo nuevo.

A pesar de saber que hemos venido aquí a ser libres y también que soltar el pasado supone una gran liberación, esa libertad, ese soltar nos da miedo. Y es que entre que soltamos lo viejo y aparece lo nuevo hay un espacio vacío que nos puede provocar vértigo... el vértigo de no tener nada. Creemos que el juego consiste en tener siempre algo en las manos; de ahí que solo soltemos algo cuando sabemos seguro que podemos coger otra cosa. ¿Y si el juego consistiera en quedarse con las manos vacías? Podríamos mirarlo no como una carencia que es resultado de no coger cosas, sino como un vacío creado por haber sido capaces de soltarlas, con la potencialidad de atraer lo realmente nuevo. Mientras nuestro personaje tenga las manos ocupadas con lo viejo por miedo a soltarlo, no se puede dar entrada a lo nuevo en nuestras vidas. Mientras tanto, el Ser no deja de atraer cosas nuevas que probablemente se nos escapan. El proceso es el siguiente: el Ser atrae lo nuevo y vemos cómo se acerca; el personaje, vislumbrando la posibilidad de lo nuevo por un instante, tiene miedo a soltar lo viejo. Entonces no queda más remedio que ver cómo se aleja, quedando la sensación de que no conseguimos liberarnos de lo viejo perdiéndonos lo nuevo.

LA LIBERTAD TAMBIÉN ESTÁ EN EL COMPROMISO

Puesto que hemos venido a dar libertad, podemos enfocar todas nuestras acciones a través de ese dar, descubriendo además que el estado de libertad es un estado de mucha energía. Cualquier dar implica ofrecer una libertad para hacer algo o para liberarse de una limitación.

Desafortunadamente, solemos vivir como una paradoja el hecho de ser libres para entregarnos al momento, pues nuestra creencia de que el compromiso quita libertad nos dificulta para lanzarnos a asumir nuevos compromisos. No vemos que en realidad siempre estamos comprometidos. Cuando hablamos de comprometernos con nuestra propia vida decimos: «¿Y qué pasa con mi libertad?», como si ese compromiso nos cortara las alas. Nos cuesta darnos cuenta de que somos libres para comprometernos, ya que en realidad estamos totalmente comprometidos con nuestro conjunto de creencias. En el caso de que sintamos que esas creencias nos están quitando libertad, podemos elegir otras nuevas y volver a comprometernos con ellas. Y es que en la experiencia de nuestra vida tenemos la oportunidad de descubrir que somos libres para elegir en qué queremos emplear nuestra energía y nuestra atención, sabiendo que nuestra energía se dirigirá hacia aquello con lo que estemos comprometidos en cada momento.

Para pasar del CONTROL
al SOLTAR *RECUERDA QUE...*

- ... el juzgar una situación como «mala» y el sentirte inseguro respecto a ella es lo que te lleva a intentar controlarla. La clave para alinearte con lo que está ocurriendo es darte cuenta de que lo que está pasando es lo mejor que puede pasar.

- … te resistes a soltar por miedo al vacío que se crea entre que sueltas lo viejo y llega lo nuevo. Confía en que ese vacío es necesario para permitir que la Vida siga trayéndote regalos.
- … más allá de dejar de controlar y más allá de lanzarte al desafío de soltar, está la confianza en que la Vida ya está ahí para que cumplas tu propósito.

RETORNANDO A LA UNIDAD...

La libertad es algo que se siente, no que se tiene. Se siente dentro, en un lugar en nuestro interior que es libre, que siempre lo ha sido y lo será. Esa libertad es la que nos permite decir sí a todo lo que la Vida nos trae, y la que nos permite comprometernos con lo que trae el momento.

Mientras queramos ser libres o busquemos nuestra libertad, nunca llegará, porque nos sentimos atrapados o prisioneros. Solo podemos ser prisioneros de nuestra propia mente y sus pensamientos. Libera tu mente y tu cuerpo será libre, no importa lo que pase. Ahí se revela la libertad interior, la verdadera liberación.

3. VOLUNTAD

LA DISCIPLINA

Normalmente entendemos que ser disciplinados es tener que hacer algo que no nos apetece y que, por tanto, vivimos como un esfuerzo. Sin embargo, la palabra *disciplina* proviene de «discípulo», que es aquel que se entrega a una tarea con amor y fe.

Si bien empeñarnos en ser disciplinados no funciona, aplicarnos una disciplina es muy útil para acentuar nuestras resistencias, lo que nos permite verlas de forma más clara y poder trabajar con ellas. Normalmente, cuando nos sometemos a una disciplina es porque queremos conseguir algo. En ese querer estamos divididos, sostenidos en un equilibrio incómodo entre el lugar al que queremos ir y aquello que nos impide alcanzarlo. La buena noticia es que todo está en nosotros: la parte que quiere hacer algo y la parte que no. Cuanta más fuerza bruta empleemos para avanzar en una dirección, con más fuerza tirarán de nosotros nuestras resistencias en la dirección opuesta. Así, lo que estamos haciendo es utilizar cada vez más energía contra nosotros mismos, obligándonos a soportar una tensión interna cada vez mayor. El resultado suele ser ruinoso: ni hacemos lo que hemos decidido hacer, ni nos lo pasamos bien no haciéndolo.

Cuando, desde la obligación del «tengo que hacer esto», hacemos las cosas con esfuerzo y sin ganas, tenemos la oportunidad de darnos cuenta de que nos estamos engañando a nosotros mismos. Si miramos con detalle los motivos por los que hacemos las cosas, vamos a descubrir que, en realidad, las hacemos porque las queremos hacer, porque si no, no las haríamos. En todo momento estamos eligiendo, así que es mejor dejar de justificarnos o de hacernos la víctima tomando nuestro poder y toda nuestra energía. No se trata de no hacer lo que hay que hacer, sino de hacerlo con todo nuestro poder e intención liberadora.

Por otro lado, cuando necesitamos enfocar nuestra energía en una dirección concreta, la disciplina puede ayudarnos a centrarnos, pues un exceso de energía sin un enfoque concreto puede hacer que la energía se acumule hasta explotar. La disciplina en este caso puede darnos fuerza y anclaje para no creer que nos estamos volviendo locos o neuróticos.

La disciplina no consiste entonces en hacer cosas que no queremos hacer, sino que tiene más que ver con aquello a lo que uno se entrega. Cuando nos entregamos a algo, no nos falta disciplina, ni dudamos de si lo queremos hacer o no, ni buscamos la fuerza de voluntad para hacer lo que creemos que debemos hacer. Cuando nos apuntamos a algo de corazón, vamos en esa dirección sin vacilar.

DISOLVER RESISTENCIAS

Ya hemos comentado cómo el enfocarnos plenamente en una actividad nos ayuda a refinar esa energía bruta. La importancia de este enfoque no tiene tanto que ver con aquello a lo que nos entregamos como con el hecho de si tenemos o no el poder de entregarnos completamente a algo. Y es que cuando uno se entrega de verdad, se puede entregar a cualquier cosa. Si tratamos de entenderlo, podemos perdernos. Se trata más bien de arriesgarse por lo que uno cree y lanzarse camino a lo desconocido. Como en toda aventura, puede invadirnos una mezcla de excitación y de miedo, así que lo importante entonces es confiar en que el misterio sabe lo que hace. Moviéndonos desde esta confianza, entregarnos podría equivaler a alinear nuestra voluntad con el aspecto más amplio de la creación. La fe en la Vida o el Creador.

Si a veces te da la sensación de encontrarte sin energía, puede deberse a que no has profundizado suficientemente en el asunto que te ocupa. Cuando no hacemos las cosas como parte de un compromiso, nos cuestan mucho más, como si hubiéramos perdido la fuerza. En el proceso de apoyar a personas o proyectos, nos podemos dar cuenta de todo el potencial que tenemos. Así, si podemos entregarnos lo suficiente para profundizar, nos irá muy bien. Por el contrario, si no profundizamos, podemos atraer dificultades. Profundizar implica ampliar nuestro concepto del mundo tanto como para llegar a creer que hay otras cosas que existen además de las que podemos tocar. La combinación entre la respiración consciente y el arte va a sernos muy útil para descubrir que el proceso de la Vida funciona de dentro hacia fuera, y no al revés.

Lanzarse a la aventura implica entregarse con fe y confianza, o al menos la convicción de que eso hacia lo que nos encaminamos merece la pena. En realidad lo importante no es a qué nos estemos comprometiendo, sino si somos capaces o no de entregamos a ello totalmente. Hacer algo «corriente» con consciencia y entrega puede convertirse en una ceremonia maravillosa y mágica, en una forma de atraer cosas, personas y circunstancias.

Para pasar de la DISCIPLINA
a la ENTREGA *RECUERDA QUE...*

- ... desde la obligación del «tengo que hacer/ir...», nos relacionamos con las cosas con esfuerzo y sin ganas. Usando el «quiero hacer/ir...» asumimos el poder de hacer lo que queremos, que es, en realidad, lo que siempre hacemos.
- ... la disciplina no consiste en hacer cosas que no quieres hacer, sino en entregarte de corazón a aquello que tienes delante.
- ... entregarte consiste en arriesgarte por lo que tú crees y lanzarte a lo desconocido.
- ... cuando te entregas desde la confianza, estás alineándote con la voluntad del Ser.

RETORNANDO A LA UNIDAD...

En los momentos en los que, queriendo ser disciplinados, estamos buscando la entrega, podemos correr el velo y descubrir que ya estamos entregados, que siempre hemos estado entregados a la Vida. Cuando creemos que hay «alguien» que está intentando ser disciplinado, podemos darnos cuenta de que en realidad no hay nadie ahí; solo la ilusión de un yo resistiendo el proceso del Ser. A pesar de la aparente voluntad del yo, se trata tan solo de un yo pequeño que está irremediablemente entregado al Ser. Al aceptar esto, nos abrimos al regalo de participar en la voluntad más alta manifestándose a través de nosotros.

Camino 6

ENAMORAMIENTO

Amor es lo que somos, lo que nos une,
es la esencia de todo lo que hay bajo el firmamento;
hasta las estrellas se mueven por atracción, que es una
forma de amor.

L A ENERGÍA SE ELEVÓ HASTA EL CIELO y se sublimó en amor. Si en el capítulo 5 exploramos el aspecto energético del mundo, en el capítulo 6 el amor representa la energía en su manifestación más elevada, entendida como la conexión de lo humano con lo divino. Cuando el 6 sigue su inspiración, es capaz de llevar el cielo a la tierra, realizándose a través de expresar belleza en todo lo que toca. La comparación de la perfección divina con la realidad que percibe en su escenario, es decir, lo que ocurre a su alrededor, puede impedirle disfrutar de la belleza del momento presente. La idea de cómo tendrían que ser las cosas y cómo tendrían que comportarse los demás le hace responsabilizarse por todo, lo que le lleva a sobreactuar, pudiendo convertirse en una carga para sí mismo y para los demás. Esto es así hasta que por fin se enamora de la vida y descubre la perfección del momento presente: el momento es perfecto y siempre lo ha sido.

1. RESPONSABILIDAD

La cualidad de ser responsables no necesita ser vista como virtud o como defecto. Se trata más bien de descubrir el sentido de la responsabilidad, de ver lo que está detrás y, en definitiva, de ser más conscientes de los mecanismos que la activan para poder actuar desde una base de libertad.

LA SENSACIÓN DE ABANDONO Y EL CONTROLAR LA VIDA DE OTROS

El número 6 incluye una relación especial con la responsabilidad. Así, la Vida les trae una y otra vez acontecimientos que parecen empujarlos a transitar por este camino. Estos acontecimientos pueden estar relacionados con haber tenido en su infancia una sensación de abandono que, más tarde, tenderán a interpretar como una falta de responsabilidad. El 6 va a encontrar la justificación para sentirse abandonado. Por ejemplo, si por motivos de trabajo de alguno de los padres, estos se vieron obligados a dejarle con algún familiar aunque no fuera por mucho tiempo, el 6 tendrá la sensación de que sus padres, o alguno de ellos, *no están*. Esta sensación es algo que se les quedó grabado. El sentirse abandonados, sea cual sea la experiencia en la que se apoyó, desde unas vacaciones sin los padres o la falta de uno de ellos, lo van a interpretar como una falta de responsabilidad de la persona que se va. Ese contacto con la «irresponsabilidad» a una edad temprana les va a influir en lo profundo de su ser. Más tarde, de adultos, actuarán teniendo muy claro que ellos lo harían de otra manera, es decir, que no dejarían a sus hijos con otras personas. También podría darse el caso, por ejemplo, de que al morir de forma temprana uno de los padres, el niño «decide» creer que ha sido abandonado.

Para quienes son demasiado responsables, el desafío está en lidiar precisamente con el exceso de responsabilidad. Conducidos por la creencia de que ser responsables es algo muy positivo y que queda muy bien, las personas así pueden sentirse muy solas, ya que los demás —esos de los que se sienten responsables— difícilmente van a ser igual de responsables que ellos.

Hay quienes confunden la responsabilidad con el impulso de meterse en la vida de los demás, creyendo que ellos no saben lo que hacen, que actúan de esa manera porque no entienden la gravedad de las circunstancias y que alguien tiene que hacérselo entender. Creer que una persona se equivoca no nos da derecho a meternos en su vida, aunque la situación sea difícil de aceptar. Entender así la responsabilidad lleva consigo impotencia, culpabilidad y sufrimiento. Impotencia porque nos sentimos impulsados a tener que hacer algo aunque no sabemos el qué; culpabilidad porque no podemos o no sabemos hacerlo; y sufrimiento como consecuencia de lo anterior. Todos estos sentimientos se sostienen sobre la creencia de estar viviendo en un mundo no apoyador; sobre la base de que algo está mal y que, por tanto, tenemos que cambiarlo sin tener en cuenta necesariamente la opinión de la persona que está viviendo la circunstancia. De este modo, lo que estamos haciendo es convertir la responsabilidad en una excusa para imponer nuestros valores en la vida de otra persona.

El motivo que te impulsa a actuar así no es algo condenable en absoluto. Seguramente quieres evitar sufrimiento a la otra persona. Pero ¿qué te hace suponer que sabes lo que es mejor para ella? No podemos saber lo que les conviene a los demás porque cada cual tiene su propio camino. Además, no hay nada que se pueda evitar, ya que siempre nos estamos encontrando con nuestro camino porque a eso hemos venido precisamente. Es por tanto un alivio comprobar que nadie necesita ser rescatado de su camino.

A veces ocurre que cuando pensamos que estamos dando nuestro amor al otro, lo que estamos haciendo en realidad es intentar controlar su vida. Desorientados por esta confusión, olvidamos que amar de verdad significa darlo todo. Solo cuando logramos olvidarnos lo suficiente de nosotros mismos, podemos querer al otro realmente. Así, amando desde la entrega incondicional, le estamos dando a la otra persona el mejor de los regalos: la libertad para que pueda elegir su destino y recorrer su propio camino.

RESPONSABILIZARSE DEL MOMENTO PRESENTE Y DE LA PROPIA VIDA

La responsabilidad es la capacidad de dar en el momento, atendiendo a lo que está delante y sin la necesidad de proyectar mentalmente un futuro no deseado. Si lo que hacemos es preocuparnos de todo —de la familia, del trabajo, de la casa...—, acabamos encogiéndonos y frenando no solo nuestra evolución, sino también la de los seres que amamos a través de un exceso de protección.

Ser «*respon*sable» es tener la capacidad para «*respon*der», y eso te convierte en una persona rica. Significa que en cada momento tienes algo que aportar a lo que se te presenta delante, y esa es una aportación que haces con gusto, placer y entusiasmo. En realidad, no tienes que cargar con nada más, pues tu acción no se extiende más allá del momento presente. Nadie sabe lo que va a pasar después. Llevar la responsabilidad más lejos del presente no te conduce a ser más responsable, sino a darle demasiadas vueltas a las cosas, gastando en eso tu tiempo y tu energía.

Hemos venido a darnos cuenta de que ese dar total a lo que hay delante ya es suficiente. En realidad es más que suficiente, porque eso es lo mejor que podemos hacer. El resto es confiar, permitiendo que la Existencia se encargue de todo. Podemos entonces descansar en la certeza de que la Vida siempre nos está apoyando si se lo permitimos. Si nos sentimos con confianza en el presente, no se nos ocurre pensar que esa confianza nos vaya a faltar en el futuro. Así, relajados en ese confiar, podemos hacernos responsables de cualquier cosa en la que creamos y a la que estemos dispuestos a dar nuestra energía.

Si resulta que vivimos la responsabilidad como una carga, no estamos dejando espacio para comprometernos con algo nuevo. Cuando ya de por sí nos sentimos incapaces de cumplir con lo que nos echamos a cuestas, lo que queremos es sentirnos más libres y no más comprometidos. Así, asustados ante la perspectiva de nuevas cargas, rehuimos la responsabilidad porque no nos creemos capaces de poder cumplir con ella. Si bien esto nos puede causar angustia, también nos brinda la oportunidad de darnos cuenta de a qué estamos comprometidos. Tal vez descubramos que a lo que nos sentimos comprometidos en este momento son residuos, escombros de nuestro pasado.

De esta manera, si reenfocas tu atención, tal vez puedas empezar a afrontar la responsabilidad más importante que tienes delante: la de tu propia vida. Si hay muchas cosas en tu vida que no te gustan, prueba a hacerte responsable de ellas. Así podrás darte cuenta de que estás comprometido con creencias del tipo «la vida es una lucha», «vigila para que no te engañen», «no confíes en nadie», «no hables con desconocidos»... Aunque tal vez sin darte cuenta, te has hecho responsable hasta ahora de mantener esas creencias, y eso te da la oportunidad de observar que de una forma consciente o inconsciente estás participando en la creación de tu vida. Tú has elegido con tu voluntad no tanto lo que te ha pasado —pues eso puede que lo hayas creado de una forma inconsciente—, sino dónde pones tu atención, tu energía, tu trabajo y tu tiempo. Observa qué es lo que más valoras en tu vida y hazte totalmente responsable de ello. Mira las cosas que haces, cuáles te aportan eso que tú más valoras y cuáles no, y deja de ser responsable de aquellas que no te aporten lo que necesitas.

Cuando nos ponemos demasiado responsables, además de que no hay quien nos aguante, nos ponemos también muy serios. Una manera de no tomarnos las cosas tan en serio es desarrollar el sentido del humor. El problema es que podemos interpretar que pasarlo bien es también una falta de responsabilidad.

Una forma de dejar de tomarse tan en serio es reírse de uno mismo, y un buen momento para hacerlo es cuando, por nuestros únicos e incuestionables méritos, acabamos de estropear, destrozar o arruinar algo por completo. En realidad, no importa que el valor de lo que hemos echado a perder sea grande o pequeño. En ambos casos, tenemos la opción de castigarnos por ello o de reírnos de nosotros mismos por haberlo hecho tan «bien». Decirse a uno mismo con una sonrisa: «¡Aquí te has lucido!», es una de las mejores maneras de felicitarse por ese traspié. Si podemos además compartirlo con amigos y reírnos todos juntos, mucho mejor. Eso nos ayuda a quitarnos una importancia que solo sirve para ponernos aún más serios y estropearlo más.

Si, para empezar a practicar, reír te parece poco serio, puedes tal vez dedicar un tiempo diario a la respiración consciente para frenar el flujo de pensamientos y empezar a disfrutar. Cuando estamos pensando, que es la mayor parte del día y a veces también de la noche, hay un enfrentamiento dentro de nosotros, pues cada pensamiento tiene su opuesto. Así, si estamos pensando en lo que puede pasar, también estamos pensando en lo que puede no pasar; en lo que haremos y en lo que no haremos si pasa o si no pasa esto o aquello…, y al final ya no sabremos ni qué pensar ni dónde empezó el proceso. Además de todos los beneficios científicos que tiene la risa, hay uno alquímico que se desarrolla en ese espacio común que comparten la risa y la meditación. En los momentos mágicos en los que estamos meditando o riendo, dejamos de estar divididos y nos hacemos Uno con el momento. Cuando nos estamos riendo, el tiempo se detiene, y en ese vacío que surge se crea el espacio para que salgan hacia fuera todas las cosas que ya no nos sirven.

La risa no solo es contagiosa cuando la compartimos con otros; nuestra risa interior también es contagiosa. Así que la mejor manera de estar en la Vida es ver todas las cosas que están ocurriendo, participar y a la vez reírnos por dentro. De este modo, además de beneficiarnos en otros muchos aspectos, la risa debilita y hasta disuelve nuestro ego, pues este puede resistir mucho mejor la crítica que la risa.

La responsabilidad como resistencia a la aceptación

Cuando no aceptamos que estamos en la Vida para dar, la energía que naturalmente fluye a través de nosotros hacia fuera se estanca en nuestro interior. De esta manera, cuando por alguno de nuestros miedos frenamos ese dar natural, estamos utilizando la energía en contra de nosotros mismos, encogiéndonos y provocándonos tensión, volviéndonos serios y demasiado responsables. Si esta tensión no se descarga de alguna manera, se va acumulando en músculos y órganos, manifestándose más tarde a través de síntomas físicos y enfermedades. Visto de esta manera, parece que uno no puede hacer nada para curarse, pues intentar evitarlo implica añadir más tensión sobre la tensión anterior para contrarrestar su efecto. Esto puede convertirse en una espiral que, en algún punto, contiene el aprendizaje de llegar al punto de abandonar y dejar de luchar.

En cuanto nos sintamos muy responsables y nos empecemos a tomar a nosotros mismos demasiado en serio, sabremos que estamos resistiéndonos a la aceptación. Mientras insistamos y nos creamos toda la seriedad que aparentamos, estaremos disminuyendo el flujo de inspiración en nuestra vida y frenándonos para vivir nuestro día a día desde el lado creativo y espontáneo.

Cuando nos sentimos impotentes ante una situación, sufrimos y nos ponemos muy serios, pensando que la única salida es darse cabezazos contra la pared. Y aunque sabemos que duele, al menos sentimos que estamos actuando, que estamos haciendo algo, que estamos tratando seriamente la situación. Tal vez nos parezca que golpearnos una y otra vez contra la pared va a atenuar el sufrimiento por eso que ha ocurrido y que no nos gusta. Aunque en realidad los dos sufrimientos se están sumando en una eficaz forma de castigarnos. Cuando nos ponemos la medalla

de que hemos hecho todo lo que hemos podido, estamos justificándonos desde una posición de víctima.

Ser responsable indica tener la capacidad de responder en
todo momento ante lo que tu Ser atrae. Mirándolo desde el otro
lado del espejo, si la Vida lo trae, es que tienes la capacidad de
responder o crear algo con lo que llega.

Para pasar de la fantasía
de la RESPONSABILIDAD del futuro a RESPONDER
en el momento *RECUERDA QUE...*

- … cada cual tiene su propio camino del que no necesita ser rescatado. Así que no conviertas la responsabilidad en una excusa para imponer tus juicios a los
  demás.
- … la responsabilidad es la voluntad de dar en el momento, sin la necesidad de proyectarlo a nada que no
  esté frente a ti en ese instante; es darte cuenta de que
  todo lo que necesitas y se requiere de ti lo tienes justo
  delante.
- … seas o no consciente de ello, estás comprometido
  con tus propias creencias, que son las que crean tu escenario. Puedes, ahora, tomar tu poder asumiendo la
  creación de tu propia vida.

RETORNANDO A LA UNIDAD...

Lo mejor que podemos hacer si queremos alumbrar el camino de alguien es aumentar nuestra propia luz. *Responsabilidad*
y *responder* tienen la misma raíz, lo que nos indica que ser responsable es tener la voluntad para responder. Si tenemos la capacidad de responder ahora, en el presente, nada indica que no

vayamos a poder hacerlo en el momento siguiente. Esto nos libera del peso de la responsabilidad que proyectamos hacia el futuro, nos relaja y nos convierte en ricos en el mismo instante.

2. PERFECCIÓN

Cuando, empujados por nuestros juicios, sentimos que algo no es tan perfecto como esperábamos, estamos negándonos a aceptar lo que tenemos delante. Esa falta de aceptación es tal vez la que nos conduce a sentirnos permanentemente insatisfechos, a la búsqueda constante de una perfección que únicamente existe en nuestra mente. Solo cuando seamos capaces de ver la perfección inherente a todo lo que existe podremos relajarnos en la aceptación de que todo, tal como es, es de por sí perfecto.

Tener una idea concreta de lo que es la perfección está bien siempre que la entendamos como lo que es: una idea, algo que nos puede inspirar en un momento dado. La situación se complica cuando usamos la idea de perfección para medir las cosas que están a nuestro alrededor. Entonces es el momento de darnos cuenta de que es tan solo un pensamiento lo que nos distancia de aquello que consideramos perfecto. Así, cuando insistimos en considerar lo perfecto como algo lejano y ajeno a nosotros, nos estamos perdiendo la perfección que está a nuestro alrededor.

Si ahora mismo tienes la oportunidad, te proponemos que mires las flores de un jardín. Acércate, huélelas, observa los detalles de cada una de ellas. Preciosas, ¿verdad? ¿Qué ha pasado con tu idea de flor? Al acercarte a ellas, ¿has comparado esas flores que tienes delante con tu idea de perfección de una flor? Probablemente no. Sin embargo, es posible que contigo mismo no dejes de hacerlo, castigándote una y otra vez por esa diferencia que crees que te separa de lo perfecto. Al mirar una flor y dejarte impregnar por su absoluta perfección, no tienes tentaciones de compararla con una idea. Cuando estás ahí lo suficientemente consciente y presente, no hay espacio para los pensamientos. Entonces, si eres capaz de observar la perfección de una flor, ¿no crees que también puedes observar la tuya?

Al dejarnos llevar por nuestra idea de perfeccionismo, estamos poniendo cada vez más distancia entre lo que creemos que somos y lo que queremos ser, logrando con esto vernos cada vez peor. Esta falta de autoaceptación puede llegar a convertirse en enfado hacia uno mismo y en juicios despiadados hacia los demás. No olvidemos que lo que nos causa conflicto o desasosiego no está en lo que somos, sino en lo que queremos ser. Y esto es así cuando, guiados por la necesidad de que los demás nos acepten, pretendemos ser otros, sin darnos cuenta de que los demás solo podrán apreciarnos si nos mostramos tal cual, auténticos y sin artificios. Este «ser auténticos» pasa por aceptarnos a nosotros mismos, pues mientras queramos ser otra persona estaremos creando confusión e incongruencia a nuestro alrededor.

Cuando a las dudas sobre nosotros mismos sumamos nuestras ideas preconcebidas sobre la perfección, podemos vernos frenados a la hora de comenzar nuevos proyectos. Sentiremos tal vez que ese objetivo se ha vuelto inalcanzable y que ya no vale la pena ni empezar. Olvidamos que lo perfecto es enemigo de lo bueno, y atados a nuestra idea de perfección podemos privar al mundo y privarnos a nosotros mismos de obras bellísimas.

En este caso no estamos tanto ante una falta de autoestima como ante un exceso de juicios negativos sobre nosotros mismos. Podría parecer que, para equilibrar esa negatividad, uno debería empezar a juzgarse de forma positiva. Sin embargo, eso, en realidad, no se puede equilibrar, pues la base sobre la que intentamos construir la autoestima es falsa. Es como si tenemos una mancha en el vestido y, para intentar que esa mancha no se vea, ponemos encima una mancha mayor. ¿Para equilibrar qué? Lo mejor sería lavar el vestido y, mientras tanto, por lo menos dejar de castigarnos. Tenemos una mancha en el vestido, sí, ¿y qué? Aquí es donde un poco de sentido del humor puede ayudarnos a sentirnos mejor. Tampoco está de más recordar que si bien somos capaces de meter la pata alguna vez, poco después también somos capaces de hacer algo increíble y maravilloso. Podemos herir a alguien y también, en la siguiente ocasión, salvarle la vida.

Demasiado a menudo las acciones que realizamos se sostienen sobre la creencia de que nosotros no podemos hacer esto o aquello. Nos juzgamos diciéndonos: «Tengo poca autoestima», lo que equivale a decir: «Tengo poco poder». Entonces, queremos hacer algo para tener más poder, sin darnos cuenta de que hagamos lo que hagamos, mientras estemos apoyados en la creencia de que tenemos poco poder, nada nos conducirá a conseguir aumentarlo. Después de un curso de autoestima, podremos encontrarnos mejor porque antes nos considerábamos muy poca cosa en relación con los demás, y ahora nos consideramos un poco más. Además, si el curso es muy bueno, nuestro ego saldrá fortalecido y consideraremos a los demás por debajo de nosotros. No…, ese no es el camino. El asunto no consiste en salir bien de la comparación, sino en dejar de necesitar compararse. Hasta que no aceptemos que las personas somos únicas, no vamos a poder relajarnos, y es en la relajación donde reside el único poder que hay.

Parece que la confusión tiene su origen en un concepto erróneo, pues no se trata de estimarse, sino de aceptarse: aceptar que uno no es mejor ni peor y que tampoco tiene por qué colocarse necesariamente en un punto intermedio entre esos dos extremos. Solo a través de la aceptación podemos realmente cambiar lo que queremos cambiar.

La clave del bienestar, por tanto, está en aceptarse tal como uno es, dejando de lado cómo piensa que debería ser. Si como ya hemos dicho no hay nada que haya que cambiar, tal vez te preguntes cómo hacer entonces para aceptarte tal como eres. Podría parecer que uno puede hacer algo para aceptarse… y no es así. Lo que sí puedes es dejar de hacer las cosas que haces con la intención de que aumente la aceptación de ti mismo. Al dejar de insistir en quién quieres ser, estás dejando más espacio para poder ser lo que ya eres; estás creando el espacio necesario para que la verdadera autoaceptación comience a surgir.

Así, a medida que dejes de juzgarte de forma negativa, vas a ir descubriendo que eres capaz de hacer muchas cosas que antes no te atrevías a hacer. Tal vez se trate tan solo de confiar en que si algo ha aparecido ante ti, es porque tienes todas las claves para entenderlo, sentirlo y llevarlo a cabo. No olvides que la Vida es nueva a cada instante. Si logras no juzgarla y no juzgarte de antemano; si no te limitas; si no intentas saber lo que va a pasar, estarás abriéndote a más posibilidades. Quizá podrás empezar a saborear la calma que trae sentir que, en realidad, no te falta nada en este instante, pues el momento presente no puede ser mejor de lo que es. Es y siempre ha sido perfecto.

EL ARTE DE DISFRUTAR DE LO QUE HAY

Quizá creamos que cuando algo es inevitable resulta más fácil de aceptar. La paradoja de la aceptación es que no nos queda más remedio que aceptarnos porque nosotros somos Eso, todo es Eso, y Eso es todo lo que hay. Si esto nos cuesta, podemos empezar aceptando que no nos queda otra opción que aceptarnos en el momento presente. Esto, de forma muy sencilla, indica darnos el permiso para sentir todo lo que estamos sintiendo en ese momento. Si le decimos Sí, a nuestras todas nuestras sensaciones internas, no se va a añadir sufrimiento al proceso, sea el que sea. La aceptación empieza siempre por uno mismo, pues mientras no nos aceptemos, hagamos lo que hagamos, nos parecerá que falta algo.

Hay personas que no creen tener problemas de aceptación y, sin embargo, van por la vida rechazando cosas sin darse cuenta de que, en realidad, donde hay rechazo no hay aceptación. Al hablar de «aceptación» parece que estamos pensando en la aceptación que tiene que ver con uno mismo, mientras que si hablamos de «rechazo» pensamos en librarnos de las circunstancias externas. En cualquiera de los dos casos necesitamos sentir que tenemos el control de la situación: en el primer caso, aceptándonos a nosotros mismos y, en el segundo, evitando las circunstancias externas que rechazamos, es decir, huyendo. Aceptación y rechazo resultan pues ser lo mismo visto a ambos lados del espejo. Podría parecer que hace falta una doble aceptación: a uno mismo y a las circunstancias, cuando en realidad van juntas, pues cuando uno se acepta a sí mismo las circunstancias se aceptan solas. Además, la aceptación de las circunstancias no depende de las circunstancias en sí, sino de cada uno de nosotros.

Ayuda darse cuenta de que el presente no puede ser mejor de lo que ya es. No es posible cambiarlo, aunque sí podemos arrojar sobre él más luz para darnos cuenta de ello; entonces la aceptación es inmediata. Es importante aclarar que cuando hablamos de aceptación no estamos diciendo que tengas que conformarte ni resignarte; se trata de darse cuenta de la intensidad del momento presente y de que lo que hay aquí y ahora es lo que es. Esto no implica que no podamos desear o crear otra cosa en el siguiente paso. Claro que podemos hacerlo, siempre que no olvidemos que la única forma de preparar ese paso que todavía no existe es ocuparse del presente, de lo que tenemos ahora delante. Si tenemos dificultades para aceptar lo que está ocurriendo, el primer paso es aceptar lo que estamos sintiendo sobre ello. Cuando lo hacemos, podemos sentir cómo la intensidad de lo que estamos viviendo se expresa en el cuerpo a través de una sensación corporal; al aceptar completamente esa sensación, se libera lo que estamos viviendo [20]. Esto es estar vivo y consciente.

Aceptar el momento nos ancla en el ahora

En apariencia avanzamos en nuestro camino de dos maneras. La primera es sabiendo lo que queremos y la otra es sabiendo lo que no queremos. Así, si elegimos avanzar a través de lo que re-

---

[20] Véase el apartado «Intensificar una emoción hasta que se transforma en gozo», del libro *El Lenguaje del Alma*, donde se muestra una práctica para usar la fuerza de la emoción con el fin de transformar cualquier situación.

chazamos, nos pasamos la vida huyendo de cosas, yendo de espaldas y tropezando desorientados. Si nuestra atención está puesta en el pasado que no queremos, estamos creando, sin darnos cuenta, más de lo mismo: meras repeticiones, distintos personajes y un mismo argumento. Esto es así porque el punto de referencia desde el que partimos es nuestra mirada hacia el pasado. Si en esa fantasía de pasado nos sentimos mal, estamos proyectando la sensación de sentirnos mal hacia delante; esto tiene la fuerza de recrear lo que no nos gusta. Cuando decimos que lo hemos pasado mal, estamos diciendo que nuestro pasado ha sido intenso y que lo hemos sentido profundamente. Si le damos a eso mucho valor, no estamos dispuestos a dejarlo ir con facilidad. «¿Cómo voy a querer soltarlo si tengo tanta vida invertida ahí?», te dirás. «¿Cómo voy a olvidar eso con lo mal que lo pasé?». Así, inconscientes del poder de la atención, cuanta más energía ponemos en el dolor del pasado, más fuerza adquiere y con más frecuencia tienden a repetirse circunstancias similares en nuestra vida. Entonces, viendo cómo nuestros problemas parecen reproducirse, creemos que eso de *la magia de la Vida* no existe. Ya sabemos que aquello en lo que uno elige poner su atención crece hasta llegar a manifestarse. Sin darnos cuenta, al poner toda nuestra atención en nuestro pasado, estamos creando y recreando condicionados por los acontecimientos que nos condujeron hasta aquí. El área o los acontecimientos hacia los que estamos enfocando nuestra energía son lo que irán retomando forma en nuestra vida.

La otra manera que aparentemente nos sirve para avanzar es saber lo que queremos. Atención, si tenemos la necesidad de conseguir un objetivo, hay que tener en cuenta si esa necesidad está apoyada en una sensación de falta; en ese caso estaremos siendo dirigidos por el sentimiento de carencia. Aunque en apariencia vamos hacia algo nuevo, en realidad seguimos estando apoyados y condicionados por nuestro pasado[21]. Al mirar hacia

---

[21] En el apartado «El gran archivo», del libro *El Lenguaje del Alma*, se muestra cómo nuestro pasado da forma a la fijación de nuestros objetivos y deseos.

atrás para ver lo que no tuvimos y ahora queremos, seguimos huyendo centrados en lo que nos falta. En esa huida no solo nos estamos apartando de lo que no tuvimos, sino también de lo que ahora queremos, porque un deseo basado en una sensación de falta seguirá generando falta. No nos damos cuenta de que ya lo tenemos todo y de que huyendo solo conseguimos avanzar de espaldas a nuestro camino, recorriéndolo de forma inconsciente.

Aunque en apariencia nos encaminamos al encuentro de sitios o personas, en realidad no vamos hacia ningún lugar, sino que los acontecimientos vienen hacia nosotros. Diluyendo la idea de carencia de nuestro pasado podremos crear y atraer lo que nos apetece por gusto y no por necesidad. Si estamos alineados con lo que nos apetece, ello se presentará con facilidad y sin esfuerzo [22].

Descansando y establecido en el presente, cuando aparece de pronto frente a ti algo que te apetece, puedes dar un paso en esa dirección. La Vida te lo ha traído o te lo has puesto delante. Entonces, en la apariencia de que la Vida ha dado un paso hacia ti, tú puedes dar otro paso hacia ella, haciéndote consciente de la experiencia esférica de unidad.

La clave, entonces, es elegir por gusto o belleza, o lo mejor que pueda pasar para todos. Esto nos libera de una autocreada sensación de hacer las cosas por obligación y nos ancla en la aceptación-disfrute del momento presente.

Una forma de darte cuenta de que no estás aceptando lo que hay es cuando sientes que aún no estás donde te gustaría estar. Detrás de esta sensación de «no estar ahí», suele esconderse un sentimiento de no aceptarte y de desconectarte de tu Ser. Si estás pensando dónde deberías estar o hacia dónde deberías ir, la consecuencia es que nunca vas a llegar. Es una paradoja que

---

[22] En el apartado «El latido del corazón universal», del libro *El Lenguaje del Alma*, se muestra cómo cuando los cinco cuerpos apuntan en la misma dirección nuestros deseos se manifiestan con facilidad y experimentamos lo que se llama suerte.

nos indica que solo alcanzarás ese «allí» cuando estés dispuesto a aceptar que ya estás aquí; que el «allí» se ha convertido de pronto en el «aquí». Sea cual sea el lugar en el que estés, si estás resuelto a estar aquí, estás en el camino. Es muy liberador aceptar que si tú estás aquí, todo esto —tu experiencia del ahora— forma parte de ti en este instante. No importa lo que estés haciendo: cruzando la calle, charlando con un amigo o tomándote un té. Son estas cosas aparentemente cotidianas las que te llevan a alcanzar la realización en un instante; solo estando con lo que estás, presente… No hace falta nada más, con eso está todo.

La siguiente historia es una caricatura de lo que hablamos. Muestra la relación entre «allí» y «aquí» y lo que nos podemos complicar la vida hasta que nos damos cuenta.

Hay un hombre tumbado en la playa. Al lado tiene su caña de pescar y un capazo lleno de peces. En esos momentos pasa por ahí un empresario con visión de futuro y le dice:

—Se ve que es usted un buen pescador, pero no entiendo qué hace ahí tumbado…

—¿Y por qué no? —le pregunta el pescador.

—Porque si continuara pescando, tendría muchos más peces —le contesta el hombre.

—¿Y para qué querría yo eso?

—Pues para comprarse una barca y también para contratar a otros hombres que le ayuden a pescar muchos más peces.

—¿Y para qué? —vuelve a preguntar el pescador.

—Pues para comprarse más barcos y hacer que otros pesquen por usted.

—Pero es que a mí me gusta pescar —argumenta el pescador.

—Bueno, pero así se haría rico y no tendría que trabajar y podría descansar cuando quisiera.

—¡Ah, descansar! —exclama el hombre tumbado en la playa—. ¡Eso es lo que estoy haciendo justo ahora! ¿Para qué iba a esperar todo ese tiempo?

DARNOS CUENTA DE QUE YA SOMOS PERFECTOS

Cuando logramos aceptar que ya estamos ahí, también somos capaces de sentir que no nos falta nada para estar completamente bien. Sin embargo, en ocasiones seguimos sintiendo que el momento no es suficiente. Nos repetimos que si las cosas fueran mejores, o si nosotros fuéramos diferentes, o si hubiera algo más o alguien mejor, entonces seríamos realmente dichosos. Mientras tengamos estas tentaciones de cambiar lo que es o lo que hay, no lograremos la aceptación. Nos diremos que lo que buscamos es avanzar, mejorar, y que es justo y legítimo aspirar a eso. Es cierto, pero nos falla el cómo. Olvidamos que la única forma de avanzar es aceptando el momento presente. Al hacerlo, el deseo de avanzar deja de tener sentido pues ya no tenemos la necesidad de ir a ninguna parte. Entonces, nos damos cuenta de que ni nos falta ni nos sobra nada porque somos únicos y perfectos tal como somos.

Quizá te estés preguntando cómo ser capaz de ver la perfección del momento. Tal vez pueda servirte recordar algún momento especial en el que no te faltaba nada. Aunque te cueste creerlo, tenemos muchos de esos momentos. Están ahí a la espera de ser recobrados. Cuando hayas recordado uno de esos momentos, quizá puedas darte cuenta de que, aunque cuando ocurrió no lo supiste ver, ahora con la distancia sí puedes apreciar la perfección de ese momento. Y si ese momento fue perfecto aunque no lo viviste con esa consciencia, ¿no podría ser este momento también perfecto? El aceptar y valorar la perfección de un momento no depende, pues, de las circunstancias externas, sino de la profundidad de tu consciencia.

Para pasar del RECHAZO
a la PERFECCIÓN *RECUERDA QUE...*

- ... si rechazas lo que tienes o lo que eres, estás considerando lo perfecto como algo lejano y ajeno a ti, con lo que te estás perdiendo la perfección que está en ti y a tu alrededor.
- ... si crees que te falta autoestima estás confundido; lo que te sobra son los juicios negativos sobre ti mismo.
- ... al dejar de insistir en quién quieres ser, estás permitiéndote ser tal cual eres, creando así el espacio necesario para que la verdadera autoaceptación se establezca.
- ... la aceptación no implica conformarte ni resignarte. Trata de darte cuenta de que lo que hay aquí y ahora está muy bien como está.

RETORNANDO A LA UNIDAD...

Cuando nos damos cuenta de que no se trata de aceptar el momento sino de encontrar la perfección que ya está en él, descubrimos que en realidad no hay ningún sitio adonde ir. En ese espacio no se nos ocurre la idea de tener que aceptar nada, pues nos damos cuenta de que lo que ocurre está muy bien así. Se trata de penetrar el momento para darnos cuenta de que ya estamos aquí y que la eterna perfección se ha instalado en el ahora.

CAMINO 6

3. REALIZACIÓN

COMPARTIR EL ÉXITO Y SOLTAR EL MIEDO AL FRACASO

Las formas de reaccionar ante el éxito son muy variadas. Puede ocurrir que no nos sintamos merecedores de lo bueno que nos pasa y reneguemos pues del éxito, o bien que este se nos suba a la cabeza.

Si logramos admitir que hemos venido aquí a disfrutar, tendremos la oportunidad de sentirnos afortunados por todo lo que la Vida nos trae. Sin embargo, a veces nos empeñamos en sentirnos mal movidos por la creencia de que no nos merecemos lo bueno que nos llega. En otras ocasiones, cuando tenemos éxito, parece que se hace necesario mantener una base espiritual para que nuestro ego no se infle demasiado, pues cuando esto ocurre estamos en realidad frenando nuestra evolución, y además tarde o temprano tendremos que bajarnos de donde nos hayamos subido. Está bien darse cuenta de que uno es genial, siempre y cuando no olvidemos que esa genialidad no es distinta de la que habita dentro de cada persona. Para disfrutar del éxito es pues necesario tener humildad, reconociendo que realmente no hemos hecho nada más que permitir que la Vida pase a través de nosotros.

Si tienes éxito, disfrútalo tratando de no apegarte, pues el éxito viene y va. Cuando vives el éxito como algo externo, como una medida tomada en relación a los demás, estás haciendo que tu felicidad dependa de la opinión y del reconocimiento de otros, y esto, tarde o temprano, va a traerte problemas, pues la base sobre la que se erige es muy frágil. Por tanto, el único lugar desde el que podemos disfrutar del éxito es aquel que llamamos bienestar interior.

En general, por mucho talento y capacidad que tengamos, no solemos valorarnos. El miedo a soltarnos nos lleva a sentirnos inhibidos y retraídos, y terminamos usando la responsabilidad para frenarnos. Así frenados, nos estamos comportando de forma tacaña con el universo y con los demás, pues no aportamos lo que tenemos para dar. Sin importar las razones en las que nos apoyemos ni las excusas que nos pongamos, todos tenemos mucho que compartir. Si bien es cierto que el bienestar y la satisfacción de sentirnos realizados nacen en el interior, su camino es expansivo, hacia fuera, sobrepasándonos e invitándonos a compartirlo. Cuando tenemos esto claro, lo convertimos en un proceso que se retroalimenta y que se vuelve cada vez más grande. Por el contrario, si no lo compartimos, se va haciendo cada vez más pequeño hasta que se extingue.

A muchos de nosotros nos molesta marcarnos objetivos con claridad porque tememos no poder cumplirlos. Parece que no nos damos cuenta de que es ese mismo miedo el que nos impide cumplirlos, pues nos lleva a eludir la responsabilidad de lograr lo que nos proponemos y da a nuestro ego la posibilidad de tener razón: «Yo ya sabía que nunca lo iba a conseguir». Cuando te propones un objetivo, lo más fácil es fracasar; eso se consigue en seguida. Basta con hacer algo a medias, con poca ilusión, pensando en lo infeliz que te haría no conseguir el resultado, lleno de dudas... y ya está, ahí lo tienes, tenías razón, sabías que ibas a fracasar y lo has hecho, y además de haber logrado este resultado habrás gastado el doble de tiempo que el que hace falta para crear éxito.

Cuando te hagas amigo del riesgo; cuando te lances a ver qué pasa y actúes; cuando no pretendas arreglar lo que no está roto; cuando atiendas lo que tienes delante y no te enganches con el pasado... entonces será que has decidido empezar a soltar, a jugártela. Te darás cuenta de que la posibilidad de hacer las cosas de forma fácil y bonita está ahí a tu alcance. Entonces, cualquier cosa que hagas puede convertirse en una obra de arte, incluso hacer la cama. Podrás así reconocer por fin que la obra de arte no depende del público que la ve y la valora, sino de la entrega del creador, de la entrega de cada uno de nosotros.

Centrarse en el proceso, no en el resultado

Cuando nos apuntamos a hacer algo, no se trata de hacerlo como un trabajo, sino de vivir el mundo o el contexto en el que esa actividad se encuentra. Si uno dice: «Me gustaría ser terapeuta holístico», está apuntándose a entrar en el mundo de la sanación. Lo que suele fallar cuando queremos hacer algo es que no nos ubicamos en el contexto general, pues lo vemos como un aspecto aislado sin integrarlo en nuestra vida. No es que una parte de nosotros vaya a ser terapeuta holístico; es que vamos a acompañar a otras personas a darse cuenta de que su cuerpo refleja con sus síntomas cómo están viviendo una situación [23]. Para lograrlo hay que alinearse con eso y vivir la propia vida con ese mismo enfoque. Puesto que no se puede ser sanador a tiempo parcial, debemos deshacernos de esas resistencias que nos empujan a estar divididos, a ir a medias, porque así solo vamos a manifestar las cosas a medias.

En el momento en que vas a empezar un proyecto, una forma práctica de entrar en el mundo al que pertenece es enfocarte en el proceso y no en el resultado. El resultado no existe, es una fantasía. Cuando tienes una visión de algo que te apetece, apúntate a su proceso y alimenta el camino que has elegido. Si, por ejemplo, plantas un árbol frutal, apuntarse al proceso es buscar un buen sitio, preparar la tierra, poner abono, plantar la semilla, regarla, arrancar las malas hierbas... En primavera el árbol dará su flor, «¡qué bonita!», y un buen día te darás cuenta de que está naciendo el fruto. Cuando, por el contrario, te enfocas únicamente en el fruto, estás siendo guiado por tu impaciencia. Entonces, tal vez te aburras de esperar y abandones los cuidados que la planta necesita, obteniendo como resultado que la semilla se malogre.

Una fantasía que puede impedirnos apuntarnos al proceso ansiando solo el resultado es creer que lo necesitamos, que nos

---

[23] Véase «El principio de diagnóstico completo» en el libro *La Medicina del Ser*.

hace falta, que eso, lo que sea, nos debe alimentar. Si no disfrutamos del proceso, la relación que tendremos con el resultado
será completamente distinta. Desear el fin en sí mismo, además
de que puede conducirnos al apego, produce una especie de an-
tojo que, cuando lo conseguimos, ni siquiera logramos disfrutar
del todo.

VIVIR EL OBJETIVO COMO UN COMPROMISO
CON LA VERDAD

Preguntémonos ahora por qué queremos, por ejemplo, aprender un idioma. Quizá sea para encontrar un trabajo mejor donde
trabajemos menos y nos paguen más. ¿Y para qué? Tal vez para
tener más tiempo libre y ser, así, más felices. Sin embargo, resulta que si ahora tenemos poco tiempo y además tenemos que
ir a la academia, vamos a tener menos tiempo todavía. Enfo-
cándolo desde otro lugar, si no nos lo pasamos bien en nuestro
trabajo, debe de ser porque lo vemos como una obligación. Y
si esto es así, tampoco parece que vayamos a pasarlo bien en
la academia puesto que es probable que también lo estemos
percibiendo como otra obligación. Además, eso de que vamos
a encontrar un trabajo mejor si sabemos otro idioma es solo
una idea.

Entonces… si lo que queremos como valor superior es tener
más tiempo libre para hacer lo que nos apetezca, ¿por qué no
empezamos ahora mismo? Podríamos organizarnos de otra manera, quizá dando la oportunidad a otras personas para que hagan
aquello que nosotros no disfrutamos. Otra posibilidad es alinearnos
con nuestros dones y hacer lo que disfrutamos haciendo, porque
muchas veces necesitamos más tiempo libre para descansar de
lo que no nos gusta hacer. Si no hacemos lo que no nos gusta,
ya no necesitaremos descansar de ello.

Después de esto, si seguimos queriendo aprender un idioma,
podremos disfrutar en la academia y planear pasar un tiempo

en el extranjero, ya sea una temporada o unas vacaciones. Recuerda que eres el creador de tu vida y que cuando estás alineado tus propósitos se manifiestan con facilidad. Quizá haya que
salir del área de lo conocido y entrar en lo desconocido; por supuesto eso incluye asumir algún riesgo, esa es la gracia de la vida
y nadie se la va a quitar. Ya estamos corriendo un riesgo día tras
día haciendo algo que no nos gusta y, además, sin disfrutar del
beneficio. Cuando hagamos las cosas solo porque nos apetece,
nos daremos cuenta de que nuestro bienestar personal no depende de nuestro trabajo ni de aprender otro idioma, sino que
depende de cada cual, porque por mucho que cambiemos de
ubicación, cada uno seguirá yendo consigo mismo a todas partes. No podemos escapar de nosotros, solo aceptarnos y disfru-
tarnos.

Hay quien tiene por costumbre aplazar la satisfacción del
presente a cambio de una satisfacción en el futuro que, naturalmente manteniendo el mismo enfoque, nunca llega. Si no vas a
disfrutar con el proceso, es mejor no empezarlo, hacer otra cosa,
pues si te metes en algo y estás queriendo que se acabe, te estás
perdiendo la vida. Cuando comienzas un proyecto, una relación,
un trabajo, cualquier cosa, lo mejor es mirarlo como si fuera eterno. Si te parece mucho tiempo, no te preocupes: sabes que las
cosas no duran siempre. Es importante aclarar que una cosa es
abandonar y otra continuar tu camino porque te has dado cuenta
de que lo que sea se acabó. Cuando abandonas, huyes de la circunstancia porque te parece que no puedes con ella. Entonces
la Vida te la volverá a traer de tu pasado una y otra vez, hasta
que descubras y recojas su regalo. Es diferente cuando sientes que
algo se acabó; si es así, es que estás listo para vivir algo nuevo en
lo que podrás volver a meterte «para siempre».

Cuando te apuntas a algo y te metes de lleno en ello, estás
moviéndote en la acción y librándote del cansancio que implica
resistirse. ¿Imaginas cómo sería estar ahí con todo tu ser, sin darte
importancia, sin preocuparte de cómo va a salir ni cuándo? Tal
vez este sea el momento de vivir el mundo de lo que estás ha-

ciendo. La clave está en que vayas todo tú en esa dirección, alineado en lo que piensas, sientes, dices y haces.

Cuando dejas de lado la necesidad de sentirte mejor «ganándote» la vida, te das cuenta de que no hay nada que ganar, pues con estar aquí ahora ya has ganado todo. Tal vez percibas que cuanto menos esfuerzo haces, más puedes lograr. Así, una vez que abandones la exigencia de esforzarte por todo, asistirás fascinado al baile que ocurre con la Vida cuando te dejas llevar. Quizá tengas tentaciones de no sentirte merecedor de todo lo bueno que te llega porque ha sido demasiado fácil conseguirlo. Ahí tendrás que lidiar con la dificultad para aceptarte, pues es esa falta de aceptación la que te lleva a creer que no has hecho lo suficiente como para ser merecedor de recibir algo tan bueno. Tal vez quieras llamarlo suerte o quizá prefieras agradecer a la Existencia que siempre esté conspirando por ti y para ti.

Para pasar de BUSCAR EL ÉXITO a la REALIZACIÓN *RECUERDA QUE…*

- … poner la excusa de «es que no estoy preparado» solo afianza tu inseguridad. Date cuenta de que si se presenta la oportunidad delante de ti, claramente es que tienes algo que aportar.
- … el resultado no existe, es una fantasía. Se trata de enfocarte en el proceso, dar y disfrutarlo.
- … si vives tu objetivo como una obligación, te agotarás en el esfuerzo. Vívelo desde el compromiso, como algo a lo que te apuntas y a lo que te entregas.
- … cuando te aceptas a ti mismo, ya no tiene sentido buscar el éxito, pues lo estarás disfrutando en ese momento.

RETORNANDO A LA UNIDAD...

El éxito no trata de nuestro talento o de nuestras capacidades, sino del valor que tenemos para abrirnos a la Vida y establecernos en el momento. El único éxito que vale la pena es el de la realización que llega cuando permitimos que nuestro Ser se exprese totalmente.

4. AMOR

TODO ES AMOR. TODOS SOMOS AMOR

No hay otra cosa más que amor, pues amor es, precisamente, la energía que mueve el universo. Cuántas veces habremos escuchado esta afirmación y cuántas más nos habremos sentido frustrados por no poder vivir acorde con esta certeza. Esto nos ocurre porque nuestra percepción no suele estar alineada con el amor. Por ejemplo, al enjuiciar las situaciones como «malas», estamos perdiéndonos el amor que se esconde en esa aparente contradicción que se nos presenta. Nos cuesta admitir que es precisamente a través de esa contradicción o dificultad como podemos regresar al bienestar, pues una vez que logramos sentir cada gesto de la Vida como algo cariñoso hacia nosotros, desaparecen nuestras resistencias. Al estar realmente en el corazón, no necesitamos encontrar ninguna explicación a nada. Dejamos que las cosas sucedan mientras nosotros, simplemente, abrimos el corazón hacia ellas. Para lograr que el ego deje de regir nuestra vida, es fundamental conectar con el corazón hasta darnos cuenta de que nuestra alma es luz, bondad y compasión. Emprendemos entonces el camino de redescubrimiento de ese espacio dentro de cada uno de nosotros donde anida la energía amorosa universal.

Parte de ese camino pasa por reconocer que hemos venido a dar amor, puesto que eso es lo que somos, y que nuestro desafío es no quedarnos apegados y enganchados a ese amor que damos. Si entra en juego la mente, va a aumentar la confusión, ya que intentará por todos los medios controlar los sentimientos estableciendo una relación equivocada entre el amor y el apego, pues mientras el amor se basa en el dar, el apego lo hace en el querer recibir. Si, actuando a través de una especie de intercambio, creemos que dar amor nos da derecho a recibirlo, sufriremos al vernos envueltos en falsas esperanzas y expectativas frustradas. No es que esperar algo a cambio esté mal, solo que es mejor no llamarlo amor para distinguirlo del amor verdadero. Estamos aquí para aprender que el amor es solo un dar, que no se trata de dar y recibir. El Amor, con mayúsculas, es algo inagotable que aumenta cuanto más lo das.

Para vivir el amor y permitir que este impregne tu vida, no se necesitan dos personas, pues el amor te concierne únicamente a ti. Al ser íntegramente una experiencia de dar, solo se necesita una persona: la que da. ¿Qué pasaría entonces si entregaras tu amor como el sol entrega su luz, sin reservas, sin condiciones?

Si amar de verdad significa darlo todo, amar tanto y no poder dar algo de libertad suena absurdo. Aunque veamos esto con claridad, ocurre que a veces, confundidos, controlamos la vida de los demás cuando creemos estar dándoles amor. ¿Cómo pretendemos manejar el timón de la vida de los otros si ni tan siquiera conocemos nuestro propio barco? Nadie duda de que queramos lo mejor para el otro, y, sin embargo, ¿cómo saber qué es lo mejor? Quizá, conscientes de nuestros errores, simplemente queremos evitarle a la persona el sufrimiento de pasar por las mismas dificultades. Sin embargo, y aunque nuestra intención sea buena, no se puede evitar que cada cual se encuentre en su camino con aquello que ha venido a vivir. Cuando aceptemos esto, tal vez nos demos cuenta de que en este proceso de «salvar» al otro estamos en realidad intentando salvarnos a nosotros mismos, movidos por el miedo a quedarnos solos. Olvidarse de uno mismo, aunque sea en parte, parece ser necesario en el proceso de abrirse a querer realmente a otra persona. Entonces vemos que lo mejor que podemos hacer por ella es darle la libertad para que camine por su cuenta y, aun estando en desacuerdo, apoyarla en el camino que ha elegido.

A pesar de la evidencia de que el amor y la libertad van de la mano, ¡cuánto nos cuesta integrarlos y qué difícil nos resulta poder dar a quien queremos la libertad de hacer lo que desea! En general, solemos creer que querer a una persona implica tener la obligación o la responsabilidad de hacer todo lo que sea necesario por esa persona. Movidos por esta creencia, sentimos que darle la libertad a alguien para que decida lo que quiere hacer con su vida es no hacer nada y, por tanto, nos resistimos a ello porque va en contra de nuestros sentimientos más profundos. Confundidos, interpretamos esa libertad como falta de amor, como si esa persona no nos importara, como si la abandonáramos, indefensa, a su suerte.

No es solo que el amor y la libertad estén relacionados, sino que podemos incluso verlos como sinónimos, pues si a lo que solemos llamar amor le quitamos el apego, nos quedamos con el verdadero Amor; y esto, en realidad, es lo único que de verdad podemos dar. Sin embargo, para dar amor primero hay que buscarlo dentro de uno. No hay que preocuparse de si está o no está allí, porque siempre está. Dando amor, estamos siendo amor, estamos entregándonos a todo lo que la Vida nos pone delante.

En ocasiones creemos que el mejor modo de mostrarle a otra persona nuestro amor es hablarle y darle consejos creyendo que le estamos haciendo un favor. Esos consejos, en realidad, sirven para que nosotros nos quedemos tranquilos sintiendo que hemos hecho todo lo posible por ayudarla. Nos cuesta resignarnos y aceptar el hecho de que hay pocas cosas que le podamos decir a alguien y que le sirvan, pues las palabras muchas veces se quedan cortas. ¿Qué podemos hacer entonces para apoyar a las personas que queremos? Una manera bonita y respetuosa de alumbrar el camino del otro es aumentando nuestra propia luz. Si cada cual disfruta de estar vivo, se lo pasa bien, sonríe, hace las cosas que le gusta hacer, deja de quejarse... entonces nuestro propio bienestar, nuestra propia luz será la que alumbre el camino del otro. Cuando logramos relacionarnos desde esta energía amorosa universal que todos llevamos dentro, podemos unificarnos tanto con los que están en el corazón como con los que no lo están aún, pues nuestra conexión será el reflejo que les servirá para encontrar la suya propia.

Cuando estás conectado con tu propia luz, puedes darte cuenta de que el amor es algo tuyo, es lo que sientes tú hacia esa persona, sin que tenga que ver necesariamente con esta, más allá de ser una fuente de inspiración para tu amor. En el límite, lo que la otra persona sienta por ti no es asunto tuyo, por tanto, con lo te corresponde comprometerte es con lo que tú sientes. En tu mano está dejar que tu amor se exprese libremente, disfrutando de sentir el amor dentro de ti, sintiendo la Vida dentro de ti. A pesar de sentir que esto sería lo ideal, sabemos que no es fácil amar desde el propio centro, pues cuando sentimos dolor, solemos enfocarnos allá afuera, en el otro, en lo que nos ha hecho. Así, cuando la persona que amamos está ausente, sentimos un dolor que no está en realidad causado por el amor, sino por el apego hacia esa persona. Desde ese apego, nos sentimos víctimas de la ausencia del otro, sufriendo por pensar que vamos a tardar mucho tiempo en verlo o que no lo veremos más. Cuando esto ocurre, no estamos sufriendo por la otra persona ni por el amor que sentimos hacia ella, sino que sufrimos egoístamente por nuestra sensación de abandono. No se nos ocurre pensar que la persona está mejor ahora de lo que estaba antes; y si está mejor ahora y aun así queremos que vuelva, es que tal vez no la queríamos lo suficiente, o quizá es que nos queremos más a nosotros mismos.

En otras ocasiones, cuando amamos a alguien que no está o que ha dejado su cuerpo, o a alguien que no nos ama, la mente intenta protegernos impidiendo que amemos. Pero no es cierto que el sufrimiento vaya a pasar si nos frenamos en nuestro amor, pues cuanto menos nos permitamos expresarlo, más divididos estaremos y más sufriremos. Por ejemplo, si tu pareja no te ama o te ha abandonado, tu mente te dirá: «¿Cómo voy yo a amar a alguien que me ha abandonado?», y entonces intentas dejar de amarle reprimiendo ese sentimiento. Si de verdad quieres salir de ahí, puedes hacerlo justo al revés: amando más hasta que el corazón se abra completamente y ya nunca vuelva a cerrarse. Entonces, amándolo lo suficiente como para dejarlo libre y que recorra su propio camino, el dolor de la pérdida se transforma en amor verdadero. Amándolo tanto como para que tu corazón, lejos de difuminarse en el dolor de la pérdida, se agrande en el verdadero amor que supone abrir la mano para que el otro se suelte y siga su propio camino.

EL AMOR Y EL SEXO

Normalmente concentramos nuestra hambre de afecto en el terreno de la pareja, lo que hace que aumente nuestra necesidad de posesión. Magnificando el amor carnal entre dos como la única posibilidad de amor, estamos reduciendo la acción infinita del universo a un solo acto. Estamos olvidándonos de que el universo es amoroso y que todo el amor que buscamos ya está ahí con nosotros, para nosotros, por todas partes.

En ocasiones es el sentimiento de carencia el que está detrás de lo que parece un acto de amor. Si nos damos cuenta de que es así, el vacío que nos mueve a querer, tener o poseer a otro puede convertirse en un trampolín espiritual que nos abra la puerta hacia nuestra naturaleza esencial. Solo cuando dejamos de buscar en la persona amada lo que creemos que nos falta, podemos dejar de relacionarnos desde nuestra sensación de carencia y encontrarnos en nuestra plenitud, que ya está ahí y que siempre lo ha estado. Haciéndonos conscientes de nuestro apego a los superficiales placeres del amor personal, podemos despertar para dejar de sentir la carencia desde el lugar de víctima y empezar a sentirla como una inspiración creadora.

Así, el enamoramiento, que en un principio podía conducir

hacia la contradicción y la frustración, puede convertirse en una
vía de realización. El mundo de las relaciones resulta tan com-
plejo porque el encuentro entre dos personas implica el encuentro entre dos mundos diferentes. Cada cual no solo crea la relación en la que se embarca, sino que a su vez es creado por la
expectativa del otro en esa relación; es precisamente en este
intercambio en el que nos perdemos tan a menudo.

Si nos acercamos sin permitir que nuestro ser profundo se
encuentre, el sexo puede quedar reducido al encuentro de dos
mentes en el que cada uno utiliza al otro para satisfacer sus fantasías. Si no hay comunión, la pareja es usada de forma consen-
tida para obtener placer o cubrir carencias, que pueden ser físicas
y principalmente emocionales. El sexo es una expresión de amor
cuando ambos están en contacto con su ser o esencia y desde
ese espacio se encuentran dos cuerpos en un solo espíritu; la
energía se eleva hasta la unidad y los cuerpos se funden uno con
el otro en una comunión sagrada.

Para posibilitar que tu pareja entre en contacto con su
esencia, como un reflejo en tu espejo, entra tú en contacto
con la tuya. Para que ocurra debes cruzar un abismo interior,
donde el ego queda atrás con una tremenda sensación de vul-
nerabilidad y una apertura inusual. Eso es precisamente lo que
más tememos, pues vivimos como un riesgo el quedar al descubierto y expuestos ante el otro. Sin embargo, y aunque cueste y asuste, el camino para vivir el amor es soltar los temores
imaginados y saltar hacia un abismo que te sitúa desnudo en
el puro presente.

Si tienes miedo es porque aún crees que amando completamente puedes perder algo; lo único que puede caer es el ego y
la sensación de individualidad al entrar en comunión. Cuando
sueltas el miedo, te das cuenta de que no hay nada que ocultar,
que puedes retirar todas tus barreras e invitar a la otra persona
a que penetre hasta el centro mismo de tu ser.

Del otro lado del abismo, como si fuera un espejo, está la
unidad del ser, la unión con todo lo que toca la conciencia. Así,

dando tú el primer paso de apertura, no solo estás tocando tu esencia, sino que estás posibilitando que el otro también se libere de sus propios miedos y se acerque a ti. Este es el espacio de comunión.

Amando así, amando tanto que hasta parece que duele, lograremos que nuestro corazón se abra y quede expuesto a la vida en carne viva. Si nos establecemos en ese amor hacia toda la Vida, el corazón ya nunca más se volverá a cerrar. Viviendo entonces en el presente absoluto, amaremos no solo en la intimidad de la pareja, sino que amaremos en todo momento a la vida entera. Es justo ahí donde reside el verdadero Amor: en saber trasladar la infinitud amistosa y amorosa de la Vida y del universo a todos los momentos de nuestras vidas.

Para pasar del APEGO al AMOR *RECUERDA QUE*...

- ... has venido a dar amor porque eso es lo que eres. El único desafío que puede aparecer para impedir que tu entrega sea total es quedarte apegado al amor que das. Sigue amando y libérate.
- ... para llegar a encontrarte con una persona en su centro, tendrás que permitir que esa persona llegue también al tuyo.
- ... amar de verdad a alguien implica que puedas darle la libertad para que haga lo que tenga que hacer y, si es necesario, que siga su propio camino.

RETORNANDO A LA UNIDAD...

El amor «es» en términos absolutos y está desvinculado del recibir y del apego hacia la persona o el ser que lo inspira. Sintiendo el amor que somos, ya no tenemos la necesidad de bus-

carlo fuera; podremos entregarlo a cada momento, a cada cosa
que hagamos, a cada situación y persona que aparezcan en nuestra vida; el amor no es algo que haya que buscar, encontrar o hacer, sino que es lo que somos, nuestra esencia pura. Cuando nos
enamoramos de la vida, la Vida se enamora de nosotros, creando
intimidad en todo lo que tocamos.

Camino 7

CLARIDAD

*Cuando saltas desde la cabeza hasta el corazón,
trasciendes la confusión y llega la claridad
pasando del pensamiento racional a la verdad.*

EL AMOR DESCENDIÓ AL MUNDO para que fuera experimentado en todas sus formas. Entonces la mente se iluminó para elevarse desde la confusión en la que estaba sumida hasta la claridad. En sus primeros pasos el 7 suele encontrarse con problemas de difícil solución; entonces trata de discernir y analizar la información de la que dispone para trazar un plan, pudiendo llegar a la conclusión de que no hay salida. Así puede quedarse encarcelado en sus pensamientos, dentro de un círculo vicioso del que no podrá salir hasta que se dé cuenta de que el escenario completo es una ilusión creada por su propia mente. El proceso creativo se refina hasta llegar a una visión elevada donde es necesario soltar la mente racional y saltar al vacío. El 7 salta del pensar al saber y de la cabeza al corazón, el lugar en el que se revela su naturaleza esencial. Al trascender se convierte en un número místico desarrollando poderes psíquicos, la capacidad de la mente de llegar a cualquier lugar. El salto le da la claridad que le permite comprobar que el escenario externo donde había transcurrido su vida era una proyección de su propia mente.

Nos dirigimos hacia el vacío que inspira los tres últimos números 7, 8 y 9.

1. MENTE

Para las personas con energía 7 explorar la mente en profundidad se convierte en uno de sus principales dones y desafíos. Aquellos que tienen una mente privilegiada, que les ha permitido aprender y alcanzar muchas cosas, tienen en su poder un arma de doble filo, pues en un principio les resultó de mucha utilidad y luego han acabado dependiendo de ella.

Es importante aclarar que el pensamiento en sí mismo no es agobiante y que, además, sin pensamiento el proceso creativo sería incompleto. Lo agobiante es intentar darle sentido al parloteo mental, justificarlo y pretender construir algo con él. No se trata pues de culpabilizar a la mente y de huir de ella, sino de aportar cierta consciencia al diálogo interno involuntario, que es el que nos arrastra lejos de nuestra paz. Antes de llegar a habitar ese espacio de silencio alcanzado a través de la observación de la mente, veamos en qué consisten sus mecanismos.

LAS DISTINTAS FORMAS DE LA MENTE

La mente es impaciente, no sabe esperar. Salta sin control de un pensamiento a otro y, antes de saber cuál será su próximo paso, ya ha olvidado de dónde venía. Podemos observarla y escucharla sin llegar al extremo de permitir que tome todas las decisiones, pues de ser así estaremos atrapados en sus redes y seremos usados por ella en lugar de ser nosotros los que la utilicemos. Como a la mente le resulta imposible pensar en una sola cosa, nunca puede relajarse y se enreda continuamente en dos asuntos como mínimo: uno y su opuesto. Así comienza un juego de pimpón entre opuestos que nos lleva a volvernos desconfiados; resulta imposible confiar en algo si hay un constante debate interno en el que siempre está presente también lo contrario y en el que cualquier posibilidad puede ser la correcta.

Por lo general la mente nunca está satisfecha. Siempre quiere ganar, quiere más grande y quiere mejor... aún más. En ese vaivén que produce enfrentarse a la vida de esa manera, a veces se gana y a veces se pierde. Sin embargo, para la mente, ninguna de estas dos opciones le da paz pues para ella perder está mal y ganar implica tener que cargar con la amenaza de perder eso que se ha ganado. De ahí que pase lo que pase, hagamos lo que hagamos en este punto, somos esclavos de nuestra mente-ego.

A veces, atrapados por el afán calculador, nos privamos de ser lo suficientemente atrevidos como para lanzarnos a crear. A pesar de que la mente racional no es creativa —no se puede llegar al arte a través de la razón—, la mente sí constituye un instrumento poderoso para dar forma a la creatividad pura que sale del impulso del corazón. Si este impulso pasa por una mente silenciosa, se va a transformar de manera que, visto desde fuera, aparentará ser arte y genialidad. Si por el contrario el impulso creativo pasa a través de una mente ruidosa, la forma externa aparecerá más densa y distorsionada.

Cuando estamos poseídos por la fuerza de nuestra mente y nos esforzamos en entender algo, solemos terminar más confundidos todavía. Esta confusión aparece porque creemos que hay una cierta lógica que nosotros no conocemos. Entonces nos agarramos a la idea de que, en cuanto entendamos esa lógica, nuestra confusión desaparecerá. Si, por ejemplo, nos disponemos a hacer un trámite burocrático, sabemos que este cuenta con una lógica que, aunque pueda resultarnos absurda, podemos llegar a entender. En este caso, podemos estar confundidos hasta que sepamos cuáles son los pasos a seguir. La dificultad es que cuanto más insistimos en aplicar a la Vida una lógica que no sigue, la sensación de confusión se hace cada vez mayor y más intensa. Puesto que lo contrario de lo lógico es lo absurdo, cuando estamos tan confusos podemos incluso llegar a pensar que nos estamos volviendo locos. La clave para dejar de estar confundidos es contactar con la Vida sin pretender aplicar nuestra lógica, atreviéndonos a relacionarnos con ella desde nuestra propia «locura».

Aunque la mente es una experta en crearse problemas, a la energía 7 le encanta encontrar y disfrutar de las soluciones; a no ser que se use un enfoque negativo, en cuyo caso, desde esa otra cara de la misma moneda, colocará un problema sobre otro en una escalada sin fin. Somos pues especialistas en el «sí, pero...» que aplicamos constantemente cuando discutimos o debatimos. Lo curioso de esto es que no solemos vivirlo como una discusión, sino como una forma normal de relacionarnos. Es como si sacáramos al exterior la partida de pimpón que tenemos dentro de nuestra cabeza para compartirla con los que nos rodean.

En ese placer que encontramos no solo entendiendo y explicando las cosas, sino haciendo que los demás nos las expliquen, nos topamos con el deseo del ego de recibir medallas y elogios. El ego hambriento necesita que los demás reconozcan lo listo que es y lo bien que hace las cosas. Y en ese intento del ego por destacar y por ser más que los demás, también vemos lo que los otros nos han hecho y lo buenos que somos nosotros que incluso los hemos perdonado. Analicemos esto en el siguiente apartado.

LOS EXTREMOS DE LA MENTE: LOS «MALOS» Y LOS «BUENOS»

La esencia agresiva de la mente nos lleva a posicionarnos junto a ella o en su contra, con lo que el mundo a menudo se nos presenta como una competencia e incluso como una lucha por la supervivencia. Creyendo que los demás quieren perjudicarnos, nuestra mente crea las armas para defendernos y protegernos de ellos. Entonces solemos quejarnos de que hay muchas personas malas por el mundo y... ¡menos mal que las hay!, porque somos nosotros los que escribimos el guion de nuestra vida dándoles un papel importante. ¿Qué pasaría si no hubiera malos? Resultaría que no podríamos hacer nuestra película. Tras una situación de confrontación, vengarnos es una tentación justiciera a la que no solemos resistirnos. Olvidando que no está en nuestras manos decidir lo que otra persona se merece o no, a veces no nos conformamos con vengarnos de alguien y ya está, sino que justificamos nuestra actitud afirmando que esa persona se lo merecía.

Cuando arrebatados por la agresividad nos enfocamos en la otra persona, no solemos tener en cuenta nuestra parte ni nuestra participación en el proceso que vivimos. Detrás de cualquier confrontación está nuestra agresividad, esa energía bruta que parece que no encuentra otra manera de expresarse más que dañando al otro o reprimiéndose amargamente. El patrón de conducta que suele funcionar aquí es responder a la agresión si el que me hace daño es más débil que yo; y si es más fuerte, reprimirla expresándola contra mí mismo. En ambos casos, tanto si elijo responder como si opto por reprimir mi agresividad, puedo acabar haciéndome daño a mí mismo, pues para hacer daño a alguien debo antes generar ese daño dentro de mí; un daño que al ser mío y estar en mí puede dañarme más a mí que a la otra persona, que quizá ni siquiera lo perciba.

Mientras sigamos viendo la situación de forma que haya un «bueno» que soy yo y un «malo» que es el otro, habrá lucha, y aunque gane uno de los dos la lucha nunca acabará del todo porque un bueno siempre acaba atrayendo a un malo y viceversa. Ya sabemos que en cuanto nos vamos a uno de los extremos aparece el otro extremo para equilibrar. Así, cuando insistimos en tener razón, aparece alguien que se empeña en decir que estamos equivocados. Solo cuando dejemos de insistir en tener razón dejarán de llevarnos la contraria.

Hay quien rompe una relación porque su pareja es excesivamente celosa, controladora o autoritaria, y cuando cambia de pareja se encuentra con que la nueva es igual o aún más controladora. Es evidente que una persona no va a elegir de forma consciente que la controlen hasta no dejarla respirar. Sin embargo, a nivel subconsciente, se está generando una atracción concreta hacia ese tipo de personas. En esa situación, por dramática que sea, participan dos personas que son las que manifiestan esa situación concreta. En algún nivel de inconsciencia se ponen de acuerdo, uno para controlar y el otro para ser controlado.

Este proceso pendular entre los extremos «bueno» y «malo» te debe llevar a descubrir que solo estás tú y que tú no eres el bueno ni el malo..., que simplemente *eres*. Igual que tú, cada persona ha venido a jugar su propio juego, que resulta que no es ni mejor ni peor que el tuyo. Es simplemente un juego que no va contigo, pues se trata del encuentro individual de cada cual con la Vida. Así que, en cierta manera, podemos decir que no hay nadie más que tú, puesto que la relación con la Vida es algo que sucede de uno en uno, de una manera única e intransferible. No consiste entonces en una competición en la que hay que ganar o perder, sino que se trata de un avanzar por un camino propio que se va haciendo paso a paso.

Cuando alguien nos «hace» algo que no nos gusta, en lugar de dirigir la energía bruta contra esa persona o contra nosotros mismos, vale la pena preguntarnos cómo hemos creado, de forma consciente o inconsciente, esa circunstancia que estamos viviendo. Si aceptamos que de alguna manera hemos creado y atraído lo que tenemos delante, podremos contactar con el poder que tenemos para crear circunstancias. Así, haciéndonos conscientes de ese poder, podremos no solo utilizarlo de otra manera que apoye o aporte más a todos, sino también llegar a reconocer que, en realidad, nadie nos ha hecho nada, y por tanto la necesidad o la idea de vengarnos, perdonar u olvidar se desvanece.

PARAR EL RUIDO MENTAL: DEJAR DE HACERNOS PREGUNTAS

A veces confundimos el ser inteligentes con la capacidad para hacer preguntas, y creemos que, si respondemos a las suficientes, algún día vamos a encontrar la solución. La mente, cuando es muy activa y tiene espacio de sobra para campar a sus anchas, puede pasarse el día haciendo preguntas, una tras otra. Cuanto más rápido las responde, más rápido elaborará otras nuevas; tan rápido que será imposible contestarlas todas. A más respuestas dadas, habrá más preguntas nuevas que generarán más respuestas que generarán más preguntas... Si nos dejamos arrastrar por este ritmo frenético en el que se sumerge la mente, casi con seguridad sentiremos mucha tensión. Nos veremos inmersos en una situación en la que iremos haciendo más preguntas sobre las que quedaron sin responder, creando así la sensación de que la solución que antes sentíamos cerca, ahora se nos escapa sin poder evitarlo.

Cuando nos quedamos encerrados en una pregunta, creemos que encontrar la respuesta va a sacarnos de ese encierro y nos dará cierto alivio. Y no es así porque en realidad, casi sin darnos cuenta, hemos entrado en un laberinto del que va a ser difícil poder escapar en la próxima esquina. Y cuanto más caminamos y más giramos, más confusos y perdidos estamos. Viéndonos prisioneros, no nos damos cuenta de que la lógica que intentamos aplicar a esa situación de encierro es precisamente la que está levantando paredes cada vez más altas. Cada uno de nuestros porqués, lejos de ayudarnos a encontrar la salida, va aumentando el grosor y la altura de esos muros que nos encierran.

Cegados, no somos capaces de ver que si fue nuestra mente la que se encontró encerrada, no es ella la que nos puede sacar. Ese nivel de la mente no tiene acceso a una realidad de conciencia más amplia y que es que el laberinto no existe y que la Vida no está encerrada ahí dentro. De manera que si queremos encontrarnos fuera, tendremos que ascender a otro nivel de conciencia más amplio, que exploraremos en el próximo apartado.

De momento, probemos qué ocurre si dejamos de hacernos preguntas. Si podemos interrumpir ese incesante caudal de la mente y decirle «no voy a responder a esa pregunta», quizá por un instante podamos observar el silencio que se produce en ese nuevo espacio surgido de la no respuesta. Cuando podamos observar las preguntas que hace la mente sin más, sin siquiera intentar evitar que las haga o sin intentar cambiarlas, quizá veamos cómo disminuye el flujo de preguntas. Si continuamos con esta práctica, puede llegar un momento en el que hagamos una última pregunta... al menos la última por hoy. Puede que nos preguntemos: «¿Hay alguna otra pregunta?», y puede que no haya ni respuesta. Entonces podremos por fin quedarnos un tiempo saboreando el silencio.

LIBERAR LA MENTE Y VOLVER AL CUERPO: RESPIRAR, MEDITAR, ESTAR EN SILENCIO

Una vía accesible para liberar la mente es el autoconocimiento que se establece a través de la práctica de la meditación [24]. Es necesario tener valor para cerrar los ojos y observar sin juzgar cualquier cosa que se presente, especialmente lo que aparentan los fantasmas que están en nuestro interior. El hecho de mirarlos con presencia, simplemente observándolos sin intervención ni opinión, es la clave de su liberación. Al observar con presencia cualquier fantasma del pasado, este se desvanece. Ninguna ilusión puede sostenerse en presencia de la verdad.

Nuestra mente es muy poderosa. A menudo vivimos nuestras vidas sustentándonos en lo que no ha sucedido o en lo que queremos que suceda. Oímos a nuestra mente decirnos que deberíamos estar en cualquier otro lugar, haciendo algo mejor con cualquier otra persona. Su apego obsesivo y ruidoso por el tiem-

---

[24] Véase la meditación descrita en el capítulo 2 bajo el apartado «Mundo interior».

po nos lleva a identificarnos con un pasado que nos da identidad y con un futuro que nos promete algo mejor, pasando por alto que el ayer y el mañana son solo ilusiones que nos alejan de lo más importante: honrar y reconocer el presente permitiendo que simplemente sea.

Una manera de no dejarnos arrastrar por esos pensamientos es quedarnos en el cuerpo, quitándole importancia a todo lo que no esté físicamente delante de nosotros en este momento. Puesto que al sacarnos del presente la mente nos está sacando también del cuerpo, tal vez podamos empezar dándonos cuenta de cuándo estamos en el cuerpo y de cuándo no lo estamos. Para ello, algo que en cualquier circunstancia resulta infalible es respirar, pues la respiración implica un estar en el momento acompañando a la circunstancia que está sucediendo en el instante.

A través de la práctica de la respiración consciente [25] experimentamos un silencio que agudiza nuestra percepción. Por el contrario, cuando estamos alejados de ese espacio de silencio, nuestras percepciones resultan alteradas por el ruido mental. La primera dificultad con la meditación es querer o creer entenderla, y no se trata de entenderla, sino de experimentarla. Entonces, lo de estar conscientes deja de ser una idea más que nos han contado. Al poner nuestra atención en la respiración, se crea un espacio para observar el movimiento de la mente como un testigo silencioso. Poco a poco, esa presencia consciente y silenciosa nos permite dejar de identificarnos con nuestra mente y liberarla.

Cuando estamos atrapados en el ruido mental, si alguien nos dice algo que nos resulta desagradable, reaccionamos de forma automática con enfado, disgusto o agresividad, permitiendo entonces que una palabra altere nuestro estado de ánimo y nos ponga, por tanto, en manos de cualquiera. Por el contrario, cuan-

[25] En el apartado «Décima vía: la meditación», del libro *El Lenguaje del Alma*, se ofrece otro método de meditación en la unidad.

do nos permitimos esos espacios de silencio, podemos crear un nuevo espacio desde el que reaccionar de manera diferente a eso que sentimos que viene de fuera y que nos ataca. Así que, si después de escuchar esas palabras podemos elegir nuestra reacción, habremos ganado nuestra libertad.

La dificultad para desligarnos de ese ruido mental la encontramos en que asociamos y relacionamos ese barullo y actividad de la mente con nuestra capacidad intelectual. Por eso, cuando nos quedamos en silencio, podemos pensar que hemos perdido nuestro nivel, que ya no somos tan inteligentes ni funcionamos tan bien como antes. Podemos encontrarnos con que las cosas a las que antes dábamos importancia ya no la tienen o que ya no reaccionamos a las mismas cosas o lo hacemos de manera diferente. Si sentimos todos esos cambios como una pérdida, seguramente nos estemos identificando con el personaje que creíamos ser, olvidando que nosotros no somos lo que pensamos ni lo que sabemos ni lo que hacemos. Cuando nos hallemos en ese estado aparentemente caótico y quizá oscuro, debemos alimentar nuestra confianza en el proceso con los destellos de lucidez que hayamos experimentado. Con la práctica, comprobaremos que esos momentos o atisbos de silencio, claridad y vacío no son una excepción, sino que son el estado natural. Un estado del que provenimos y al que podemos regresar retomando el contacto con el cuerpo, la respiración y el silencio. En esos primeros instantes en los que logramos contactar con nuestro silencio, podemos creer que estamos en otro mundo, un mundo «irreal» que nos aparta de ese otro «real» que es el que más conocemos. Probemos. Probemos poco a poco a permanecer más y más tiempo en ese mundo «irreal», que se irá convirtiendo en el real a medida que ese otro mundo ruidoso se convierta en algo falso. Celebremos que así sea, porque estaremos alejándonos de un mundo construido por el ego con la ilusión de enaltecerse; un mundo en el que nos vimos obligados a competir y a ser mejores que los demás para demostrar nuestra valía. Ahora, en este otro mundo, en este silencioso aquí, ya no nos hacen falta esas armas. En este mundo, en el mundo del amor, ya no hay que luchar por ser el mejor, pues simplemente siendo ya somos lo mejor que podemos ser.

Para pasar del RUIDO al SILENCIO *RECUERDA QUE...*

- ... mientras estés identificado con tus pensamientos —creyendo que tú eres ellos y que lo que escuchas en tu cabeza es verdad— vas a sentirte confundido a menudo. Relájate en el Ser y espera a ver qué pasa. Te va a sorprender cómo las cosas fluyen silenciosamente a su lugar.
- ... la clave para mantenerte en el ahora, a pesar de la insistencia o costumbre de tus patrones mentales, es establecerte en el cuerpo, vivir en el cuerpo que siempre está en el ahora. Empieza sintiendo tu respiración y observando los pensamientos como fenómenos transitorios que aparecen y desaparecen en la mente; conviértete en su testigo consciente o su observador silencioso.
- ... si te mantienes en contacto con tu cuerpo, tu respiración y tu silencio, los momentos de paz dejarán de ser una excepción para establecerse como tu estado natural.

RETORNANDO A LA UNIDAD...

Cuando observas el fluir de tus pensamientos de forma desapegada, desembocas en un océano de paz interior. Sentarte en actitud meditativa o moverte lentamente te ayudará a establecerte en esos sagrados espacios de silencio. Desde ahí, ya no necesitas ir a ningún otro lugar porque estarás en ti, en el Ser, conectado con la esencia amorosa en la que somos Uno.

2. LA NATURALEZA ESENCIAL

EL CONTACTO CON EL SILENCIO DE LA NATURALEZA

Una de las cualidades que transmite la naturaleza es *estar* o *permanecer*, como el árbol centenario que durante siglos simplemente *ha estado* ahí. La naturaleza también nos ofrece un espacio silencioso que contrarresta el ruido mental provocado por el continuo movimiento de los pensamientos. Escuchando sus sonidos, que no solemos etiquetar como ruidos, nos podemos relajar y simplemente estar. Podemos pasear sin necesitar hacer nada más, sin tener que distinguir necesariamente entre las variedades botánicas o entomológicas…, o quizá simplemente flotar en un bote en mitad de un lago.

A veces, debido a que estamos enganchados al ruido que provoca el «comerse el coco», nos cuesta estar en contacto directo con la naturaleza. Al no haber ruido allá afuera, nos podría parecer que el ruido interno se amplificase causando una sensación ilusoria de mayor ruido si cabe. Pese a esta sensación, también podemos lograr que ese silencio que emana la naturaleza nos ayude realmente a contactar con nuestra naturaleza esencial, con ese estado puro, natural y silencioso que reposa bajo la intensidad de nuestra actividad mental.

También puede ocurrirnos que, empujados por un aspecto místico mal interpretado, nos quedemos aislados si permanecemos mucho tiempo en la naturaleza. Parece que una vez que hemos conectado con el espíritu, lo mejor es quedarse ahí y no regresar a ese otro mundo material y ruidoso. Esta tentación se debe a que a veces nos confundimos creyendo que rechazar lo material nos acercará más a lo espiritual, cuando lo que puede ocurrir es que apartándonos en exceso del mundo físico terminemos aislados como ermitaños. No nos damos cuenta de que, en realidad, la creencia de que la materia es menos espiritual que la no materia se basa en una confusión materialista, pues cuanto más rechacemos la materia, más apegados estaremos a ella. Además, si la Conciencia Divina está en todas partes y el mundo físico es una de sus manifestaciones, lo divino y lo sagrado se hallarán tanto en lo espiritual como en lo material. Si queremos realmente desapegarnos de la materia, antes que rechazarla, el camino pasa por aceptarla totalmente. De no ser así, al aislarnos y separarnos del mundo, estaremos en última instancia separándonos de la vida, y nuestro camino, en realidad, lejos de estar en la dirección del aislamiento, está enfocado hacia el mundo. Somos personas del mundo y el mundo nos quiere ahí.

Estar en el espacio de silencio que nos ofrece el escenario de la naturaleza nos conecta con nuestra naturaleza esencial. El siguiente paso es llevar ese silencio a otros escenarios.

En una ocasión pasé unos días en un monasterio zen, donde una de nuestras actividades era pasear en silencio y muy despacio con los pies desnudos sobre un amplísimo suelo de mármol, siendo extremadamente conscientes de cada paso. En uno de esos pasos se estableció en mí una profunda y hermosa paz, lo que consideré mi naturaleza esencial.

Al despedirme de los monjes los invité a realizar la misma actividad en el metro de Madrid, a una hora punta. Me llevé su respuesta como un regalo, que fue el estruendoso estallido de sus carcajadas solapándose de forma perfecta con la paz del monasterio.

Debido a mi propuesta he sentido el impulso de realizar esta práctica ocasionalmente en algún centro comercial, encontrando la misma paz interior. Al alcanzarla he sentido que mi paso por el monasterio había dado su fruto. De otra forma, sentir la paz solo en la silenciosa sala de mármol no pasaría de ser algo anecdótico.

Establecer contacto con nuestra naturaleza esencial en un escenario silencioso nos ayudará a trasladarla a otros escenarios externamente más ruidosos. En ese punto quizá podamos dejar de sentir que el mundo es amenazador, agresivo o que nos ataca, y empezar a percibirlo como un ambiente amistoso. Es decir, si percibimos la naturaleza como un lugar apoyador, podremos expandir la sensación de apoyo a otros lugares como la ciudad, el trabajo, etc. Si logramos extender ese vínculo apoyador hacia todos nuestros escenarios, podremos deshacer los límites que los separan hasta conseguir verlos formando parte del mismo mundo amistoso.

LOS ESCENARIOS DE NUESTRA VIDA

La mente, ansiosa por llegar a conclusiones, se dedica a clasificar, a nombrar y a dividir las cosas en trozos más pequeños para poder analizarlos mejor. El problema es que esas conclusiones a las que llega tienen sentido únicamente en el reducido contexto de esa pequeña parte que la mente ha analizado. Sin embargo, la mente intenta aplicar esa conclusión fuera del contexto del que la ha extraído y, como no suele funcionar, crea más confusión si cabe.

Siguiendo esta tendencia, cuando la mente observa un escenario también lo divide estableciendo una primera diferencia entre lo que *soy yo* y lo que *no soy yo*. Así, el escenario se percibe como algo separado de uno mismo, quedando el yo aquí y allá todo lo que no es yo. Este sentimiento de escisión es el que nos lleva a considerarnos víctimas que sienten que un mundo cruel o insensible nos hace «cosas». Nos quejamos entonces de que las cosas no nos salen bien, que los demás nos atacan o quizá que los que deberían querernos nos ponen zancadillas. Inmersos en esta espiral de pensamientos, solo hay dos salidas: anclarnos al sentimiento de víctima o despertar. Es una cuestión de tomar tu poder y elegir. ¿Cuál eliges?

Recuerda a partir de ahora tu elección.

El sentimiento de víctima ya lo conocemos y no nos va a llevar muy lejos. El momento de darse cuenta de que somos creadores de nuestra realidad es lo que se llama un despertar. Darnos cuenta de que somos nosotros quienes le damos el significado a lo que sucede. No hay nadie ahí fuera que nos haga «eso»; lo que ocurre no significa nada hasta que nosotros lo miramos y lo nombramos de esa manera.

Hemos entrado en un nuevo mundo, y entonces el viejo se desvanece o, al menos, pierde fuerza y deja de ser tan «denso». La «realidad» se convierte en algo subjetivo y relativo. Y es que aunque podamos tocar la densidad material del escenario de allá afuera, nos damos cuenta de que no es tan real, porque es el mundo interior el que da realidad al mundo exterior. Nos damos cuenta de que las cosas ocurren de una manera cuando las vivimos en un estado interior determinado, y de otra cuando las vivimos desde otro estado diferente. Entonces, si lo que ocurre por dentro cambia lo que ocurre por fuera, ya no podemos seguir afirmando que el mundo está ahí y yo estoy aquí, aunque aparente ser así. Lo que ocurre por fuera es un reflejo de lo que ocurre por dentro. Establecidos en el nuevo mundo, podemos finalmente percibir la magia de la Vida, pues cuando uno se abre a vivir en plenitud su mundo interior, el mundo exterior cambia por completo.

Para observar la relación entre nuestro estado interior y lo que pasa a nuestro alrededor debemos ser más conscientes de nosotros, de lo que sentimos. Por lo general, solemos estar enfocados hacia fuera y percibir nuestra vida como si se desarrollara en distintos escenarios: el trabajo, la casa, la familia, los amigos, la intimidad, la espiritualidad…, como si nuestra vida fuera un tránsito de un escenario a otro.

Los cambios en nuestra actitud o en nuestros puntos de vista son los que crean las diferencias entre nuestros diversos escenarios. Algo que permite disolver esta escisión es poner la atención en los momentos de cambio de escenario, ya que es en esos espacios de transición donde podemos crear conexiones entre ellos. Sumidos en la oscuridad inicial, nuestra percepción puede estar fragmentada y esos puentes pueden resultar muy útiles. A medida que evolucionamos y que la luz va siendo cada vez más clara, podemos empezar a percibir los distintos lugares en los que vivimos como una manifestación de las divisiones creadas por nuestra mente. Parte de nuestro camino en esta vida es disolver esas fronteras reduciendo la distancia entre nosotros y el mundo, hasta que nos demos cuenta por fin de que no existe tal distancia, de que el mundo y nosotros somos uno.

A veces, este movimiento entre nuestros cambios de escenario puede materializarse en un fuerte deseo de hacer viajes a lugares lejanos. Aunque viajemos por el mundo para conocerlo, las cosas que ocurren en él son demasiado complejas para que la mente racional pueda llegar a comprenderlas. El corazón, en cambio, sí puede hacerlo porque el amor no conoce ningún límite. Nuestro camino pasa por reconocer las divisiones creadas por la mente y unirlas en el corazón. Conectando con nuestros sentimientos más profundos y actuando alineados con ellos podremos dejar que el corazón una cosas que la mente nunca podría unir.

Para pasar de la SEPARACIÓN
a lo UNO *RECUERDA QUE...*

- ... la distinción entre lo espiritual y lo material es solo una idea en la mente; lo divino y lo sagrado están en todas partes. Cuando quieres aislarte del mundo en busca de la espiritualidad, estás empujando los extremos hacia la separación.
- ... son tus puntos de vista los que están re-creando «allí fuera» esos aspectos que parece que funcionan o no en tu vida. Así que cuando percibas que un área de tu vida no funciona como esperas, observa si tu actitud en ella es la misma que empleas en otras áreas donde te va bien. Eres el creador del escenario en el que vives.
- ... a medida que evoluciones verás que los distintos escenarios en los que vives no son más que manifestacio-

nes de las divisiones creadas por tu mente. El siguiente paso es trascender esa escisión y descansar en la unidad incondicional del corazón.

RETORNANDO A LA UNIDAD...

El mundo externo empieza a existir cuando lo percibimos a través de los sentidos externos y le damos significado a través de los sentidos internos. Al darnos cuenta, los distintos escenarios en los que vivimos se convierten en reflejos de las divisiones creadas por nuestra mente y nuestras propias proyecciones. De sentirnos separados y distantes del resto del mundo, pasamos a observar esa distancia ilusoria conscientes de que la separación existía solo como una proyección de nuestra mente divisoria. Entonces lo observado y el observador se funden, el creador y lo creado son Uno y el mundo y nosotros somos Uno; se ha establecido la naturaleza esencial.

3. SALTO AL VACÍO

Soltar la lógica

El principio del camino 7 suele ser muy racional, aplicando a las cosas o situaciones una lógica aplastante en forma de una sucesión de preguntas. Así, por ejemplo, si estamos en la naturaleza, podemos descubrirnos preguntándonos si nos gusta o no estar allí. El problema es que después de una pregunta viene otra y luego otra y otra..., y mientras haya preguntas no es posible trascender. A veces nos sentimos arrastrados de forma inevitable a hacernos preguntas de cualquier tipo: «¿Me gusta estar en contacto con la naturaleza? ¿Es más espiritual un árbol que una pie-

dra? ¿Es más espiritual una piedra que un edificio?». Más adelante, cuando nos vamos dando cuenta de que somos parte del
todo y de que la Conciencia Divina está en todas partes, dejamos
de sentir la necesidad de preguntarnos si hay cosas más espirituales que otras.

Mientras tanto, nos lo pensamos todo una y otra vez hasta
que llegamos al punto irremediable de sentirnos profundamente
confundidos. Entonces, cuanto más nos ofuscamos y más sensación tenemos de que algo se está derrumbando delante de nosotros, más nos aferramos al pensamiento racional, que es lo más
sólido que encontramos a mano. Comportándonos de una manera cerrada y desconfiada que nos parece lógica, iniciamos nuestro camino dándole la espalda a nuestra parte espiritual o mística.
Es precisamente esta represión la que va a llevarnos al otro extremo como si fuera un péndulo: cuanto más se le fuerza y empuja hacia un lado, más lejos acaba llegando por el otro. Es un
salto al vacío inevitable, y cuanto más nos resistamos a darlo,
más sufriremos.

UNA NUEVA FORMA DE PENSAR

Siguiendo una lógica impecable, llega un momento en que
esta se puede convertir en absurda. Mientras algunas personas
se encuentran con obstáculos que les impiden avanzar en su camino, nosotros nos encontramos con que, de pronto, el camino
nos llevó hasta un acantilado. Y no es que se acabe el camino de
la lógica —pues no se acaba nunca—, sino que tras enredarse sobre sí misma y extenderse hasta el infinito, la lógica vuelve a empezar sin haber llegado a ninguna parte. De ahí que digamos que
la lógica nos lleva al borde de un acantilado, en el que no queda
otro remedio que saltar. Nos resistimos a aceptar que se trata realmente de un camino sin salida, ya que después de haber ca-
minado tanto tiempo explorando todas las bifurcaciones creíamos que íbamos a algún sitio. Nos cuesta aceptar que finalmente

nos haya conducido al borde de un acantilado. Parece que ha llegado el momento de saltar aunque no estamos nada seguros de ello. Paralizados, asomados a ese vacío, la mente sigue martilleándonos la cabeza recordándonos lo que ya sabemos: «Hay dos alternativas: lanzarse al vacío o volver atrás».

Y aunque estemos hartos de nuestra mente, tenemos que darle la razón. No queremos volver atrás, aunque peor opción parece esa de saltar al vacío. Pensamos que quizá hayamos cometido algún error en alguna parte del camino. Entonces repasamos concienzudamente todo nuestro recorrido y resulta que no, que no hemos cometido ningún error que justifique el que ahora nos encontremos al borde de un acantilado. La situación se pone cada vez más difícil. Ya conocemos el camino por donde hemos venido y no le encontramos sentido a recorrerlo de nuevo. Además, la mente está presionando más que nunca advirtiéndonos de que si saltamos ya no podremos volver a contar con ella. Su amenaza nos paraliza, pues después de haber andado tanto tiempo juntos y después de que nos haya «ayudado» tantas veces, tememos caer al vacío sin ella. Porque, eso sí, ese salto escapa al control de la mente, y si saltamos, lo haremos sin ella.

En esta historia, una persona que cae por un acantilado logra sujetarse a una rama saliente y se queda colgando. Su situación es muy delicada porque le es imposible subir y tampoco podrá aguantar mucho tiempo colgado. Se le ocurre gritar:

—¿Hay alguien ahí abajo?

Y retumba una voz en el vacío:

—Suéltate, mi hijito, yo te sostendré.

Se queda pensando unos instantes y vuelve a preguntar:

—Sí, gracias, pero… ¿hay alguien más…?

La mente, que será dejada de lado en este salto al vacío, quizá trate de regresar a sus espacios de poder, que son la duda, la desconfianza y el miedo. Nosotros tendremos la elección de seguir dándole cabida o no en nuestras vidas. Como tarde o temprano hay que dar ese salto, lo mejor es empezar a practicar lanzándonos a cosas pequeñas. Poco a poco podremos ir corriendo el riesgo de hacer caso a nuestro corazón, a nuestra intuición, aunque nuestra mente temerosa y conservadora nos aconseje por prudencia que no lo hagamos. Así, a medida que vayamos cogiéndole el gusto, cuando llegue el gran salto estaremos preparados para disfrutarlo de verdad.

La trascendencia es la elevación del nivel de conciencia al que llegamos cuando nos lanzamos a sentir la Vida liberados de la estructura limitadora de la mente. Entonces, cuando trascendemos, los problemas desaparecen, se disuelven en el vacío, no porque se haya encontrado su solución, sino porque el contexto o el nivel de conciencia que los creó ya no está. Un problema lo crea una determinada forma de pensar, y no se trata de solucionar el problema o conflicto, sino de darse cuenta de la forma de pensar que lo crea. Al observar desde el ahora la antigua forma de pensar que creó el problema, esta cae, se desvanece, y el problema con ella. Ha ocurrido un salto de conciencia.

Para pasar de la RAZÓN
al CORAZÓN *RECUERDA QUE...*

- ... si te apartas de tu esencia usando la razón para guiar tu vida, vas a llegar desorientado, tarde o temprano, al borde de un acantilado.
- ... no hay manera de evitar el salto, así que cuanto más tardes en darlo, más prolongarás un sufrimiento aparentemente inútil. Si aún no te atreves a dar el gran salto, puedes ir practicando haciendo cada vez más caso a la sabiduría de tu voz interior.
- ... la trascendencia es el salto que te permite incluir un nivel en el siguiente: el pensar en el saber, la información en el conocimiento y la mente en el corazón.

RETORNANDO A LA UNIDAD...

En el salto, nos precipitamos hacia nuestro interior. Esa aventura hacia el Ser es un viaje místico en el que somos absorbidos hacia un espacio en el que la búsqueda desaparece. Habiendo trascendido la mente, hemos trascendido también la dualidad. En ese silencio podemos finalmente reposar y disfrutar de lo que somos y de un vacío al que no le falta nada.

Camino 8

MAGIA

*Cuando realizas una acción externa empujas el mundo
y te separas de él, te alejas de ti mismo y de lo que
te pertenece por derecho original; la acción
interna atrae tu abundancia natural
y restablece la unidad.*

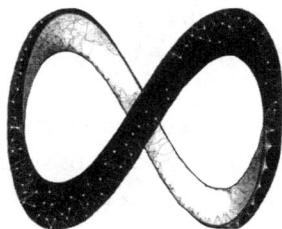

A L LLEGAR LA CLARIDAD EL 8 DESCUBRE la acción interna y
renuncia a la acción externa. Entonces el poder se hace
magia, manifestando su intención creadora en el mundo, sin necesidad de tocarlo. Si en el 7 soltamos la mente racional para llegar a la verdad del corazón, en el 8 soltamos el poder personal
para que se establezca el poder del Ser. Cuando buscamos el poder creyendo que no lo tenemos, entramos en la fantasía de la
impotencia y, para tratar de lograr lo que deseamos, podemos
caer en la manipulación.

Comprendiendo la ascensión de pasar de niño a adulto como
si fuera un viaje desde el 1 al 8, avanzando a través de los tres
triángulos como un proceso de acumulación de poder en el mundo, ahora en el 8 llega el momento de soltarlo. Esa es la metáfora
de la transmutación personal o la muerte del personaje, el viaje de
regreso al espacio indiferenciado que es el origen de todo.

1. MAGIA

Solemos relacionar el concepto de poder con nuestra capacidad para lograr cosas. Esto indica cambiar lo que hay por lo que queremos que haya, es decir, lograr que las cosas sean diferentes a como son. No nos damos cuenta de que con esta pretensión de cambiar lo que hay estamos diciendo no a lo que tenemos delante. Parapetados así tras ese muro que levantamos a nuestro alrededor, nos sentimos fuertes y poderosos, ajenos al hecho de que diciendo no, en lugar de situarnos en nuestro espacio de poder, estamos colocándonos en el otro extremo: el de la falta de poder o de la impotencia. Y así caminamos por la vida, investidos con un poder que resulta estar hueco, pues el verdadero poder es el que se necesita para entregarse a la Vida y decir sí.

Participamos de este juego aparentemente paradójico asentados en la creencia de que el poder nos sirve para ganar y, alguna vez, para dejar ganar al otro. En este juego de niños de perder y ganar, antes del enfrentamiento externo, la persona ya ha sentido una necesidad o una pérdida a nivel interno que es la que le ha llevado a querer ganar. Y puesto que las batallas se ganan con uno mismo desde dentro, el que gana es el que, al fin y al cabo, no siente la necesidad de ganar.

El 8 ha venido a experimentar con poder, por tanto, si no estamos conectados con el sentimiento de impotencia, nos es fácil alcanzar nuestros deseos en los aspectos materiales, si bien la parte emocional de la experiencia puede resultarnos un desafío. Cubiertos con una gran coraza, vamos de acá para allá creyendo que así estamos manifestando nuestro poder y que, puesto que nuestra armadura es la más fuerte, tenemos asegurada la batalla. Así, escondidos bajo esas protecciones gruesas e indeformables, conseguimos no sentir, perdiéndonos lo mejor de la experiencia mientras continuamos creyendo que así somos más fuertes y poderosos. El poder consiste en dejar de necesitar protegerse y esconderse, en soltar la coraza y permitirse sentir y decir: «Aquí estoy, venga lo que venga». Solo cuando nos abrimos a confiar así en la Vida podemos dar el paso de ejercer nuestro poder, que no es otro que abrirnos a la totalidad de la experiencia de forma incondicional.

El verdadero poder es, por tanto, un poder interior que no necesita ser usado ni mostrado, y cuando te haces consciente de él la Vida deja de colocarte en situaciones en las que parece que debes usarlo.

En mi primer viaje a India tomé todas las precauciones e hice caso a todas las recomendaciones que daban en las guías, incluyendo la administración de una serie de vacunas. Durante el viaje estuve tan enfermo que casi no regreso[26].

Unos años después, en mi siguiente viaje decidí no seguir ninguna recomendación de seguridad. Recuerdo que una de ellas era no andar en chanclas por sitios húmedos. Yo me sumergía completamente todos los días en el Ganges, el río sagrado; eso sí, me quitaba las chanclas y todo lo demás.

Posteriormente estuve en zonas prohibidas para occidentales —debido al riesgo de contagio por enfermedades infecciosas— de un centro de recogida de moribundos de la Madre Teresa. Tampoco me administré ninguna vacuna y comía diariamente en puestos callejeros. No se me olvidó saltarme ninguna recomendación, incluso pocos días antes de mi regreso decidí tomar agua del grifo, algo que no puede hacerse de ninguna manera según las indicaciones de las guías de viaje. En definitiva, todo ello me sentó estupendamente.

Por supuesto, este no es un comportamiento que recomiende, dado que cada uno es creador de su realidad y, por tanto, debe ser consciente de lo que está creando. Por ejemplo, el temor a ser contagiado, la idea de que necesitas protegerte, o creer que no tienes suficientes defensas, puede hacer que tu sistema inmunológico se deprima. Cuando entras mentalmente

---

[26] Algunas aventuras de este viaje están descritas en apartado «Segunda vía: el arte de decir sí» del libro *El Lenguaje del Alma*.

en ese mundo, estás bajo su efecto y corres el riesgo de ser contagiado.

No puedes experimentar situaciones en el mundo externo que no hayas creado interiormente consciente o inconscientemente. Si tú no vives en un determinado mundo, no puedes encontrarte con sus elementos porque no pertenecen a él. Por ejemplo, no es posible que te roben si tú no vives en un mundo donde exista esa posibilidad. Por tanto, cuando no te sientes seguro, o no crees tener suficiente poder, atraes situaciones que te llevan a medir ese poder y tratar de demostrarlo una y otra vez. En el límite, justo en el momento en que crees que tienes que usar tu poder, es cuando empiezas a perderlo.

La esencia del poder es fundamentalmente femenina, en tanto que todo lo que conforma el planeta físico se manifiesta a través de la madre naturaleza. De esta esencia femenina y receptiva es de donde nace la cualidad del poder indirecto, que es algo más cercano a la magia o a la intención manifestadora. Para que ocurra la magia de la manifestación la energía de la intención debe estar enfocada en una dirección determinada. Somos seres de luz y la abundancia es lo natural. Solo se requiere presencia e intención para permitir que las cosas se acerquen [27].

Dejar de manipular las cosas

Cuando vemos que algo se está cayendo y tememos las consecuencias de la caída, instintivamente actuamos intentando sujetarlo. Sin embargo, si logramos liberarnos de lo que creemos que serán esas consecuencias, podemos probar a no intervenir, haciendo uso de nuestro poder indirecto, que es el poder de permitir. Lo que ocurre es que normalmente, desconfiando de este poder, terminamos metiendo la mano y, en consecuencia, la pata.

---

[27] En el apartado «Confluencia de circunstancias en Madrid», del libro *El Lenguaje del Alma*, se muestra un ejemplo de cómo sucede.

Así, intervenimos directamente intentando sujetarlo y consiguiendo únicamente que se precipite con más fuerza. Olvidando que la gracia de la magia es que ocurra algo increíble sin tocarlo, terminamos queriendo controlarlo aunque para ello tengamos que manipular la situación.

En un determinado nivel de conciencia, la manipulación consiste en utilizar a otras personas que desconocen nuestra verdadera intención para conseguir nuestros objetivos. Las personas que se sienten sin poder suelen recurrir a la manipulación movidos por su necesidad de sentirse importantes y poderosos. Así, actuando desde un sentimiento de carencia, aprovechan la debilidad del otro en beneficio propio.

De lo que no solemos darnos cuenta cuando manipulamos es de que nuestros actos no están sostenidos sobre un estado de poder, sino sobre una base de necesidad y de pobreza de espíritu. Puesto que creemos que no hay otra manera de obtener algo, nos permitimos ese juego de poder sin darnos cuenta de que cuando uno actúa miserablemente obtiene más miseria. No se trata de un argumento de moralidad o de ética, sino simplemente de darse cuenta de que para obtener lo que queremos debemos actuar sobre una base de poder y abundancia. Puede ayudarnos recordar que el universo está siempre en equilibrio y que lo que damos es lo mismo que lo que recibimos. En el momento que das amor ya lo tienes, porque para darlo hay que tenerlo, si no, ¿cómo podrías darlo? Si das amor es porque eres amor y cuando te das cuenta ya lo has recibido, porque lo tienes dentro.

El acto de manipular puede enmascararse aún más cuando utilizamos a los demás «por su propio bien». Suele ocurrir que, cuando eso de administrar poder se nos da bien, en cierta manera creemos que estamos en la posición de saber lo que otras personas necesitan. Por supuesto también creemos que está en nuestra mano manejar eso por el bien de la otra persona. Todas estas dinámicas están articuladas sobre una confusión, pues si a veces ni siquiera sabemos lo que necesitamos nosotros mismos, ¿cómo pretendemos saber lo que el otro necesita? Para decidir por otra persona se supone que primero deberíamos saber lo que esa persona quiere. La situación se complica porque no solemos tener en cuenta lo que quieren los demás, sino lo que nosotros creemos que necesitan. Y llegados a este punto ya hemos patinado dos veces: la primera por no haber mostrado nuestras verdaderas intenciones o no haber dado toda la información a la otra persona para que sea ella misma quien decida, y la segunda porque en realidad nunca podemos saber lo que le conviene a la otra persona aunque nos lo parezca. A veces, creyendo que sabemos más que los demás, tendemos a juzgar a las personas según se merezcan o no las cosas que les pasan, como si fuéramos jueces y pudiéramos decidir lo que es verdad y lo que no lo es.

No podemos pasar por alto que para manipular a alguien antes hemos debido manipularnos a nosotros mismos. A menudo somos víctimas inconscientes de nuestra propia manipulación, que es la que nos empuja a intentar conseguir algo que no sabemos que ya tenemos. Como humanos que somos, llevamos dentro las semillas de todos los sentimientos y emociones posibles, y depende de cada uno decidir o no regarlas para que crezcan. Cuando por ejemplo sentimos enfado hacia alguien o hacia alguna situación y hemos logrado llevarla al exterior, antes hemos debido ir a nuestro interior en busca de alguna cosa que haya podido generar el suficiente enfado para poder expresarlo.

La ilusión de la negatividad tiene su origen en el propio pensamiento, en el cuerpo mental [28]. Cuando me digo que estoy lleno de negatividad, inmediatamente estoy bajo su efecto. Es cierto que, cuando el enfado es muy grande, expresarlo sirve aunque solo sea por unos instantes. Lo que ocurre es que, si pasado ese

---

[28] En el libro *El Lenguaje del Alma* se muestra que nuestro maravilloso cuerpo humano incluye cinco cuerpos. El cuerpo físico es el que está en el interior y los demás (energético, emocional, mental y espiritual) se sitúan alrededor de él. El cuerpo superior tiene efecto en todos los interiores.

primer momento de aparente liberación seguimos dándole atención, estamos generando ese enfado de nuevo, lo que equivale a
volver a llenar un cubo que acabábamos de vaciar. Si tienes que
elegir entre tragarte un enfado o expresarlo, sin duda expresarlo
será más saludable para tu cuerpo[29]. Hay que tener en cuenta
que todos tenemos derecho a evolucionar y el hecho de no expresar tu enfado puede impedir tu crecimiento y también el de
la persona que es objeto de tu enfado.

Una prueba de que el universo está siempre equilibrado la
obtenemos al observar que quien da amor, tiene amor, y quien
da enfado, tiene enfado. Por tanto, mientras demos atención a la
semilla del enfado, estaremos regándolo y permitiendo que crezca hasta que explote. Por el contrario, cuando retiramos la atención de esa emoción, puede que permanezca un tiempo en nuestro cuerpo físico, hasta que este consiga liberarse y hacerla
desaparecer. Cuando nos desapegamos de nuestra capacidad de
generar enfado para interactuar con el mundo, nos abrimos al
regalo del equilibrio divino y la compasión infinita. Entonces,
viendo por fin que la manipulación no funciona, aceptamos que
lo único que podemos ofrecer al otro es amor y la libertad de
poder elegir su propio camino.

Apegarnos al resultado nos aleja de nuestro poder

Si, como vimos en el apartado anterior, al manipular estamos
alejándonos de nuestro poder, cuando nos resistimos a las cosas
que hemos venido a explorar, igualmente estamos renegando de
nuestro poder. Decidir optar por disfrutar mientras exploramos
el universo nos permite meternos de lleno en los desafíos y re-

---

[29] Hay otra vía disponible que se describe en el apartado «Intensificar una
emoción hasta que se transforma en gozo», del libro *El Lenguaje del Alma*. Allí
se muestra una práctica para usar la fuerza de las emociones con el fin de transformar el mundo interior y su reflejo exterior.

coger los innumerables regalos que hay para nosotros. Eso no tiene por qué resultar difícil; la dificultad llega cuando la resistencia nos impide fluir con suavidad a través de los procesos en los que la Vida nos embarca.

Hay ocasiones en las que escuchar a la gente quejarse puede hacernos gracia; hasta que las dificultades nos llegan a nosotros. Entonces nos sentimos impotentes y olvidamos que eso que percibimos como obstáculos son en realidad chistes que la Vida nos cuenta; a veces de humor negro, es cierto. Porque qué mayor paradoja hay que creerse impotente cuando hemos venido a esta vida a experimentar y a disfrutar de todo nuestro potencial. Si cuando nos quejamos nos acordáramos de que acabamos de contar un chiste con poca gracia, la queja podría convertirse en una manera de recordarnos que somos los creadores de nuestra vida.

Cuando nos pensamos algo demasiado y empezamos a calcular los beneficios materiales y no materiales que podemos obtener, estamos cayendo en las garras de la duda. Al dudar, igual que al quejarnos, estamos resistiéndonos de una u otra forma a aceptar aquello que tenemos delante. Así, desperdiciando una energía que se volverá contra nosotros, hacemos añicos la magia olvidándonos de que ya somos ricos y que no necesitamos controlar y manipular las cosas. Para estar en disposición de atender a lo que tenemos delante, solo hay que permitir que surja un claro «sí» desde nuestro interior... y el resto ya vendrá solo.

En momentos en los que nos sintamos despistados, será útil para centrarnos darnos cuenta de las cosas importantes de la vida y cuáles son todas las bendiciones de las que disfrutamos. Moviéndonos desde la energía de sentirnos ricos, no hay nada que hacer más que decir «¡ay, qué bonito!» y permitir que la existencia se encargue del resto poniendo todo lo que necesitamos a nuestra disposición. La Vida se organiza para situarnos en una posición desde la que podamos elegir con facilidad. Al escoger, la clave es olvidarse de uno mismo y elegir en términos de calidad, no de cantidad, tomando las decisiones tal como lo haría la Vida.

Una vez que aceptamos lo que tenemos delante, el desafío puede venir de nuestra tendencia a apegarnos al resultado. Cuando, deseosos de que algo concreto ocurra, nos disponemos a alcanzarlo, suelen asaltarnos las dudas. Divididos, con una parte yendo en una dirección y otra en otra, empleamos sin darnos cuenta nuestro poder en nuestra propia contra al llevar el pie al acelerador y al freno al mismo tiempo. Podemos entonces caer en el lamento de que no somos capaces de hacer algo, sin percatarnos de que esta creencia tiene mucha fuerza en nuestro ser, que, desde su congruencia, nos llevará a vivir experiencias incapacitantes que reforzarán nuestra creencia.

Antes de pretender que ocurra algo, es importante distinguir entre el deseo y la intención. Cuando dejas que sea el ego el que elija, probablemente crees que necesitas ese algo sin el que no podrás ser feliz. Puede incluso que sientas que tu vida, sin eso, no tiene sentido. En esta situación, el deseo que te mueve está cargado de apego. Por el contrario, cuando te mueves por la vida con la intención de que ocurra algo, no te estás apegando al resultado. Aceptas que eso que deseas pueda ocurrir o no y asumes que, en cualquier caso, estará bien. Cuando eres capaz de recibir así las cosas es porque sabes que el presente es suficiente, que está equilibrado, y confías en que, ocurra lo que ocurra, será lo mejor que puede pasar. Además, si consigues mantenerte enfocado en la calidad y no en la cantidad, estás manteniendo al ego al margen de la elección, pues lo que realmente te mueve es el deseo de que ocurra lo mejor para todos, que al fin y al cabo es lo que será también mejor para ti.

Una persona realmente poderosa ni se estresa ni se pone tensa. El poder viene de estar relajado, pues cuando estás relajado actúas por gusto y por placer. Es entonces cuando ya estás listo para hacer magia. Así que si quieres que ocurra algo, acompaña tu intención con algún acto, aunque sea simbólico, en relación con eso que quieres. Sigue el primer impulso que te venga, sin pensártelo demasiado, sin esfuerzo, sin apego... y deja que la Vida se encargue del resto. Confía en tu propio poder y no malgastes tu energía forzando las cosas. Disfruta y permanece abierto al espectáculo de cómo la Vida hace que tus deseos se cumplan.

Solemos relacionar el poder con el dinero, aunque querer tener dinero porque sí carece de sentido. Si, por ejemplo, quieres tener lo bastante para dejar de trabajar, debe de ser porque no te gusta tu actual trabajo. Vamos a suponer que ya tienes ese dinero y ahora, claro, vas a tener que hacer algo con tu tiempo; no te vas a quedar en la cama todo el día. Entonces, ahora que ya no estás «obligado» a hacer cosas que no te gustan, se supone que vas a hacer algo que te guste. Además es posible que incluso puedas sacar algún partido a tu nueva ocupación, pues lo normal es que cuando alguien hace algo que le gusta lo haga bien, y algo que está bien hecho tiene un «valor» que también suele traducirse en términos económicos. Es de esperar que tu nueva ocupación bien hecha tenga más valor que tu anterior trabajo hecho sin ganas; probablemente aunque solo tuviera la mitad o la cuarta parte, sería suficiente.

Si al rechazo que vives en tu trabajo le sumas el tiempo que pasas haciéndolo y los ratos que estás pensando en él en tus horas «libres», puede que ya estés empleando fácilmente la mitad del tiempo de tu día. Si además eres de los que miran el reloj y creen que solo viven cuando salen del trabajo, verás lo que te queda de vida. Aquí ya no hay comparación posible, pues todo lo que ganes en vida ya no tiene precio. De modo que tu deseo de dinero ha pasado a convertirse en un asunto que en realidad tiene que ver con la creatividad y la organización para «vivir» de tu nueva ocupación y también con el valor requerido para dar ese salto al vacío. Seguir pensando que ya tomarás esa decisión la próxima vez o más adelante es vivir en un paradigma de escasez.

Cuando pensamos que el dinero va a solucionar todos nuestros problemas, nos olvidamos de que cada cosa y cada experiencia que adquirimos solo nos están situando al borde de una nueva necesidad. Es como si tras subir un escalón vieras justo ahí otra cosa que parece que te hace falta. Así decimos: «Si tuviera treinta mil, me compraría un coche nuevo... Sí, pero con cinco mil más me podría comprar uno mejor... Y con doscientos mil, un coche y además una casa...». En realidad no se trata de que necesites menos, sino de que te des cuenta de que eso que quieres ya está ahí bajo distintas formas, algunas materiales y otras no materiales.

Observa el poder del dinero en este proverbio:

> El dinero...
> Puede comprar una casa, pero no un hogar.
> Puede comprar una cama, pero no el sueño.
> Puede comprar un reloj, pero no el tiempo.
> Puede comprar un libro, pero no el conocimiento.
> Puede comprar una posición, pero no el respeto.
> Puede comprar medicinas, pero no salud.
> Puede comprar sangre, pero no la vida.
> Puede comprar sexo, pero no amor.

Es interesante observar cómo la relación que tenemos con el dinero es la que determina la mayor o menor afluencia de este en nuestras vidas. En general estamos rodeados por la creencia de que hay que esforzarse y trabajar duro para ganar dinero. Recuerda que aquello que creas como cierto será cierto en tu vida puesto que lo habrás atraído con tus creencias. Es bueno recordarnos que si lo bueno atrae a lo bueno, lo mejor atrae a lo mejor. De modo que cuando hagas tus planes, enfócate en lo mejor; por lo menos trata de no empezar el proceso de manifestar tus planes desde tus creencias de escasez. Mantén tu atención abierta a todas las posibilidades, que son muchas. La palabra clave es *magia*; ir de magos escogiendo cosas como si estuviéramos diciéndole al universo «ahora esto», y ya está. Por la misma naturaleza de la Vida todo es posible; la plenitud y la abundancia son algo natural porque somos seres de luz.

Si, por ejemplo, lo que quieres es viajar a algún país lejano y no tienes para pagar el billete o la estancia, consigue, por ejemplo, un mapa del país o dibújalo. Lee lo que puedas sobre ese lugar, sobre su cultura y sus costumbres. Acude a su embajada o escríbeles sobre tu intención. Ofrécete a las ONG de la zona por si se necesitan voluntarios, o acude a sitios frecuentados por personas de ese país. Ya verás cómo, mucho antes de lo que tú crees, vas a estar allí porque, si tienes verdaderas ganas de conocer ese país, si de verdad te gusta, ya habrás hecho sin esfuerzo la mayoría de las cosas que te van a conducir hasta allí. Además, a través de este proceso, te vas a dar cuenta de si tú quieres las cosas para que te den algo que crees que necesitas, o si las quieres porque sientes que tienes algo que aportar. Por lo general, las cosas resultan mucho más fáciles cuando te apuntas a cualquier proyecto movido por el deseo de dar algo, antes que por el ansia de recibirlo. No se trata de insistir ni de esforzarse, sino de estar consciente, lo suficientemente atento como para aprovechar los regalos que la Vida te trae a cada instante.

ENTREGARSE A UN PROPÓSITO ELEVADO

A veces sucede que el miedo a perder la aparente seguridad que poseemos nos lleva a aferrarnos a todo lo que nos rodea hasta el punto de creernos que lo que somos y lo que nos define tiene que ver con eso que tenemos. Es el mismo mecanismo que nos lleva a engancharnos al poder cuando olvidamos que el poder está ahí para compartirlo. La conciencia que tenemos del mundo puede impulsarnos a actuar sin limitaciones; y si alguien debe ponérnoslas, que no seamos nosotros mismos. Así, cuando nos permitimos dar sin ponernos límites, nos damos cuenta de que apoyando de modo indirecto —por ejemplo, a través de la intención desapegada, meditación, oración o visualización creativa— nuestro gesto se convierte en magia y alcanza a todo y a todos.

Es importante recordar que estamos aquí para actuar siguiendo nuestros principios y para alinearnos con nuestro cuerpo espiritual. Una forma de llevar a la práctica estos principios es siendo congruentes para estar alineados con lo que vivimos. De este modo, cuando lo que decimos es lo mismo que lo que pensamos, sentimos y hacemos, estamos permitiendo que nuestro interior permanezca conectado con nuestro exterior, lo que acaba creando una congruencia que, yendo más allá de las palabras, traspasa hasta alcanzar a los demás. Alineándonos con un propósito elevado estamos permitiéndonos no solo ser inspirados, sino convertirnos en una fuerza inspiradora para los demás. Nos realizamos cuando nuestros dones se enfocan hacia el bien común.

Empezar lo que hacemos desde una postura interior de abundancia y libertad —y no por necesidad o por inercia— es un acto de poder que genera una transformación en nuestro mundo y que podemos percibir como magia. Eso sí, no nos dejemos nublar por los logros que observemos, pues solo hemos sido el canal que ha permitido que sucedan.

El sentir y vivir el poder requiere estar con uno mismo, estar solo y actuar solo, lo que no significa que haya que convertirse en un ermitaño. Cuando hablamos de actuar solo tampoco nos referimos a actuar sin mirar la respuesta del otro. Tenemos a los demás en cuenta, sin embargo, no dejamos que su reacción sea la que nos mueva a actuar o la que nos frene cuando no se ajuste a nuestras expectativas. Estamos, pues, ante uno de nuestros grandes desafíos: dejar de calcular los beneficios por los que hacemos las cosas. Cada acción o intención desencadena una serie infinita de sucesos. Por tanto, como no es posible contemplar todos los efectos o beneficios de una acción, lo mejor es hacerla guiados por la sensación de que está bien. La acción pura es la que está vinculada a un sentimiento y la que viene, por tanto, a través de un impulso del corazón. De manera que si cuando sentimos el impulso permitimos que intervenga la mente calculando el resultado de la acción, no estaremos siendo honestos con nuestro corazón.

Si hay que calcular que sea sobre *cómo* lo vamos a hacer, y no sobre *si* lo vamos a hacer. Entonces ya no estaremos calculando, sino organizando. Cuando haces algo simplemente porque lo puedes hacer y no actúa la mente económica calculando los beneficios, estás haciendo algo porque sí; estás ejerciendo un gran acto de poder basado en un *no hacer*. No se trata tanto de un concepto intelectual como de un gesto, una sensación de que actuando desde el corazón estás moviéndote con fluidez y flexibilidad, entregándote a las cosas sin esfuerzo y sin expectativas. En un *no hacer* no entra el beneficio, pues ¿para qué necesitas beneficios? Si aún crees que necesitas lograr algo a cambio de tus actos, es que estás apoyándote en la creencia de que hay algo que te falta, y eso no es verdad, pues somos seres completos.

Poco a poco, experimentando a qué sabe ese *no hacer*, entras en otros niveles de poder hasta prácticamente desaparecer. En un perfecto juego de paradojas, te das cuenta de que quitarte de en medio a la hora de actuar es precisamente lo que te hace ver que ya no te identificas con el personaje que creías ser. Creerse un grano de arena en una inmensa playa está bien siempre que no lo utilices como excusa para no hacer nada. Llegado ese momento, la materia y los poderes del mundo ya dejan de tener sentido y lo que más te mueve es el hacer a distancia; el jugar con un poder que, aunque sigue relacionándose con la materia, ya no la toca. Y aunque seguimos hablando de un juego de poder, ya estamos inmersos en el concepto de poder divino, de poder infinito, de poder cósmico.

LA ACCIÓN INTERNA

Cuando ocurre algo en el escenario de nuestra vida que no nos gusta, lo normal es que tratemos de cambiarlo. Una opción diferente, que quizá represente un cambio radical en nuestra forma de pensar y actuar para relacionarnos con la realidad, es la acción interna.

Como vemos continuamente, lo usual cuando queremos interactuar con el mundo es realizar acciones externas para lograr nuestros objetivos. Sin embargo, dado que el escenario es un reflejo del ser interior, lo realmente poderoso es realizar una acción interna y observar qué ocurre en el exterior.

¿Cómo la realizamos? Cuando aparece algo en nuestra vida que no nos gusta, la acción interna es preguntarnos acerca de lo que estamos viviendo interiormente para así descubrir cómo lo hemos manifestado en ese escenario externo. El siguiente paso es liberar o sanar internamente lo que hemos descubierto.

La acción interna transforma mágicamente el escenario donde transcurre nuestra vida. Desaparecen los obstáculos y encontramos las personas y los acontecimientos que se alinean con nuestras intenciones.

El mayor poder que conocemos es el poder del Uno o el Creador; un poder que está en todas partes y que, al ser invisible, actúa de forma indirecta, manifestándose en el mundo a través de lo visible. De igual modo, cuando nos centramos en la dimensión humana, a medida que la fuerza y el poder personal aumentan, se convierten en indirectos. Nuestros primeros desafíos son la impotencia material o física, y pronto aprendemos a dominar la materia con nuestro poder directo —a través de la fuerza— o de forma velada —a través de la manipulación—. Más tarde nuestros desafíos se dan en la dimensión espiritual, dado que las leyes del mundo convencional y las económicas que hemos aprendido ya no sirven, pues se nos quedaron pequeñas. Ya sabemos que el poder directo no funciona y que la expresión del poder indirecto no es la manipulación, sino la intención desapegada al servicio de unos propósitos elevados. Por tanto, cuanto más enraizados estemos en nuestra fuerza interior, más en contacto estaremos con nuestro poder indirecto y mejor podremos llevar a cabo nuestra misión de unir lo práctico con lo espiritual.

Para que uno pueda sentir y disfrutar de su propio poder, lo primero es tener claro lo que le gustaría hacer o lo que le gustaría que ocurriera. Por ejemplo, la afirmación «Me gustaría tener mucho dinero», ¿es lo suficientemente concreta? No lo suficiente. Si dejas por un momento el tema del dinero a un lado, ¿qué es lo que te gustaría? «Quiero hacer un viaje, quiero cambiar de casa o de trabajo». ¿Son ésas afirmaciones concretas? Aún no lo suficiente. Concreta más, todo lo que puedas: adónde quieres viajar, dónde quieres vivir, cómo quieres que sea tu casa, qué trabajo quieres hacer... Entonces, cuando tengas realmente claro lo que quieres, comprométete con ello. Adquiere el compromiso de que cuando aparezca la señal en tu vida relacionada con eso que quieres vas a avanzar con determinación en esa dirección.

En general usamos las palabras de forma poco consciente, con poca claridad y precisión, ajenos al tremendo poder que engendran y lo que crean. Por ejemplo, veamos la diferencia entre términos como *querer* y *gustar*, pues aunque puedan parecer similares, no lo son. Cuando queremos algo, lo estamos deseando, y al desear parece que fuéramos a recibir algo que nos falta, algo que no tenemos y que viene a cubrir una necesidad. Por el contrario, cuando hablamos de que eso nos gusta, estamos refiriéndonos a algo en lo que vamos a participar de alguna manera; algo a lo que estamos dispuestos a entregar nuestra energía. Podríamos entonces decir que, cuando queremos algo, estamos necesitando recibir, y cuando nos gusta algo estamos de alguna manera dando. En el caso de que estemos muy apegados a nuestros deseos, vale la pena plantearnos si realmente necesitamos eso que creemos que nos falta. Ampliando el contexto o marco de referencia, muchas fantasías de carencia pueden desvanecerse preguntándonos si realmente lo necesitamos. Puede que entonces nos demos cuenta de que si aparentemente hemos vivido hasta ahora sin ello, ¿qué nos lleva a pensar ahora que nuestra vida no puede continuar si no lo alcanzamos? Si cambiamos así de perspectiva, tal vez logremos convertir nuestra necesidad en un gusto, en algo en lo que nos apetece participar.

Esta es la clave del poder indirecto: ser total en el momento, sin guardarte nada para después, dando lo que tienes para aportar en cada instante; así disfrutarás de la sorpresa de ver que tus necesidades se cubren de forma inesperada, pues la Vida responde a tus expectativas constantemente. A veces esto se hace muy evidente y uno lo vive en forma de una oportunidad. Es normal que cuando nos damos cuenta de que la Vida responde, sintamos excitación o miedo, aunque esto no tiene por qué ser un problema mientras no nos impida actuar. Cuando aparezca ante ti una oportunidad, siente el movimiento interior, obsérvalo y actúa sin pensar demasiado. Por lo general, ya has pensado suficiente, y en ese momento ya no hay espacio para pensar más, pues si te enredas en tus pensamientos la oportunidad se convierte en pasado. Si le dices a la Vida lo que quieres y la Vida te lo muestra dando un paso en tu dirección, ve a su encuentro. Cuando se abre la puerta, no es momento de quedarse pensando... hay que cruzar. Pudiera parecer que si no pasas vas a perder la oportunidad, y aunque de algún modo es así, también es cierto que la puerta se puede abrir a cada instante.

Cuando somos capaces de penetrar el momento y cruzar el umbral de la puerta que se abre ante nosotros, estamos también sintonizando con nuestra capacidad de crear en el mundo a través del dar. Y lo más hermoso es darse cuenta de que, si bien cada uno es el medio para materializar aquello que desea, el auténtico poder se manifiesta cuando desaparecemos, cuando sabemos que ha habido impacto sin la necesidad de que el cuerpo haya estado presente. Porque estamos ante el efecto del propio poder que no es más que el poder de la Vida pasando a través de cada uno de nosotros. De manera que cuanto más consigamos quitar la personalidad de en medio, más espacio estaremos dando a la Vida para que actúe.

Para cerrar este recorrido del poder que se convierte en magia, diremos que el poder indirecto del que hablamos se refiere tanto a la magia de la Vida como a la que tú has venido a explorar. Ya sabes que está en todas partes y que uno de los secretos es que tienes que tener claro lo que quieres. Entonces, toda esa energía que quizá utilizarías para conseguir ese objetivo de manera activa, se la puedes dar a otra persona o a otro proyecto que tal vez, en apariencia, no tenga tanto que ver contigo. Es así como, después, eso que te gusta y que quieres en tu vida va a acercarse a ti atraído de manera mágica como si fueras un imán, atraído por ese poder sutil que ejerces desde la paz que da saber que el Ser te apoya mostrándote todo lo que necesitas saber en el instante.

Para pasar del PODER a la MAGIA *RECUERDA QUE...*

- ... el verdadero poder es un poder interior que no requiere ser usado ni mostrado; es el poder que se necesita para entregarse a la Vida y decir «sí».
- ... cuando metes la mano y tratas de manipular el escenario, estás actuando no desde una base de poder, sino desde la impotencia. Confía en el poder de tu Ser interior y usa tu intención de forma impecable.
- ... cuando te entregas a un propósito espiritual, moviéndote desde el corazón, estás permitiéndote no solo ser inspirado, sino convertirte en una fuerza inspiradora para los demás. Actuar desde el corazón sin calcular los beneficios de la acción es un verdadero acto de poder.
- ... el poder es ser total en cada momento sin guardarte nada para después. El futuro no existe, se crea en el presente; creado desde la abundancia, la seguirá manifestando.

RETORNANDO A LA UNIDAD...

Llega un momento en que nos abrimos a decir «sí» y nos atrevemos a soltar la coraza. Sintiendo una confianza plena, ya no necesitamos protegernos ni escondernos, pues somos libres para decir «aquí estoy». Entregados y alineados con la voluntad más alta, la del Ser o cuerpo espiritual, damos paso al auténtico poder, que es el que se manifiesta a través de nosotros.

2. ESPACIO

Creadores de espacios

Hemos venido a canalizar poder y a aprender a administrarlo. Parte de este proceso es ubicarnos en el espacio vacío, la fuente del poder. Habitamos el vacío, nos movemos en el espacio entre las cosas, y además podemos abrirnos a la maravilla de crear ese vacío, pues es eso a lo que hemos venido: a crear espacios.

Transitando por un espacio de silencio y de oscuridad es como llegamos finalmente a la luz, pues es de ese espacio interior indiferenciado y de esa nada de donde surge el auténtico poder: el poder alquímico, el de la transformación. Un espacio indiferenciado que es la fuente de todo, del que emana la energía transformadora y también sanadora. Instalados en esa amplitud interior y en contacto con nuestra luz y nuestro poder, estamos regalándonos la posibilidad de extender nuestras alas y elevarnos para observar desde esa perspectiva todo el paisaje que se abre ante nosotros. Desde ahí, dotados con la visión aguda y panorámica de un águila, podemos detectar con facilidad los dones de las personas que nos rodean. Puesto que habitamos el vacío y estamos impregnados de sus cualidades, podemos regalar ese espacio a los demás y acompañarles en

el proceso de identificar y materializar sus dones [30] y sus propósitos.

Si el primer paso consiste en crear ese espacio de silencio
para conectarnos con nuestro verdadero poder, el siguiente paso
será el de enfocar ese poder, para lo cual es necesario entregarnos
al proceso o comprometernos con disciplina. La disciplina, que
viene de «discípulo» y que simboliza la entrega a través de la
constancia y la continuidad, nos ayuda a asumir el compromiso
necesario para entregarnos a lo que brote del espacio que hemos
creado. El impulso de nuestro corazón es el que nos da la valentía
para entregarnos al Ser cada vez que el personaje se rinde diciendo «sí».

Hay personas que no son constantes porque se apuntan al
proceso con la mente y no con el corazón, y eso no es apuntarse
de verdad; entonces se cansan y abandonan. Es revelador darse
cuenta de que la disciplina es una forma de dar, una entrega del
corazón y desde el corazón.

RESPONSABILIDAD SIN CONTROLAR

A pesar de haber vivido muchas veces el aparente milagro
de que las cosas se arreglan solas o por una coincidencia, nos sigue costando creer que sea tan fácil y que funcione tan bien.
Nos resistimos a aceptar que todo esté ya tan bien organizado
sin que nuestro personaje, tan capaz, haya participado en esa
perfección. Entonces, movidos por la necesidad de controlar, nos
metemos por medio intentando manejar las cosas, con el único
resultado de estropearlas. La clave entonces está en ser responsables sin caer en la tentación de controlar.

Cuando dejamos de sentir la necesidad de intervenir y de
controlar estamos llevando a cabo un gesto muy poderoso: quitarnos de en medio. En un principio puede costarnos porque te-

---

[30] Véase el proyecto «Red de Dones» en www.medicinadelser.com/proposito.

memos que sin hacer, sin estar, el mundo deje de contar con nosotros. Sin embargo, con este gesto estamos mostrando nuestra confianza en que el Ser nos da todo lo que necesitamos, sabiendo que la plenitud y la abundancia son lo natural. Entonces, libres de querer controlar, estamos en disposición de crear un nuevo espacio de vacío desde el que la Vida se manifestará en todo su esplendor; y nosotros con ella, pues es desde ese vacío desde el que, alineándonos con la fuerza de la Vida, somos uno con ella.

Al desaparecer la necesidad, desaparece con ella nuestro impulso de intervenir y nos situamos en ese maravilloso espacio del *no hacer* desde el que permitimos a la Vida que manifieste sus creaciones. El que se sabe rico deja de necesitar lograr algo o ser algo. Llega un momento en que nos damos cuenta de la cantidad inmensa de energía que empleamos intentando mantener una imagen propia construida para los otros. Una imagen de cómo deberíamos ser para conseguir esto o aquello, o simplemente para gustar a los demás. ¡Qué gran peso se quita uno de encima cuando se da cuenta de que no tiene nada que demostrar! «Mira, estoy aquí, presente, y no sé nada... ¿Qué más quieres que te demuestre?». Todo lo que pensemos que deberíamos añadir a esto sobra, y solo serviría para mostrar la distancia que aún nos separa de la aceptación de que todo es ya perfecto tal como es.

La magia de la creación

Todo proceso creativo funciona desde dentro hacia fuera. Una vez establecidos en el espacio interior se trata de permitir que nuestra visión interna se expanda hasta hacerse visible. Tenemos tendencia a creer en lo que se ve y a no creer en lo que no se ve. Sin embargo, dado que el proceso de manifestación viaja de lo no visible a lo visible, la atención debe mantenerse en la visión interna. Lo externo y visible no es más que una ima-

gen de la máscara, y si solo te fijas en lo superficial te pierdes lo
más importante, que son las entrañas de cualquier proceso creativo o proyecto.

En una situación en la que estás experimentando en tu escenario algo que no te gusta, si mantienes tu atención en eso
que estás viendo, tenderá a perpetuarse. A la vez, lo que aún
no ves —que es lo que está en proceso de manifestación— se
pondrá al mismo nivel de lo que estás viendo y la situación se podrá ir repitiendo en el futuro. Por el contrario, cuando optas
por mantener tu visión interna de lo que quieres, lo que ves
ascenderá al nivel de lo que no ves. Así tu visión se manifiesta
en el mundo.

Un ejemplo de esto lo podemos encontrar en algunas relaciones entre padres e hijos. En ocasiones, el mismo deseo de los
padres de que sus hijos salgan adelante se convierte en presión
y en miedo de que esto no suceda. Este temor puede proyectarse
hacia los hijos, haciendo que los padres se queden solo en la superficie de eso que ven y los perciban como seres indisciplinados
e incapaces. Olvidan la magia que subyace a todo proceso, y es
que en el momento en que puedan confiar en todas las capacidades latentes de sus hijos, estarán creando y facilitando la manifestación de esas posibilidades en ellos.

Cultivar el vacío es lo que permite diluir las resistencias y
dejar vía libre para que brote ese «sí» que te lleva a entregarte al
momento. Por tanto, cuando optas por escoger lo que no se ve,
estás ejerciendo el verdadero poder de la intención. Cuando tu
intención es total, no hay lugar para la duda, ya que la duda está
basada en si conseguirás o no el resultado esperado. El apego a
un resultado en concreto entorpece el proceso creativo. Cuando
tu intención es total, dejas espacio para que se manifieste el proceso creativo y el resultado es aún mejor que el que esperabas.
Lo que sucede supera lo que habías planificado. Cuando pones
el timón en la dirección del viento enfocando tu atención en
un dar total, se produce la magia y las cosas suceden o se arreglan «solas».

Aunque continúes poniendo cierta atención en la parte externa o material de las cosas, sabes que siempre estás conectado a lo interno, al vacío que llena tu interior. Desde ahí es desde donde puedes sentir la magia que resulta de haber alineado tu voluntad con la dimensión espiritual. La magia sucede de dentro hacia fuera, y la clave de la creación es mantener tu visión interna.

**Para pasar de CONTROLAR
a CREAR ESPACIO *RECUERDA QUE...***

- ... estamos aquí para crear espacios y experimentar el vacío. Es de ese espacio interior de donde brota el verdadero poder, el de decir «sí».

- ... el amor incondicional puede ayudarte a contactar con el impulso de tu corazón, que es el que te lleva al acto valiente de rendición a la Vida. Entonces la Vida se postra ante ti, formando lo Uno indivisible.

- ... si puedes darte cuenta de lo bien organizado que está todo, te podrás quitar de en medio evitando así meter la mano y estropear las cosas. Cuando eres responsable sin llegar a controlar, estás creando un espacio desde el que podrás decir «sí» y desde el que experimentarás que ya tienes todo eso que has estado buscando.

- ... cuando pones tu atención en lo no visible, que es la fuente de la manifestación, estás ejerciendo el verdadero poder de la intención al alinear la voluntad del personaje con la del Ser.

RETORNANDO A LA UNIDAD...

Al comprender que lo que aparenta ser un caos está perfectamente organizado, podemos relajarnos en la aceptación de que el poder de planificación del personaje es insignificante comparado con el poder organizador de la Vida. Abriéndonos a esta nueva comprensión, podemos des-identificarnos de los atributos del personaje que creíamos ser. Al aceptar que cada «yo soy» —«yo soy justo», «yo soy ordenado», «yo soy cantante», «yo soy comerciante»...— es tan solo una limitación que nos hace más pequeños, nos abrimos al infinito poder que reside en el espacio indiferenciado, la fuente de todas las posibilidades.

3. TRANSMUTACIÓN

Si observamos nuestra vida como un proceso de acumulación de poder, veremos que hemos ido ascendiendo por una escalera, peldaño a peldaño. Volviendo la mirada sobre nuestros pasos, podemos ver lo alto que hemos llegado y disfrutar de nuestra riqueza compartiéndola. Desde esa altura, tenemos la visión privilegiada de saber que al otro lado de la escalera no hay nada. Es el vacío, el momento de la finalización, muerte o transformación.

La muerte es un vaciarse de todo lo relacionado con el ego, aunque no hace falta morir de un modo físico para que el personaje que encarnamos desaparezca. Quitarnos de en medio para dar lugar al vacío implica dejar de guardarse cosas y soltar nuestros apegos. Cuando, por ejemplo, te entregas a algo por completo —aunque sea la lectura de un libro—, de algún modo estás desapareciendo y permitiendo que eso en lo que estás inmerso ocupe todo tu espacio. Al sumergirte así en algo y diluirte, deja de importar cómo vayan a salir las cosas y dejas de necesitar controlar los resultados.

Considerar la muerte en el aspecto de desaparecer del mundo físico nos ayuda a darnos cuenta de que no vamos a llevarnos ninguna de nuestras posesiones. De modo que no sirve de nada acumular un bien o un poder material que no nos vamos a llevar y que solo adquiere sentido cuando lo compartimos. Acordarnos de la muerte también nos viene bien para liberarnos de nuestro exceso de seriedad, es decir, nos permite quitarle importancia a cosas que realmente no la tienen y a enfocarnos en lo esencial. Finalmente, nada de lo que tenemos que valga la pena se puede comprar. Darse cuenta de esto es una liberación.

Si afinamos nuestra mirada y aceptamos que la Vida contiene vida y muerte, podremos percibir que en realidad estamos hablando más de poder que de muerte, pues cuanto más de cerca y con más consciencia vivamos esa parte poderosa de la Vida que es la muerte, más vivos nos sentiremos.

La Vida está llena de principios y de finales, y nosotros morimos junto con el instante, siendo por tanto nuevos a cada momento porque nacemos con él. La llegada de la muerte física es uno más de esos momentos en que nacemos a otra dimensión dejando el cuerpo y el personaje atrás. Recordar esto a lo largo del día puede ser como una medicina que nos ayuda a dejar de controlar y de manipular. Porque si cada momento es nuevo, ¿cómo vamos a poder controlarlo?

EL PODER DE LA TRANSMUTACIÓN

La muerte no solo implica la liberación de lo que ya no necesitamos, sino que nos abre al aspecto creativo de saltar dimensiones. En ese momento de cambio que es la finalización de algo, podemos erigirnos en catalizadores de eso que cambia, acompañando el proceso de transmutación que en sí mismo no es más que un salto de un nivel a otro, de una dimensión a otra. Así, se trate de una muerte física, de un acto, una circunstancia, una idea o un proyecto que termina, el proceso de transmutación contiene un aspecto alquímico a través del cual nos es dado el poder de convertir el plomo en oro y las energías densas en energías livianas o la oscuridad en luz.

Cuando nos deslizamos a través de este proceso de transmutación, suele ocurrir que las cosas de nuestro pasado que ya no están a este nuevo nivel salen y se marchan haciendo más o menos ruido. Al mismo tiempo, se abre una nueva puerta por la que se atraen personas y circunstancias que están listas para entrar en este nuevo nivel en el que nos encontramos ahora. Si te preocupa la parte práctica y te preguntas cómo se hace esto, la buena noticia es que no lo tienes que hacer todo tú. Tan solo debes poner tu intención a través de un acto simbólico que generará y atraerá una serie de hechos y de circunstancias que vibrarán a ese nuevo nivel en el que te encuentras. Una vez más estamos hablando de la fuerza del poder indirecto que se destapa cuando establecidos en el Ser, nos retiramos dejando el espacio para crear. Como los directores de una sinfonía y sin necesidad de tocar ningún instrumento, habremos creado el espacio para que todos los músicos liberen su talento.

LA INMORTALIDAD Y LA ATEMPORALIDAD

Cuando sentimos que no hemos disfrutado lo suficiente del viaje, nos asalta un ancestral miedo a morir y nos agarramos al deseo de más, aunque solo sea un poco más, de todo en general y también de vida.

La muerte no es seria, sobre todo la propia, que es la menos seria de todas. Porque en ese estado, en ese instante —y la muerte es solo un instante— se experimenta una liberación y una euforia que no tienen nada que ver con la seriedad.

Estamos acostumbrados a creer que las personas «mueren de algo», cuando en realidad nadie se muere de nada pues no hay causa para la muerte. Uno nace y muere cuando le toca, y lo que aparentan causas para el proceso de la culminación de la vida no son más que preparativos que nos ayudan a aceptar ese irse en todos sus aspectos.

Algo que puede inspirarnos para el desapego es el camino del samurái, en el aspecto del guerrero que se entrega por completo a la batalla. Mientras su adversario sigue pensando si va a morir o no, el guerrero da por realizada la muerte de su cuerpo, lo que centra toda su atención en la batalla. Esta aceptación total de la muerte es lo que convierte a cualquier persona en un gran guerrero.

Por tanto, solo al vivir sin miedo a la muerte, y al sentir que no tenemos nada que perder, es cuando todo el poder que está disponible para nosotros se materializa en nuestras vidas. La sociedad occidental en general nos empuja a darle la espalda a la muerte, haciendo que todo lo que la rodea esté cubierto por capas fúnebres oscuras y luto. No solo no podemos apreciar la esencia de lo que llamo la culminación de la vida, sino que además vivimos asustados ante ese tránsito inevitable. La vida es un proceso de realización y lo que vemos como muerte es la culminación de ese proceso. No tiene sentido decirle adiós a alguien que ha dejado su cuerpo si llevamos dentro el amor que nos ha unido. Podemos decir que se eleve hacia la luz. Lo más importante, que es el amor que sentimos por ese ser, está dentro de uno mismo. Se puede sentir el calor de ese amor poniendo atención en la zona del pecho y el corazón. La muerte es para los que se quedan y los que aún tienen que trabajar sus apegos.

Puede ayudarnos el recordar que el miedo a desaparecer es solo un miedo del ego, de la personalidad, que es lo único que puede morir. El hecho de que podamos contemplar la muerte es en sí una indicación de la inmortalidad de nuestra esencia. De ahí que el ego no tenga acceso a lo que llamamos el Creador o Inteligencia Divina, porque, al ser más que lo que el ego se cree que es, no alcanza a comprenderlo.

La persona que administra bien su poder está ubicada en el presente, en este momento fuera del tiempo. Cuando nos movemos por transmutación, cada instante de nuestra vida es una muerte, lo que implica que para vivir el momento hay que dejar morir una y otra vez el pasado. Suele ocurrir que el ego se empeña en hacernos creer que lo importante se encuentra en esos espacios temporales que llamamos pasado y futuro. Y es que al ego pocas veces le parece suficiente este presente en el que habitamos continuamente. Ya comentamos con anterioridad que, puesto que el cuerpo siempre está en el presente, esa es el ancla que nos puede ayudar a quedarnos en el ahora. Recordemos que para estar en el cuerpo no hay que hacer nada... tan solo dejar de hacer y dejarnos sentir. Entonces estaremos en condiciones de contemplar y de aceptar que el presente está lleno tanto de vida como de muerte. Así nos lo muestran los yoguis al experimentar la muerte y el renacimiento en cada respiración.

Para pasar de la MUERTE a la TRANSMUTACIÓN *RECUERDA QUE...*

- ... estar al lado de la muerte implica estar extraordinariamente vivo; cuanto más de cerca y con más consciencia vivas esa parte poderosa de la Vida que es la muerte, más vivo te sentirás.
- ... la muerte de lo viejo incluye la transmutación hacia un nuevo nivel vibratorio. Puedes erigirte en catalizador de ese momento de transformación dándole dirección hacia lo nuevo con tu intención. Puedes hacerlo a través de un acto espontáneo, ya sea directo o simbólico, que generará circunstancias y atraerá a personas alineadas con el nuevo nivel vibratorio.
- ... el miedo a desaparecer es solo un miedo del ego, que es lo único que puede morir. Si la muerte fuera una extinción, no la podríamos contemplar. El hecho de que podamos observarla es una evidencia de la inmortalidad del Ser.

RETORNANDO A LA UNIDAD...

Aprovechando que la vida está llena de principios y de finales, podemos dejarnos morir continuamente en el fluir de la existencia que comienza y termina en cada paso. De este modo, entregándonos a la muerte en el momento, nos convertimos en auténticos alquimistas, transmutando cada final en un principio liberado. Si recordamos que tan solo puede morir el ego y que nuestra esencia es inmortal, entonces no tenemos por qué esperar a la disolución del cuerpo para dejar morir el ego y vivir en la unidad de todo y con todo.

Camino 9

DESPEDIDA

Le dijeron a la más bella mariposa
que toda su vida duraba un día.
Entonces esta pidió un consejo para vivirla.
«La vida es celebración con sabiduría...».

E N LA TRÍADA DE LA EXHALACIÓN, iniciamos el viaje hacia el vacío. El 7 suelta la razón, el 8 suelta el mando y al 9 le corresponde soltarlo todo, siendo este su mayor desafío: extender la mano para soltar y no cerrarla nunca más. Cuando el 9 abre su mano se torna un maestro del arte de celebrar la vida. Entonces es cuando la más bella mariposa se posa en su palma y el tiempo se detiene. La eternidad se fragmenta en el mismo instante en el que al 9 se le ocurre quedarse la mariposa y ahí mismo es donde la pierde, porque la simple intención de sujetarla la hace volar. En ese momento se le presenta una gran elección: vivir el resto de su vida como un maestro o seguir perdiendo una cosa tras otra. La ilusión de la pérdida puede continuar hasta que se da cuenta de que al haberlo tenido y vivido todo, ha adquirido la sabiduría que se requiere para soltarlo. Esa es la base de su profunda enseñanza junto con la integridad de sus valores elevados, siendo su mejor regalo compartirlos con los demás. Termina el viaje que le ha llevado a saborear con intensidad las cualidades que le ha brindado la vida. El último tramo del camino le conduce a celebrar con integridad cualquier circunstancia y situación.

Una vez consumado el proceso creativo, el 9 lo soltó impecablemente y regresó a la Unidad. En ese momento supo que nunca la había dejado.

1. CELEBRACIÓN

La belleza del momento presente

La totalidad de lo que somos en cada momento se expresa a través de nuestra belleza. Sin embargo, tendemos a relacionar la belleza casi exclusivamente con la dimensión física. Cada persona tiene en su forma física una belleza particular, y si «cuando te miras en el espejo no te encuentras guapo, es que te has mirado poco y tienes que mirarte más» [31]. El deseo que podamos tener de modificar alguna parte de nuestro cuerpo porque nos parezca que no encaja con lo que debería ser, se aligera cuando comprendemos que siempre se tiene el cuerpo perfecto. Nuestro cuerpo, sea como sea, expresa perfectamente lo que somos y es justo el cuerpo que necesitamos para vivir nuestra particular aventura.

La clave para ir más allá del materialismo y poder a la vez penetrar más allá de la forma está en imaginarnos que cada persona es como una escultura original en la que el artista ha volcado toda su creatividad. Los que solo se acerquen a mirar la escultura comparándola con una idea preconcebida puede que no logren ver la mano del artista, que es la que convierte cada obra en una pieza única. Cuando llegamos a esta comprensión, dejamos de

---

[31] Expresión de Ana Moratinos.

sentir la necesidad de comparar, pues ya somos capaces de encontrar la belleza que cada cual derrama por el mundo por el simple hecho de ser.

La belleza no solo reposa en cada ser, sino también en las cosas y en los acontecimientos que nos rodean. Estamos aquí para darnos cuenta de que el motivo para hacer las cosas es, simplemente, que son bonitas y que nos gusta hacerlas. Si, por ejemplo, afirmas que «el silencio es místico», tal vez sientas que has dicho algo trascendental, aunque al final se haya dicho muy poco. Si optas por expresarte no desde los juicios que te inspiran las cosas sino desde la belleza que te transmiten, quizá no te veas obligado a dar más explicaciones que acaban resultando absurdas y puedas darte cuenta de que es suficiente expresar algo como «me gusta el silencio».

Si, tal como hemos comentado, tu aspecto no eres tú, el éxito o el fracaso de las acciones que emprendas tampoco lo son. Al aceptar que tu belleza va mucho más allá de lo que puedes ver o de lo que piensas que eres, puedes darte cuenta de que no solo no eres el éxito o el fracaso de lo que emprendes, sino que ni siquiera tienes por qué identificarte con eso que has hecho. Recuerda que en realidad es la Vida la que «hace» a través de ti. Con esto presente, puedes dar la bienvenida a los éxitos o a los fracasos con una distancia y un desapego que te mantendrán sereno y confiado. Que tienes éxito, ¡pues muy bien!; que te parece que fracasas, ¡pues bien también! Después de todo, la mayoría de las veces que juzgamos un resultado como «éxito» o «fracaso» lo hacemos guiados por las opiniones de los demás y por criterios que puede que ni compartamos. Siempre tenemos éxito en lo que hacemos, porque lo que percibimos como resultado es un reflejo de nuestro ser interior. Ese reflejo es exacto y perfecto; por tanto, el fracaso no es posible. Desde esa comprensión no se puede más que celebrar, pues una vez que te das cuenta de que todo es bello y perfecto tal como se muestra —como una obra de arte que te refleja— la celebración se convierte en tu forma de estar en la vida.

UNA CONSTANTE CELEBRACIÓN

Cuando nos permitimos actuar movidos por la belleza que nos rodea, vivir se convierte en el arte de celebrar el momento. La belleza que percibimos a nuestro alrededor es un reflejo de nuestra belleza interna. Cuando interior y exterior se hacen uno, uniéndose en la misma belleza, el momento es completo. Entonces te conviertes en un artista porque conquistas el arte de celebrar la Vida en el instante. Es como sentir el vínculo con el Creador, pues participas en esa misma creación. No se trata de sentirse un elegido, aunque sí un privilegiado por estar consciente de compartir la plenitud de cada momento con las personas y fenómenos que están sucediendo.

Cuando nos desconectamos de la belleza y nos olvidamos de celebrar la Vida, podemos quedarnos enganchados a la seriedad de las circunstancias. Lo que celebramos se vive completamente y se agota en el momento sin dejar residuo. Sin embargo, retenemos las cosas a las que concedemos importancia o seriedad. Al concederles importancia a determinados sucesos, nos quedamos apegados a ellos y bloqueamos las posibles soluciones que están ya ahí para nosotros. Por eso es tan importante el sentido del humor, la carcajada que nos lleva a quitarle hierro a cualquier asunto que hayamos convertido en un peso por nuestra manera de apreciarlo. Cuando reconocemos que todo está en su sitio y que finalmente nada tiene gravedad, ni siquiera lo que llamamos muerte, podemos relajarnos. Entonces, la Vida se convierte en una ceremonia de celebración y su propósito es honrar el momento.

Celebrar lo que hemos vivido no es más que el acceso a la celebración de lo que somos. Solo cuando podemos agradecer lo vivido estamos en disposición para soltar las cosas que terminan. Y es que la Vida es un final y un comienzo constantes. Sin embargo, solemos resistirnos a soltar y permitir que las cosas continúen su camino una vez que sabemos que se han terminado. Es algo parecido a cuando nos comemos una fruta y parece que va a dejar de existir, pasando por alto el hecho de que, a la vez que terminamos el fruto, destapamos las semillas que darán lugar a la nueva vida. Estamos aquí para disfrutar y para celebrar las bendiciones de este fruto. Ahora solo nos queda liberarnos del apego que nos limita el disfrute y lanzarnos a celebrar eso que ya ha terminado.

Para pasar del JUICIO
a la CELEBRACIÓN *RECUERDA QUE...*

- ... la totalidad de lo que eres en cada momento se expresa a través de tu belleza. Una belleza que está en todos y en todo, más allá de las formas físicas y de nuestros juicios. Si te miras en un espejo y no te gustas, es que no te has mirado con atención y no estás apreciando la obra de arte que eres.
- ... cuando te permites moverte a través de la belleza que eres y que te rodea, vivir se convierte entonces en el arte de celebrar la Vida en el instante.
- ... si das demasiada importancia a las cosas, te apegas a ellas y no percibes las posibles soluciones que ya están ahí para ti.

RETORNANDO A LA UNIDAD...

Cada persona representa una obra de arte única, creadora de su cuerpo y de su vida. Esto se nos olvida cuando juzgamos las cosas que ocurren. Con la aceptación de nuestra belleza interna, atemporal y eterna, estamos en disposición de reconocer que cada instante es completo y perfecto, bello en sí y por sí mismo. Entonces no nos queda más que celebrar la perfección y la plenitud del momento eterno.

2. SOLTAR

El dejar ir es el acto de abrir la mano. Ni siquiera es necesario soltar porque, cuando abres la mano, lo que sujetabas continúa su movimiento natural. El Buda enseñó que el apego era la causa primera de todo sufrimiento. Nos apegamos a las cosas que tenemos y que no queremos perder y también a las cosas que queremos y que no tenemos. De esta manera estamos atados mediante el miedo a las cosas que poseemos y mediante el deseo a las que aún no tenemos.

En realidad, no estamos apegados a las cosas sino al valor que les damos. Esas cosas no son valiosas en sí, lo son porque nosotros les hemos otorgado ese valor. Frecuentemente ese valor que les damos se relaciona con la expectativa que un día colocamos en ellas.

Tenemos sueños y deseos sobre los que generamos expectativas, y aunque nuestros sueños suelen cumplirse, tal vez no lo hagan de la forma en que esperábamos. No podemos prever cuándo van a realizarse nuestros deseos, ni tampoco el camino que van a seguir para manifestarse. Sin embargo, nos decepcionamos en el momento en que decidimos que las cosas no han salido como esperábamos. Esto es una decisión del ego o del personaje, que desconoce la profundidad del proceso creativo. Cuando puedes mirar hacia el misterio de la vida con confianza, te limitas a actuar y a desapegarte del resultado.

No conocemos los pasos del camino que nos conduce inevitablemente a la realización. Lo que sí sabemos es que lo que se presenta delante es un paso en ese mismo camino. Todo acontecimiento que en primer lugar atraemos y luego se presenta en nuestro escenario nos está apoyando; aunque es posible que en un principio no lo entendamos. Tal como hemos ido comentando, lo que ocurre viene a traernos un regalo. Cuando enfocamos la atención en cómo lo que ocurre nos está apoyando, podemos soltar la idea de cómo deberían ser las cosas o cómo tendrían que haber sido. Y así nos liberamos del sufrimiento creado por la expectativa no realizada y nos ahorramos la frustración. Cuando tocas esa comprensión, normalmente se abre una puerta que te muestra que lo que ha ocurrido es mejor que lo que tú esperabas. El proceso creativo que tu deseo ha activado es siempre sorprendente.

El apego suele aparecer en todo proceso en el que se está concluyendo o completando algo. Si nos quedamos anclados en el plano de la personalidad, es mucho más probable que nos sintamos apegados a eso que no queremos que termine. Date la oportunidad de imaginar por un momento que no es tu personalidad la que lo percibe, sino tu Ser, que tiene un contexto mucho más amplio. Imagina, por ejemplo, que tu pareja quiere romper la relación. Y aunque te parezca que tú no quieres hacerlo, tu alma sabe que lo que ahora toca es desapegarse y permitir que esa relación termine y evolucione a una nueva relación. Desde el punto de vista de tu personalidad, puede que sientas que tu relación se terminó porque la otra persona dio el paso. Sin embargo, a pesar de que pueda resultar más fácil echar la culpa a la otra persona o a las circunstancias, tu Ser sabe que esa relación ya estaba completa. Si puedes conectar y confiar en esa parte de ti que va más allá de las apariencias y de las permanencias, conectarás también con la paz que te espera más allá del apego.

LA RESISTENCIA A SOLTAR

A veces sucede que a pesar de saber cuáles son nuestros gustos y preferencias y lo que nos sienta bien, nos cuesta ser aventureros y ponernos en camino de realizar nuestros sueños. A veces el miedo a dejar un mundo conocido nos inhibe de emprender la acción de apuntarnos a otro. Quedándonos anclados en ese espacio de aparente seguridad, nos estamos privando de la maravilla de avanzar y crecer tomando y soltando las cosas tal como vienen y van. Intentar agarrarse a las cosas cuando estas están en un continuo movimiento trae tensión y angustia.

Afortunadamente contamos con la sabiduría de la naturaleza, que se encarga de devolvernos al fluir inevitable en el que las cosas, siempre en movimiento, siguen su camino más allá de nuestra voluntad o nuestros deseos. Así, cuando la persona que da se apega a las personas o proyectos a los que entrega, pueden producirse de forma natural esas «rupturas» emocionales que pueden manifestarse a través de la pareja que nos deja, del familiar que parece que nos traiciona o del jefe que nos echa del trabajo. El ver las cosas desde esta perspectiva nos deja bloqueados en la idea de que la situación es culpa del «otro». Además nos colocamos en un lugar de víctima desde el que no asumimos ninguna responsabilidad sobre lo que nos está ocurriendo. Si nos atreviéramos a ir un poco más allá, podríamos tal vez preguntarnos cómo nos apoya eso que nos está pasando y cuál es el propósito o sentido de esa ruptura.

Tal vez entonces nos demos cuenta de que el amor y la libertad van juntos, que todo se mueve y cambia constantemente, y que eso en sí mismo está muy bien. Es como si la Vida, la Conciencia o la naturaleza —como queramos llamar a la sabiduría inmensa que nos trasciende— nos estuviera haciendo un favor, pues por medio de esa separación las cosas se vuelven a poner en su sitio.

En el ámbito de las relaciones de pareja es especialmente visible esta tendencia al apego. Incluso aunque la relación no marche bien, la resistencia a separarse es a veces más fuerte que el impulso de dar un giro a la situación. Y es que un cambio lo transforma todo, y eso es algo que nos cuesta aceptar cuando lo que nosotros perseguimos es cambiar solo lo que no nos gusta. Sin embargo, tampoco funciona el dar demasiada atención a la idea de desapegarse porque eso termina apegándonos aún más. Si, por ejemplo, quieres olvidar a alguien que crees que te hizo o te hace daño, quedarte enganchado al deseo de olvidar a toda costa no está haciendo más que vincularte de manera aún más fuerte a esa persona de la que quisieras distanciarte. La atención sigue puesta en ella, y eso es atención que estás retirando de otras nuevas posibilidades. De modo que lo más útil para ayudarte en el proceso de desapego es embarcarte en actividades o situaciones nuevas, pues la novedad cambiará el foco de tu atención. Cuando estás inmerso en un proceso así, viajar a un lugar muy diferente a aquel donde vives puede convertirse en la mejor terapia. Un cambio de mundo de ese calibre capta tu atención total, retirándola de lo viejo. Así, sin pensarlo, un día te darás cuenta de que, en sentido espiritual, esa persona que crees que te hizo daño no hizo ni más ni menos que lo que tenía que hacer, representando impecablemente el papel que le diste en tu vida.

CAMINO AL DESAPEGO

Como ya comentamos con anterioridad, solemos identificar lo que somos con nuestra parte visible, es decir, con nuestro cuerpo físico. Y aunque en apariencia desapegarnos de nuestro cuerpo es lo que más resistencia y miedo nos provoca, la materia puede convertirse en el símbolo y en la metáfora del desapego. Imagina que pierdes un anillo o se te rompe un jarrón. Lo más probable es que no estés apenado por el valor económico material del anillo o del jarrón, sino por lo que representan. Asignamos a los objetos su valor o importancia en función de lo que representan. Este valor no depende tanto de la parte material como del aspecto simbólico que le hemos asignado.

Ahora podemos usar este funcionamiento automático en sentido contrario, haciéndolo consciente. Podemos desapegarnos del aspecto simbólico del objeto soltando la parte material. Es decir, al dejar ir el objeto o el aspecto material de la experiencia, dejamos ir también la parte simbólica, que tiene el verdadero valor del desapego.

Por ejemplo, hacer limpieza en casa de todo lo que ya no necesitamos da como reflejo una renovación, un renacimiento en nuestra vida. Ropa, utensilios, objetos, papeles, documentos, cosas que ya no necesitamos. Esto va a generar limpieza y espacio en nuestra vida no solo por el espacio físico libre que deja el objeto, sino por toda la energía que estaba pegada al objeto y que hemos liberado.

Ya al final del camino solo te queda una capa de materia, y tu siguiente paso es desapegarte de esa capa y regresar al origen para descansar en el Ser. Sin embargo, podemos comportarnos como personajes hambrientos, ansiosos por mantener el plato lleno. Esta actitud de apego a la materia y al pasado no es más que un reflejo de nuestra resistencia a entrar en contacto con nuestra dimensión espiritual. Cuando a través de esta unión con lo espiritual entramos en la no materia, podemos comenzar a vivir lo visible a través de lo invisible: a través del espíritu. Podemos empezar a vivir la parte divina dentro de lo humano y a actuar con desapego con respecto a la parte material de los acontecimientos. Así, estando aún en el cuerpo físico, se nos presenta la posibilidad de estar en el mundo sin ser del mundo. Y también la posibilidad de ser responsables y comprometidos sin estar apegados a lo que nos entregamos y aún menos a un resultado.

Disfrutando de la materia sin estar apegados podemos gozar del día no solo como si fuera el primero de nuestra vida, sino también el último. Esto nos enfoca de lleno en el disfrute del presente inmediato, un arte que tenemos la capacidad de compartir, el arte de disfrutar la vida.

Otro arte que hemos venido a desarrollar es el arte de soltar o el desapego. Profundizando en la filosofía budista, podemos comprender que todos los fenómenos que observamos están sujetos a la ley de la impermanencia. Esto significa que todo lo que se presenta en el escenario de tu vida es transitorio, es decir, aparece y desaparece. Por tanto, apegarse a algo que no va a permanecer genera sufrimiento en apariencia inútil.

Puedes observar el fenómeno de la respiración en el cuerpo físico, puedes observar el movimiento de la energía, puedes observar una emoción, un pensamiento, un sonido, el perfume de una flor…, todo ello son fenómenos que la conciencia tiene la capacidad de observar. Son fenómenos que aparecen y desaparecen, igual que en la dimensión del tiempo aparecen y desaparecen un cuerpo físico, un árbol, una montaña, un planeta, una estrella y hasta una galaxia.

Recordemos que la energía 9 señala hacia la despedida y que lo que ahora toca es entregar los frutos que hemos cosechado.

Así que no olvides que, sea lo que sea que estés viviendo, eso también pasará; que ninguna cosa ni ninguna emoción son permanentes; que la tristeza y la alegría son un reflejo más de la dualidad de la vida. Entonces, si las circunstancias externas van y vienen, lo mejor es no abandonarte a ellas ni permitir que te lleven de aquí para allá. Basta con aceptar tanto las críticas como los halagos con mesura, sin permitir que te arrastren ni hacia la autodestrucción ni hacia la autoexaltación. Por supuesto que resulta mucho más fácil desapegarse de las situaciones que te resultan desagradables o que no te gustan. Lo complicado llega cuando no quieres soltar y quieres seguir disfrutando para siempre de los momentos de éxito o de placer que la Vida te trae. Ahí es donde está el verdadero reto del desapego.

El desapego es un proceso precioso si lo vivimos de frente, honrando la situación como si fuera una celebración o fiesta de despedida. Si, por el contrario, nos resistimos tratando de aferrarnos a la situación que se despide, estamos creando un sufrimiento innecesario. Agarrándonos al pasado lo hacemos también a la idea de que el momento actual no es suficiente. Esto se apoya en la fantasía de que el pasado era mejor y de que el futuro va a ser peor. Cada momento es único, asombroso e irrepetible y disuelve al anterior. Si no lo dejamos ir nos perdemos el presente, que es donde se experimenta la vida. Cada momento engendra la esencia de la realización: la posibilidad de ser Uno con todo lo que se manifiesta en el momento y disolverse en el espacio que lo contiene.

Para pasar del APEGO al SOLTAR *RECUERDA QUE...*

- ... cuando estás apegado a un resultado determinado, a una idea de cómo quieres que sean las cosas, estás asegurando a la vez la frustración y el sufrimiento de que no salgan como tú esperabas.
- ... cuando profundizas lo suficiente en la experiencia, te das cuenta de que has creado la película que se ha presentado en tu escenario. Entonces puedes aceptar que *lo que viene es lo que conviene,* porque incluye el regalo de mostrarte cómo lo has creado. Sabes que cualquier circunstancia que se presenta está apoyando tu despertar.
- ... lo que percibes como una ruptura emocional es el equilibrio al que te lleva la Vida volviendo a colocar las cosas en su sitio.
- ... eres rico, no te falta nada porque vives en la abundancia del Ser. Puedes soltar todo en cada momento, sabiendo que el presente es único, irrepetible, completo y eterno.

RETORNANDO A LA UNIDAD...

Al apegarnos a una relación o situación estamos creando, al mismo tiempo, una tensión que apunta hacia la separación. El desapego nos lleva a la liberación y a la fusión con el Todo del que venimos y al Vacío al que nos dirigimos. No se trata de desapegarnos de las cosas o de las personas; si podemos soltar es porque antes hemos tomado. Y cuando hemos tomado realmente, ya no hay diferencia ni separación, ya somos Uno con eso. Trascendido el tomar y el soltar, ya que realmente no hay nada de lo que podamos separarnos, el Todo y el Vacío se han hecho Uno.

3. ENSEÑANZA

La energía 9 encarna la integración de tres cualidades: soltar, celebrar y enseñar. Cuando está fuera de equilibrio aparece su tendencia a enfocarse en una sola de ellas. Es decir, pueden enfocarse en el conocimiento personas que saben mucho y, aunque ya son muy sabias, siguen buscando el conocimiento externo; o quizá centrarse en la celebración, yendo de fiesta en fiesta y quedándose en el aspecto superficial de la diversión; o bien enfocarse en la gama agarrar-soltar, siendo muy apegados a personas o situaciones. Cuando el 9 alinea las tres cualidades enseña a través de sus actos cómo celebrar la vida en cada momento con integridad.

Imagina que estamos en una fiesta fantástica en la que se presenta la oportunidad de disfrutar sin más de la alegría del momento. Nos encanta divertirnos recreándonos en todo lo que observamos alrededor: color, sonido, risas, buen humor, celebración, música, baile, nuevos amigos, comida y bebida...

Y, de repente, nos empujan a abandonar la fiesta antes de que haya terminado. «¿Irme ya, en pleno jolgorio, con lo bien que me lo estaba pasando?». Nos negamos en redondo. Ahora resulta que el aguafiestas de turno —en este caso nuestra sabia voz interior— llega para decirnos que es el momento de irse de la fiesta, que debemos soltarlo todo, especialmente la juerga, desapegarnos de nuestras expectativas y dedicarnos a la enseñanza. ¡De eso nada! En ese momento no queremos oír hablar ni por un segundo del camino espiritual.

Y una vez más nos estamos resistiendo a nuestro camino, justo donde estamos, que es ya casi su final. Ahí ya sabemos sobradamente que la naturaleza de las personas y sus circunstancias es circular libremente para realizar su propio camino. Sin embargo, cuando nos parece que algo se acaba o que podemos perderlo, nos precipitamos a agarrarlo con todas nuestras fuerzas. Ante el vacío que se presenta un paso delante de nosotros, rápidamente le damos la espalda buscando aferrarnos a la seguridad que nos da el mundo material y lo conocido, intentando esquivar la amenaza de que todo se desvanezca ante nuestros ojos. No nos percatamos de que cuanto más fuerte lo agarramos, más violentos son los tirones para que lo soltemos.

Ya no queda más tiempo... La energía 9 representa el final del ciclo y ha llegado el momento de la despedida. Nos toca completar las cosas y cancelar los asuntos pendientes en este ciclo. Ahora la Vida pide cuentas, es el momento de dárselas y que todas queden cerradas para quedarnos vacíos y compartir nuestra enseñanza de vida.

LA FE Y LA CONFIANZA: CLAVES PARA EL SALTO

¿Cómo hacer entonces para atrevernos a soltarlo todo y dar el salto hacia lo desconocido? ¿Cómo no caer en la glotonería y quedarnos enganchados al banquete temiendo que más allá, tal vez, vayamos a pasar hambre? Lo único que nos queda es confiar.

Plantéate por un momento por qué los maestros no se preocupan por la muerte. Es porque a lo largo del camino recorrido la han ido practicando, soltándolo todo y muriendo tantas veces. Puedes empezar a practicar la confianza en la Vida soltando cosas pequeñas. Recuerda que gracias a tu trayectoria has vivido de todo o casi de todo y tienes muchísima experiencia. Son todas esas capacidades que has ido desarrollando en tu camino las que precisamente te pueden ayudar a realizar con serenidad y alegría el proceso de soltar que se presenta delante.

Aquí estamos explorando una fe amplia o una confianza total en la Vida. Es útil recordar que todo el mundo tiene fe. El asunto está en dónde enfocamos esa fe. Por ejemplo, si te encasillas en la creencia «soy una persona negativa», tu fe va a estar enfocada en la certeza de que todo va a salir mal. Y así podría terminar, pues la fe funciona igual que el agua con las plantas: lo que se riega crece. La energía y la atención que das a las cosas es lo que las va a hacer crecer. Incluso aunque tu atención esté en «no quiero que pase eso», estás empujando para que eso que no quieres que pase termine pasando. Somos creadores de nuestra realidad, la observamos y la nombramos de forma consciente o inconsciente. Así condicionamos el suceso desde nuestras propias creencias, reflejándose como un espejo a nuestro alrededor. Lo que llamamos realidad no es tan real, lo que es real para nosotros es nuestra percepción de esa «realidad» que cambia según las lentes que llevemos puestas. Así, una persona que se perciba como «negativa» ha llegado hasta esa etiqueta a través de una serie de experiencias «negativas» que le han confirmado sus lentes una y otra vez. Nuestro Ser siempre apoya, dándonos la razón elijamos lo que elijamos creer. Sea cual sea tu situación —y no importa cómo hayas llegado hasta ella—, la gran noticia es que tu fe es muy poderosa. De modo que tus próximas creaciones dependen de ti y de dónde vas a colocar tu atención creativa.

A través de los principios que hemos ido integrando a lo largo de nuestro camino, tenemos ahora la capacidad de reconocer el regalo y de ofrecerlo al otro como tal.

Si comparamos este viaje que es vivir con un proceso de encontrar y entregar regalos, nos toca experimentar y compartir la última etapa: reconocer el regalo en el suceso que acontece, especialmente aquellos que se presentan como desagradables. Simbólicamente es como envolver el regalo con una nueva visión para que la persona que lo ha recibido sea capaz de reconocerlo como tal.

Sea lo que sea lo que ocurra, si le decimos a la persona que eso es un regalo que le trae la Vida, es como envolver lo que llega con un lazo de sabiduría. Esto cambia la visión de la persona que lo recibe y le permite abrirlo. Lógicamente, si le llevas a una persona una caja con un lazo, se dispondrá inmediatamente a recibir un regalo.

Cuando nos parece que lo que llega es precioso, podemos caer en la tentación de querer quedárnoslo, intentando retenerlo y guardarlo con la fantasía de disfrutarlo para siempre. No, nosotros estamos de despedida y los regalos son especialmente para los demás. Cuando queremos sujetar algo, nos colocamos en el espacio de un «personaje hambriento» que nos conduce a actuar anclados en la fantasía de nuestras faltas y ausencias. No nos damos cuenta de que lo hemos tenido todo y agarrándolo nos apartamos de los principios elevados que guían nuestras acciones. Se presenta una nueva oportunidad de conectar con la confianza que nos da ser maestros en el arte de vivir. Desde ese espacio hueco y sereno, sabemos claramente que el regalo es para la persona que está delante, pues nosotros ya lo hemos tenido y vivido. Inmersos en ese espacio, lo soltamos y compartimos el valor de nuestra profunda enseñanza.

LA INTEGRIDAD: EL CAMINO DEL GUÍA

En el cierre de un ciclo, cuando nos disponemos a dejarlo todo para seguir el impulso de enseñar lo aprendido, suelen aparecer ruidos o frenos mentales. Esto suele ser así no tanto porque estemos al final del ciclo, sino porque nuestro apego a lo que se va provoca el ruido. Cuando estamos inmersos en un cierre, es importante buscar un equilibrio entre las palabras y el silencio. Un enfoque meditativo nos servirá para sosegar los ruidos de la mente y también para conectar con el corazón. Cuanto más silencio interno creemos, más alineados estaremos con todo lo que hagamos, digamos, sintamos y pensemos.

A lo largo de nuestro dilatado viaje hemos adquirido sabiduría de sobra para permitir que el silencio nos conduzca a contactar con nuestro corazón. A través de ese contacto, recordamos que somos depositarios de un saber que trasciende toda lectura, opinión o información. Se trata de un saber que reposa en el fondo de cada uno y que nos conduce a comprometernos con principios elevados y con leyes espirituales. Desde este compromiso, actuamos sabiendo qué es lo mejor que podemos hacer.

Situados al final del camino, sabemos que no tenemos más remedio que actuar con absoluta integridad. Sabemos lo que hay que hacer y no es posible no hacerlo o mirar hacia otro lado. A estas alturas tenemos solo una oportunidad para actuar, y como sabemos lo que hay que hacer, ponernos de espalda a nuestra integridad nos puede costar caro. La Vida ya no nos tiene compasión, nos pasará una factura elevada si no actuamos de acuerdo a nuestros principios. Nos guste o no, no nos queda más remedio que actuar con integridad, esa es la clave de nuestra enseñanza: el camino del guía.

En la medida en que confiemos en nuestros principios elevados, la confianza en nuestro propio Ser irá aumentando, hasta que sea completa. Entonces dejaremos de aferrarnos a lo que ha terminado y nos liberaremos soltándolo. Con la serenidad que da todo lo vivido y aprendido a lo largo del camino, es el momento de compartir nuestra compasión y sabiduría.

Compartir el espíritu a través de la enseñanza

Llegados al último tramo del camino, cargados de sabiduría y de templanza, conscientes y preparados para dar el salto al vacío, lo único que puede quedar por hacer es prestarnos con humildad a ser guías inspiradores para los demás. Vamos a estar inevitablemente en el punto de mira, de forma que lo más importante para ser ejemplo es estar alineado con nuestros principios elevados de integridad y compromiso.

Los sigamos o no, estaremos dando ejemplo a los demás. Daremos ejemplo de lo que se debe hacer, o por sus consecuencias en nuestra vida, de lo que no se debe hacer.

Si comparamos la aventura del Ser con un viaje, cuando se presenta un paso difícil o un desafío, uno está en la puerta de un proceso de transformación. Aunque empiece a andar el camino acompañado, el aventurero deberá recorrerlo por su cuenta. En última instancia, es la persona la que va a recorrer el camino por sí misma y la que, al final del sendero, tendrá que dar el último paso sola. Un paso que la transformará inevitablemente y para siempre, y que, una vez integrado, devolverá a la persona a su vida con un nuevo aprendizaje o «darse cuenta». El valor último de esta sabiduría adquirida a través de la propia experiencia es el compartirla con los demás en la forma que cada momento traiga. Y es que cuando uno ha regresado siendo otro de esa experiencia de entrega al vacío, se ve liberado de todo desafío e irradia compasión hacia otros seres.

Bodhisattva es un término propio del budismo que hace referencia a aquel que está comprometido en reducir el sufrimiento de los demás. Al examinar el dilema de la humanidad, el *bodhisattva* reconoce que no podemos esperar a que mejoren las condiciones externas negativas hasta que hayamos transformado esas mismas condiciones en nosotros mismos. Al cultivar cualidades inherentes a nosotros como el amor y la compasión, podemos despertar lo que en sánscrito se llama *bodhi* o la gran mente, la fuente de todas las cualidades positivas.

Se cuenta que Avalokitesvara —conocido como el *Bodhisattva* de la Compasión— hizo el voto de no descansar nunca hasta haber escuchado los ruegos de todos los seres sensibles que estuvieran pasando momentos de dificultad y haberlos ayudado a liberarse del sufrimiento. Después de trabajar diligentemente en esta tarea por un largo tiempo, y a pesar de su agotador esfuerzo, la deidad se dio cuenta de que todavía quedaban muchos seres por salvar. Su desesperación era tal que su cabeza reventó y se dividió en once partes. El buda Amitabha, al ver la situación, recogió las partes y las volvió a unir, dándole once cabezas para que pudiera oír todos los lamentos de los sufrientes. Al poder por fin oír esos clamores y comprenderlos, Avalokitesvara intentó alcanzar a todos aquellos que necesitaban ayuda, y resultó que sus brazos se destrozaban. Una vez más, Amitabha vino en su ayuda dotándole de mil brazos para que pudiera ayudar al mismo tiempo a las multitudes de almas.

Comprometido con el voto de salvar a todos los seres, el *Bodhisattva* estaba resuelto a llevar sus cargas y redimirlos de los terrores del nacer, del envejecer, del enfermar, de la muerte y del renacimiento, de todas las formas de la culpa moral, de todos los estados desgraciados, de la maraña de las opiniones falsas y de las secuelas de la ignorancia.

El pleno conocimiento que el *Bodhisattva* había adquirido en su camino sería usado como barca para salvar a estos seres de la corriente del *samsara,* convencido de que la única manera de construir un nuevo mundo es vivir desde la compasión y el corazón.

Estamos ya al final de nuestro camino. Un camino que tras haberlo recorrido prácticamente en su totalidad nos ha investido con la sabiduría, la compasión y el conocimiento necesarios para convertirnos en ejemplo para los demás y poder acompañarlos en sus tránsitos. Así, inspirados por el Buda de la Compasión, cada cual a su nivel y según sus posibilidades y alcances, tiene el don de poner sus vivencias y sabiduría al servicio de los demás.

Para pasar del CONOCIMIENTO
a la EXPERIENCIA *RECUERDA QUE...*

- ... los dones y capacidades que has ido desarrollando a lo largo del camino de vida son precisamente los que te permitirán soltar lo que se presenta con la serenidad y la alegría del Ser.
- ... es en tu corazón donde puedes contactar con la sabiduría que reposa en el fondo de ti y que te empuja a comprometerte con la integridad de tus valores elevados.
- ... desde esa integridad tienes la capacidad de reconocer el regalo de la Vida y de compartir tu sabiduría y tu compasión, convirtiéndote en guía y ejemplo inspirador para los demás.

RETORNANDO A LA UNIDAD...

El saber que hemos acumulado a lo largo del camino nos permite reconocer el regalo que reposa en cada suceso. Hemos alcanzado la forma más alta de sabiduría, la que proviene de la experiencia directa. Compartimos el valor de nuestra experiencia simplemente siendo, más allá de donde llegan las palabras, en un espacio de silencio que lo llena todo. Libres de apegos, nos entregamos vacíos de expectativas y llenos de infinito.

Anexo

Hemos explorado en los capítulos del 1 al 9 la energía que corresponde a cada uno de los números. Esta energía se expresa también anualmente a través de lo que llamamos el año emocional.

Nuestro camino de vida transita a través de ciclos emocionales de nueve años, del año uno al nueve. En el año uno empieza el ciclo y en el año nueve termina. Cada año dentro de este ciclo de nueve años contiene la energía de su número, de modo que, en cada uno de los años, vas a atraer o manifestar con facilidad las cualidades que representa la energía del número que le corresponde.

Cálculo del año emocional

Para saber cuál es tu año emocional para el 2017, suma todos los números que aparecen en tu fecha de nacimiento completa y al resultado, que es tu número del camino de vida, le sumas 1, que es el número del año 2017.

Así, una persona que ha nacido el día 18 del mes 2 del año 2001, debe sumar:

$1 + 8 + 2 + 2 + 0 + 0 + 1 = 14$

Y sumar de nuevo hasta llegar a un solo número:

$1 + 4 = \mathbf{5}$

Ahora, calcula el número del año 2017:

$2 + 0 + 1 + 7 = 10; 1 + 0 = \mathbf{1}$

Para hallar el año emocional suma a su número del propósito (5) el número que corresponde al año 2017 (1).
El año emocional para este ejemplo es **6** ($5 + 1 = 6$).
Por tanto, y siguiendo el ejemplo, el año 2017 será un año emocional 6 para todas las personas con número de propósito 5.

VALOR NUMÉRICO DE LAS LETRAS

Cada una de las letras del alfabeto tiene un valor numérico. En el caso de las letras dobles CH o LL, se cuentan como dos letras por separado C H o L L; la Ñ corresponde como la N al número 5.

1	A	J	S
2	B	K	T
3	C	L	U
4	D	M	V
5	E	N	W
6	F	O	X
7	G	P	Y
8	H	Q	Z
9	I	R	

Los números de tus nombres

Obtén el número al que corresponde tu nombre. Hazlo al menos con versiones de tu nombre: el que usas cuando te presentas, el nombre oficial, que incluye los apellidos, y los apodos, si has tenido.

El nombre que usas cuando te presentas:

CRISTINA = C + R + I + S + T + I + N + A
3 + 9 + 9 + 1 + 2 + 9 + 5 + 1 = 39
3 + 9 = 12; 1 + 2 = 3

Apodos que has usado o te han dado:

CRIS = C + R + I + S; 3 + 9 + 9 + 1 = 22; 2 + 2 = 4
CRISTI = C + R + I + S + T + I; 3 + 9 + 9 + 1 + 2 + 9 = 33;
3 + 3 = 6

El nombre oficial:

CRISTINA GIL RIGALL
C + R + I + S + T + I + N + A + G + I + L + R + I + G + A +
+ L + L
3 + 9 + 9 + 1 + 2 + 9 + 5 + 1 + 7 + 9 + 3 + 9 + 9 + 7 + 1 +
+ 3 + 3 = 90; 9 + 0 = 9

NÚMERO DEL MES Y NÚMERO DEL AÑO [32]

Número del mes. Esencia de lo femenino

El número correspondiente a nuestro mes de nacimiento está en relación con el ciclo lunar y hace referencia a lo femenino, receptivo e inconsciente. Lo incorporamos fundamentalmente como herencia del linaje femenino de nuestro sistema familiar y en particular de nuestra madre. Habrá que tenerlo en cuenta para valorar nuestra relación con la feminidad y la percepción de nuestros aspectos femeninos.

Número del año. Esencia de lo masculino

El número correspondiente a nuestro año de nacimiento, a su vez, hace referencia al ciclo solar y por tanto está relacionado con lo masculino, activo y consciente. Estará en relación con la herencia recibida del linaje masculino de nuestro sistema familiar y de nuestro padre. Se tendrá en cuenta para entender la relación con la masculinidad y la percepción de nuestros aspectos masculinos.

PRINCIPIOS DE RESONANCIA EN EL ALMA FAMILIAR

Uso la expresión «alma familiar», en lugar de familia o sistema familiar, porque el alma tiene conciencia, entidad propia y un propósito dinámico para realizar. El alma familiar contiene información que puede ser conocida o no por sus miembros, con la característica de que mientras se mantiene oculta o está en el inconsciente tiene más peso o fuerza.

---

[32] Se pueden encontrar otros cálculos como el diamante y los ciclos de vida en www.medicinadelser.com/numerologia.

El alma familiar tiene la capacidad de atraer situaciones o generar repeticiones para evidenciar el asunto pendiente que debe ser sanado. Lo que es inconsciente trata de hacerse consciente, los secretos empujan para ser desvelados, lo que está oculto trata de hacerse visible para ser llevado a la luz. Todo lo que se lleva a la luz se puede mirar, se puede nombrar y se puede escuchar; es entonces cuando pierde su fuerza y se puede sanar.

Todos los propósitos el alma familiar son trascendentes, en el sentido de que siempre van a elevar la conciencia familiar.

Tal como vimos en la introducción, el Ser se refleja en las personas y las circunstancias que se presentan en nuestra vida. Cuando se produce una coincidencia de la fecha de nacimiento con otras fechas importantes en el sistema familiar, ese reflejo o atracción para esa fecha es más claro, puede comprenderse qué significa y cuál es su regalo o propósito.

Además de las implicaciones de los números que corresponden a la fecha de nacimiento en sus diferentes aspectos —número del Ser y número del camino de vida—, que ya hemos explorado a lo largo de cada capítulo, observaremos ahora las coincidencias de la fecha de nacimiento o concepción con las de nacimiento, despedida u otras significativas de otros miembros del alma familiar. Estas coincidencias señalan hacia las resonancias que podrían darse entre los distintos miembros de la familia.

Hay un principio en el alma familiar que anuncia que cuando «falta» alguien, este debe ser sustituido. Aclaremos en primer lugar qué significa ese «falta». Cuando un anciano se despide por lo que se considera una muerte natural, no suele dejar un hueco que precise ser llenado. El anciano podría dejar algún asunto pendiente que debiera ser resuelto, aunque esto no indica que tuviera que ser sustituido por otro familiar, solo indica que, si el tema tuviera cierta entidad, alguien tendría que ocuparse de ello. Ahora bien, cuando muere alguien y se cree que no debería haber muerto, el sistema va a tender a sustituirlo como una manera de aliviar esa pérdida. Ya vimos en el apartado dedicado a la transmutación del capítulo 8 que todas las muertes son naturales y que, en sentido espiritual, cada persona nace y muere, llega y se despide en su justo momento. Finalmente ni siquiera existe lo que llamamos muerte; es una transmutación, un tránsito donde el cuerpo físico queda atrás y el Ser continúa su camino. Sin embargo, este conocimiento no es aún accesible para todas las personas, y por tanto las muertes que se viven con desolación o devastación más allá del duelo natural[33] pueden generar la necesidad de sustituciones en el sistema familiar hasta que ese duelo queda integrado, que coincide con una elevación de conciencia toda el alma familiar.

Según veíamos en la introducción, puede haber varias clases de resonancias de un miembro a otro del alma familiar. Empecemos por la resonancia consciente que se produce cuando en el proceso de despedida o en el lecho de muerte la persona que se despide le hace un encargo o petición a un familiar. El hecho de que el encargo se realice de forma consciente da la capacidad a quien lo recibe de manejarlo de distintas maneras y también de elegir si finalmente lo lleva a cabo o no.

También es consciente, aunque normalmente no del todo por sus implicaciones en algunos casos, cuando se designa con el nombre de pila de un antecesor —o un nombre equivalente[34]— al recién llegado. Aquí podría indicar un reconocimiento,

---

[33] No hay en realidad parámetros justos para determinar qué es un duelo sano o un duelo natural, porque es posible que siempre se eche de menos el Ser que desencarnó y eso sea natural, como una expresión de amor. Sin embargo, el sentido del año de duelo lo da la primera vez que llega una fecha o periodo señalado y la persona no está físicamente. Por ejemplo, su primer cumpleaños, primeras fiestas señaladas, vacaciones o el primer aniversario. No hay dos procesos de despedida iguales y, por tanto, la orientación que ofrezco cuenta con muchas excepciones. Si bien se considera natural que los hijos sobrevivan a los padres, es menos natural que unos padres deban despedir a un hijo. No obstante, las leyes espirituales no hacen distinciones de edad y cada Ser se despide habiendo realizado el perfecto propósito.

[34] Versión masculina y femenina del mismo nombre, como por ejemplo María y Mariano; también nombres equivalentes como Jesús, Cristo, Cristina o Salvador.

o una costumbre familiar basada en honrar al predecesor, o bien un exceso de protagonismo. También podría indicar una necesidad de apoyo demandada por el antecesor. El recién llegado puede convertirse en una especie de socio en un propósito común, o bien, por otro lado, puede ayudar a resolver un asunto pendiente. Hay sistemas familiares donde la repetición del nombre se produce por costumbre. En esos casos, la posible transferencia de información puede quedar diluida por el efecto de que todos se llaman igual y no incidir sobre ninguno en particular.

En otras ocasiones, el nombre de pila se adjudica en recuerdo de alguien que murió y que el sistema familiar cree que no debería haber muerto, como he mencionado con anterioridad. La idea de que la persona no debería haber muerto puede surgir porque el deceso ocurre poco después del nacimiento o en el periodo de infancia o juventud, o bien fallece por accidente o suicidio, o quizá por una muerte violenta. En estos casos —además de la posibilidad de generar lo que técnicamente se llama un «duelo difícil» o en ocasiones «no resuelto»— el nuevo miembro al que se asigna el mismo nombre podría configurarse como un sustituto de la persona que murió fuera de tiempo o en circunstancias no naturales. Podría suceder que esta persona tuviera dificultades para vivir algún aspecto de su propia vida. Si así fuera, la persona debería tomar conciencia de esos aspectos para liberarlos, pudiendo también sanar o resolver el duelo pendiente si aún no se ha hecho.

La necesidad de sustitución podría surgir también después de un aborto. Hay corrientes que aseguran que un aborto genera una necesidad de sustitución de forma directa. En mi experiencia, es solo el aborto que se vive con dificultad el que puede generar una necesidad de sustitución. Cuando hay comprensión y aceptación plena, un Ser que llega y se despide en el vientre materno no necesita ser sustituido por ningún otro [35].

---

[35] Para la comprensión a través de un ejemplo, véase el apartado «Dorje, el no nacido», del capítulo 5 del libro *El Lenguaje del Alma*.

La resonancia inconsciente se puede producir por coincidencia exacta o del día anterior o el siguiente entre las fechas de nacimiento, de la despedida y también, dando cierto margen, a la fecha de concepción. En algunos casos, hay que considerar la inexactitud de las partidas de nacimiento, ya que no siempre es fiable la información que contienen. Cuando consideremos que estos datos son poco fiables, deberemos ampliar el margen de la fecha de nacimiento. En ocasiones la fecha significativa puede moverse en el calendario, tal como sucede con la Semana Santa y otros momentos que pueden ser significativos y están ligados a la estacionalidad, como por ejemplo la llegada de la primavera, el momento de la siembra o la recogida de un fruto, la vendimia o quizá la luna llena o nueva de un mes en particular. En esos casos también hay que ampliar el margen.

En cuanto a la fecha de concepción, en nacimientos no programados, sin adelantos ni retrasos, la concepción debió producirse prácticamente nueve meses antes —unas 38 semanas antes, con una semana de margen antes o después de esa fecha—. Cada embarazo es diferente y se puede preguntar a la madre por la fecha de concepción, ya que en ocasiones esa información está disponible.

Veamos ahora las resonancias inconscientes que se reflejan en las coincidencias de las fechas de nacimiento con otras fechas significativas en el sistema.

1. *Fecha de nacimiento coincidente con la fecha de nacimiento de un antecesor.* Por el hecho de nacer el mismo día comparten el mismo número del Ser y por tanto son una especie de socios para realizar un propósito común dentro del alma familiar. La fecha se convierte en una doble celebración, porque se celebran dos nacimientos. Si el antecesor está vivo, el nuevo nacido podría colaborar o ayudar a realizar dicho propósito. También se podría producir un paralelismo o un solapamiento en los caminos de vida de estos familiares, con respecto al asunto que se reflejan uno al otro. Si ambos están vivos al mismo tiempo, pueden so-

laparse en un propósito similar y se dará una resonancia que no indica necesariamente que deba resolverse algo. En este caso no cabe la posibilidad de duelo no resuelto, que sí podría darse si la coincidencia en la fecha de nacimiento se produjera una vez que el antecesor ha fallecido.

Si además se da la coincidencia de que han nacido el mismo número de año, tienen el mismo número de camino de vida. El nuevo nacido se configura como un doble de camino de vida del antecesor, por tanto sus caminos podrán transcurrir de forma similar, experimentando repeticiones, hasta que quede completado de forma real o simbólica el propósito que les vinculaba.

2. *Fecha de nacimiento coincidente con la fecha de muerte de un antecesor.* El duelo que se conmemora en la fecha del antecesor queda resuelto con la alegría del nuevo nacimiento. La «peor» fecha del año se convierte en la «mejor» fecha del año. Si la pena de la muerte tiene más fuerza que la alegría del nuevo nacimiento, podría suceder al contrario, es decir, que la alegría del nacimiento quedara deslucida o apagada por la pena de la muerte. En este último caso, es posible que el nuevo nacido no sienta el permiso para estar alegre en su vida, ya que su nacimiento no se pudo celebrar por el peso del duelo no resuelto. Así que parte de su camino en esta vida será sanar con su propia alegría ese duelo, ya que precisamente ese es uno de los propósitos de su nacimiento. Cabe apuntar que el mismo efecto podría darse aunque la coincidencia en las fechas no se conociera, es decir, quedara en el inconsciente del alma familiar. En este caso podría generar el efecto en el nuevo nacido de tener una vida en la que no hay permiso para disfrutar, como si se estuviera en un velatorio. Y también podría producir el efecto opuesto: niños hiperactivos que tratan de reafirmar que están muy vivos.

En el supuesto especial de nacer el mismo día del mismo año de la muerte del ancestro, se genera una continuidad en los propósitos y asuntos pendientes, de forma que el recién llegado recibe el legado de su ancestro. Se trata de una herencia que puede contener dones y también desafíos. En el caso de que se presenten desafíos o bien queden asuntos pendientes, la herencia no se podrá disfrutar completamente hasta que estos se resuelvan.

3. *Fecha de concepción coincidente con la fecha de muerte de un antecesor.* Anuncia un asunto pendiente o duelo con respecto al antecesor que la concepción puede liberar. Nazca o no nazca el embrión concebido, la metáfora de la muerte se convierte en metáfora de vida. Si no nace hay que atender a la fecha de su despedida, ya que esta nos aportará más información; si nace será la fecha de nacimiento la que nos dará información. Hay una excepción en este significado, y es cuando la fecha de concepción es inmediata a la muerte del antecesor. En este caso se produce la sustitución de la persona que muere por el recién llegado con continuidad; es decir, el recién concebido tenderá a continuar con la vida del que se despide tomando su lugar en el alma familiar. La intención consciente o inconsciente de la concepción es llenar el espacio que deja la persona que se despide. El concebido podría empezar su andadura sintiendo quizá poco espacio para su propia vida y probablemente en algún momento haciéndose cargo de algún asunto del causante.

4. *Fecha de concepción coincidente con la fecha de nacimiento de un antecesor.* Se establece un vínculo entre el antecesor y el recién llegado, que podría empujar a este último inconscientemente a seguir los pasos del antecesor. Si el antecesor ya ha fallecido, el recién llegado tenderá a realizar en su vida algunos de los propósitos de su antecesor. Esto podría continuar hasta que el propósito se desvelara o se liberara, aunque fuera de forma simbólica. Si el concebido no llega a nacer, el propósito se realiza en el vientre materno. Si no nace, hay que atender a la fecha de su despedida, y si nace, la fecha de nacimiento nos aportará más información.

En los cuatro casos nombrados esos familiares pueden quedar vinculados en la realización de un propósito en común y se puede producir una resonancia de dones, desafíos o de algún tema pendiente entre ellos. Hay que considerar, sin embargo, que aunque lo que se transfiriera fuera un aspecto de vida afortunado, se estaría viviendo ese aspecto de la vida del ancestro y no la libertad de la propia, quizá impidiendo disfrutar plenamente del hecho de ser tú mismo.

Cerrando este apartado, debemos recordar que somos un fruto del árbol genealógico al que pertenecemos. El árbol nos da las raíces y nos alimenta. Somos hijos de nuestros padres y tenemos su herencia junto con la de los padres de nuestros padres y del resto de nuestros antepasados. El alma familiar es un espacio para honrar y explorar con la intención de incorporar y disfrutar los regalos que, por el motivo que sea, el sistema aún no ha logrado integrar. Cuando un desafío se convierte en un don, lo hace para toda el alma familiar y, por tanto, todos lo pueden disfrutar.

* * *

Tal como vimos, los números están vinculados de tres en tres y se configuran en tres tríadas. Esto se aplica también al número de orden de los hermanos, que se alinean en grupos de tres. En cada grupo de tres hay un primero, uno en medio y un menor. El cuarto hermano vuelve a ser un «mayor» en su grupo, el quinto un «mediano» y el sexto un «menor». Y así sucesivamente:

1	2	3
4	5	6
7	8	9

y siguientes

Los miembros de cada columna están vinculados entre ellos. No solo los hermanos, sino todos los miembros del mismo sistema familiar están vinculados por esas columnas. Es decir, los números 1, 4 y 7 de todo el sistema están vinculados, lo que significa que las resonancias tienden a suceder con más facilidad entre ellos, teniendo en cuenta lo que hemos visto con anterioridad acerca de las fechas de nacimiento y los nombres. Lo mismo sucede con los números 2, 5 y 8 o 3, 6 y 9. Hay que tener en cuenta que cada embarazo representa un nuevo ser, por tanto cada embarazo se cuenta y ocupa su lugar.

Numerología de la fecha de despedida

Finalmente incorporamos un cálculo numerológico de la fecha de despedida, que indica cuál es la energía que la persona deja, con sus dones y desafíos. También indica qué miembro o miembros del sistema familiar reciben su regalo o tienden a ocuparse de esta energía.

Honremos a un ser que nace el 1 de febrero de 1925 y se despide el 9 de agosto de 2015. En primer lugar observemos cuál es la característica de la energía que deja. Para ello hay que averiguar cuál era el año emocional en el que se encontraba. El año emocional es la energía que se está completando cada año. El hecho de que la persona se despida en ese año puede indicar que deja algo pendiente con respecto a esta energía o bien se trata de la cualidad del regalo que entrega. Si así fuera, la energía pendiente respondería a los dones y desafíos del año emocional en el que se encontraba la persona que murió.

Lo calculamos según acabamos de ver en el apartado del año emocional. Una persona que nace el día 1 del mes 2 del año 1925, debe sumar:

$$1 + 2 + 1 + 9 + 2 + 5 = 20$$

Y sumar de nuevo hasta llegar a un solo número:

$$2 + 0 = 2$$

Ahora, calculamos el número del año 2015 en el que se despide:

$$2 + 0 + 1 + 5 = 8$$

Para hallar el año emocional, suma a su número del camino de vida (2) el número que corresponde al año 2015 (8).

La persona se despide en un año emocional 1, y 1 es la energía que este ser deja pendiente, con sus dones y desafíos.

Para saber cuál es la persona o personas que reciben esta energía, haremos el siguiente cálculo. Sumamos uno a uno todos los números de la fecha de despedida:

$$9 + 8 + 2 + 0 + 1 + 5 = 25; 2 + 5 = 7$$

Este ser se despide señalando un propósito de vida 7. Esto indica que se podrá dar una resonancia hacia un familiar vivo o, quizá, aún no nacido con propósito de vida 7.

Por tanto, la persona que se despide deja pendiente de explorar la energía 1, y un familiar con propósito de vida 7 tenderá a ocuparse de ello.

Página de contacto

Cursos y Procesos de Trans-Formación
info@josepsoler.com
Telf. (+34) 669 063 723
www.josepsoler.com

INTERÉS PERSONAL

Si tu interés es personal, los cursos y las consultas de transformación que facilitamos están dirigidas a toda persona que esté en un proceso de cambio, transición y evolución, así como para la que siente que no dispone de todas las habilidades, conocimientos o experiencias que le permitan integrar lo que está viviendo. En esta transición suelen estar implicados aspectos físicos, emocionales y mentales, y también distintos aspectos relacionados con el propósito de vida o espirituales. Te proponemos un proceso de escucha y entrega. En la medida en la que se produce la entrega a *lo que es*, puede ocurrir la sanación de los distintos cuerpos como una consecuencia de estar alineado.

INTERÉS PROFESIONAL

La Medicina del Ser es un marco, paradigma o forma de experimentar la realidad que puede ser incorporado tanto por psicólogos como por médicos, coach y terapeutas acreditados en cualquier especialidad. Es una metodología a través de la que el cliente recupera su poder y pasa a ser «co-creador» de su sanación junto con el profesional de la salud.

Escuchar y comprender *La Medicina del Ser* no es una terapia y, sin embargo, tiene efectos terapéuticos. Es compatible con cualquier medicina, método de sanación o terapia, ya que brinda consciencia y sentido al proceso de salud. Este conocimiento incorporará a tu actual sistema de salud nuevos aspectos que están relacionados con los síntomas que el cliente manifiesta en su cuerpo.

www.medicinadelser.com

Agradecimientos

Agradezco especialmente a mis amigos y compañeros de camino Antoine de la Rue, Ana Moratinos y Delia Govantes su inspiración y participación directa en este libro.

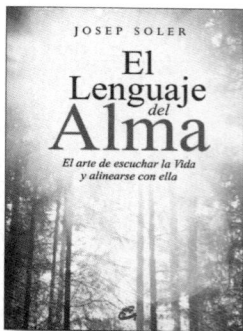

EL LENGUAJE DEL ALMA

El arte de escuchar la vida y alinearse con ella

Josep Soler Sala

En *El lenguaje del alma* descubrirás que la respuesta es definitivamente SÍ: sí, la Vida es sabia; sí, todo lo que ocurre en la vida y en el cuerpo tiene sentido; y sí, hay alguien que siempre está ahí para nosotros, y ese alguien es nuestra alma.

Tanto desde lo que percibimos como realidad externa como desde nuestro interior, el alma nos envía sus mensajes en una miríada de formas, y para poder comprender lo que ella nos dice es preciso despertar un arte que hemos olvidado.

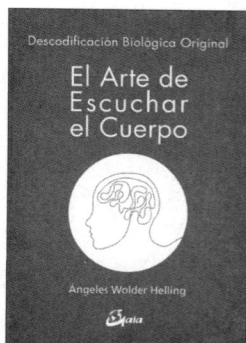

EL ARTE DE ESCUCHAR EL CUERPO

Descodificación biológica original

Ángeles Wolder Helling

En esta obra, Ángeles Wolder Helling nos invita a relacionarnos con el cuerpo para comprender los mensajes que hay detrás de cada enfermedad. La autora tiene la virtud de describir el modelo de trabajo terapéutico de la DBO de manera didáctica, divulgativa y clara, y no solo propone entender la enfermedad desde otra perspectiva, sino comprender lo que implica la curación.

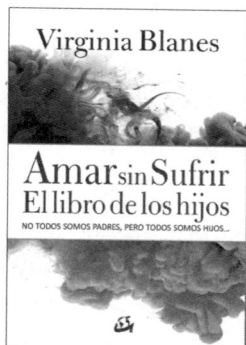

AMAR SIN SUFRIR

El libro de los hijos

Virginia Blanes

Amar sin sufrir aborda los obstáculos y las inercias personales y familiares que se repiten generación tras generación y, a la vez que ilumina nuestras heridas emocionales más antiguas, nos ayuda a liberarnos de la tendencia o la necesidad de juzgar sus causas.

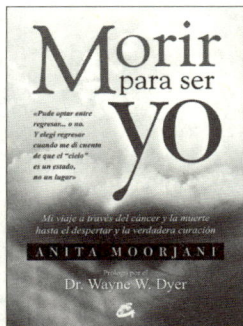

MORIR PARA SER YO

Mi viaje a través del cáncer y la muerte hasta el despertar y la verdadera curación

Anita Moorjani

A lo largo de más de cuatro años, el avance implacable de un cáncer llevó a Anita Moorjani a las puertas de la muerte y hasta lo más profundo de la morada de la muerte. La minuciosa descripción de todo el proceso que hace la autora ha convertido esta obra en un relato esclarecedor de lo que nos aguarda tras la muerte y el despertar final. Uno de los testimonios espirituales más lúcidos y poderosos de nuestro tiempo.

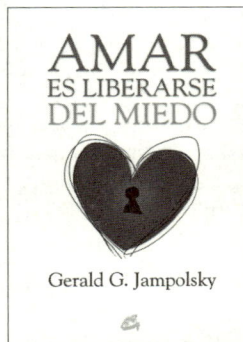

AMAR ES LIBERARSE DEL MIEDO

Gerald G. Jampolsky

Amar es liberarse del miedo ha servido de guía a millones de lectores en el camino de la autosanación gracias a la profundidad, el poder y la sencillez de su mensaje. Abraza sus palabras con una mente abierta y un corazón decidido y permite que ellas te dirijan a una vida en la que la negatividad, la duda y el miedo se sustituyen por optimismo, alegría y amor.

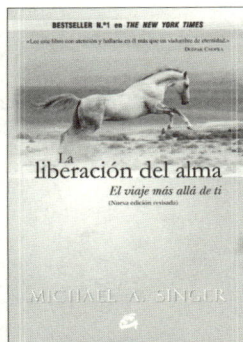

LA LIBERACIÓN DEL ALMA

El viaje más allá de ti

Michael A. Singer

Nueva traducción y edición revisada de la obra *Alma en libertad*.

Michael Singer pone a nuestro alcance la esencia de las grandes enseñanzas espirituales de todas las épocas. Cada capítulo de *La liberación del alma* es una instructiva meditación sobre las ataduras de la condición humana y de cómo se pueden desatar delicadamente todos y cada uno de sus nudos para que el alma pueda volar en libertad.